博物馆陈列展览与文物保护研究

任彬　刘芬　枣林◎著

吉林文史出版社

图书在版编目（CIP）数据

博物馆陈列展览与文物保护研究 / 任彬，刘芬，枣林著. -- 长春 ： 吉林文史出版社，2022.5
　ISBN 978-7-5472-8532-9

　Ⅰ．①博… Ⅱ．①任… ②刘… ③枣… Ⅲ．①博物馆－陈列－研究②博物馆－文物保护－研究 Ⅳ．①G265 ②G26

中国版本图书馆 CIP 数据核字（2022）第 088846 号

BOWUGUAN CHENLIE ZHANLAN YU WENWU BAOHU YANJIU

书　　名	博物馆陈列展览与文物保护研究
作　　者	任 彬 刘 芬 枣 林
责任编辑	陈　昊
出版发行	吉林文史出版社有限责任公司
地　　址	长春市福祉大路 5788 号
印　　刷	北京四海锦诚印刷技术有限公司
开　　本	185mm×260mm　　1/16
印　　张	11.25
字　　数	254 千字
版　　次	2023 年 10 月第 1 版　　2023 年 10 月第 1 次印刷
定　　价	52.00 元
ＩＳＢＮ	978-7-5472-8532-9

前　言

博物馆是通过陈列展览向观众进行知识传播和公共教育的非正规教育机构。陈列展览是博物馆传播先进文化、发挥社会教育作用的主要手段，是博物馆为公众提供公共文化产品和服务的主要形式。因此，做好博物馆的陈列展览，不仅是博物馆经营的主要内容，也是衡量一个博物馆经营绩效的主要指标。博物馆陈列展览是一项基于传播学和教育学，集学术文化、思想知识和审美于一体，面向大众的知识信息和文化艺术的传播媒介。文物保护研究是文化传承与相关领域研究工作开展的重要基础，并且对于各项研究工作的开展有着较大的价值。博物馆肩负着文物征集、陈列以及保护的职责，既能够向大众提供展示、交流及研究等服务，也能够保障各项文物在不同领域中体现出自身的价值。

本书以"博物馆陈列展览与文物保护研究"为题，共设置六章：第一章，阐释博物馆的内涵、博物馆的发展历程、博物馆的发展要点；第二章分析博物馆陈列展览的主要类别、博物馆陈列展览与其他业务工作、博物馆陈列展览的构成因素、博物馆陈列展览的主要模式；第三章探索博物馆陈列展览的内容设计与策划、博物馆陈列展览的形式设计与组织管理、博物馆陈列展览评价体系的构建；第四章分析博物馆铁质文物保护技术、博物馆纺织品文物保护技术、博物馆纸质文物保护技术；第五章探究博物馆文物藏品数字图像的版权保护、博物馆文物的防震保护与对策、博物馆文物藏品的利用；第六章解析博物馆文物保护标准体系的构建、博物馆文物数字化保护的新发展、博物馆文物保护中射线技术的创新应用。

全书秉承新颖的理念，内容丰富详尽，结构逻辑清晰，客观实用，从博物馆的基础理论、博物馆陈列展览及其模式进行引入，系统性地对博物馆陈列展览设计与评价机制、博物馆文物保护技术、博物馆文物保护与利用以及博物馆文物保护的创新发展与应用进行解读。另外，本书注重理论与实践的紧密结合，对我国博物馆陈列展览的设计与策划具有一定的参考价值。

本书的撰写得到了许多专家、学者的帮助和指导，在此表示诚挚的谢意。由于笔者水平有限，加之时间仓促，书中所涉及的内容难免有疏漏与不够严谨之处，希望各位读者多提宝贵意见，以待进一步修改，使之更加完善。

目　录

第一章 绪 论

第一节 博物馆的内涵阐释

一、博物馆的概念界定

博物馆是用来进行关于过去和未来的思辨对话的空间，具有民主性、包容性与多元性。博物馆承认并解决当前的冲突和挑战，为社会保管艺术品和标本，为子孙后代保护多样的记忆，保障所有人享有平等的权利和平等获取遗产的权利。博物馆并非为了营利，它具有可参与性和透明度，与各种社区展开积极合作，通过共同收藏、保管、研究、阐释和展示，增进人们对世界的理解，旨在为人类尊严和社会正义、全球平等和地球福祉做出贡献。一般意义上的博物馆由以下四个要素构成：

第一，一定数量的藏品。藏品是指博物馆收藏的有关历史、民俗、艺术、技术及自然科学等领域的各种资料，既包括物质资料，也包括非物质资料。博物馆藏品是博物馆业务活动的基础，藏品质量的高低和数量的多少是博物馆定级的重要标准以及衡量其社会作用的一个主要条件，也是博物馆声誉之所在。博物馆藏品具有实物和信息复合性的特点，藏品在博物馆中的地位和作用由社会发展产生的社会需求所决定。

第二，馆舍及其他硬件设施、设备。作为社会文化机构，博物馆必须拥有馆舍及其他硬件设备、设施以保障博物馆的正常运行。博物馆馆舍必须能满足和适应博物馆的运作，安全是博物馆馆舍的根本要求，展览厅、会议室、餐厅、卫生间等空间的设计与装修布置也应该有服务博物馆运作的意识，在"形式必须服从功能"的基础上，建筑风格应与博物馆的位置与主题相协调。

第三，有基本陈列及持续向社会公众开放。陈列展览是博物馆主要的业务活动形式，也是参观者评价博物馆的重要依据，有基本陈列并持续向公众开放是博物馆实现其基本功能的重要途径。只有根据社会需求和观众特点，利用藏品、信息、视觉形象、空间环境等因素，设计陈列并吸引观众去参观陈列，博物馆才能真正地为社会公众服务。

第四，掌握专业知识与技能的人才。博物馆的一切活动都是由具备博物馆专业知识的人才主持和管理的，人才是博物馆事业发展的关键，博物馆事业的发展最终取决于博物馆人才。博物馆的人才既包括博物馆的管理者，也包括经营、管理、研究藏品、开展社会教育的专业人员。现代博物馆事业的发展需要具有现代经营管理理念的人才，管理者的行政能力、对外交往能力、专业素质直接决定了博物馆事业发展的成败；博物馆社会功能的实现需要掌握博物馆学理论知识、具有创新精神和较强实践能力的各种专业人才。

二、博物馆的特征与功能

（一）博物馆的主要特征

特征是指一个事物区别于其他事物的特别显著的标志。博物馆是以文物或标本为基础，组成形象化的科学的陈列体系，对群众进行直观宣传教育的公共文化机构。其特征可表述为公共性、实物性、直观性、广博性。

1. 公共性

公共性即博物馆是一个公共服务机构，为公众而设立，其服务对象是社会公众，而不是特殊人群。公共性是博物馆的本质属性之一。博物馆的公共性主要包括公正性、公平性、公益性、公开性四个方面。

公正性就是要求博物馆制度的构建必须合理、合法，即遵循博物馆发展的基本规律，符合相关的法律法规，这是博物馆公共性的前提。

公平性既包括使用博物馆的机会和接受相同服务质量等方面的公平，还包括在保证当代人满足或实现自己需要的同时，后代人也能够满足他们的利益需要，这是博物馆公共性的核心。

公益性是指国家、社会和个人为博物馆所提供的设施、条件、产品和服务具有公共性的主要特征，受益者是社会公众，这是博物馆公益性的集中体现。

公开性一般是指透明度、民主性。公开性要求博物馆制度能够保障博物馆决策、资源分配、资金来源和使用等的开放性和透明度。博物馆所提供的服务必须具备公开性，公开、透明是博物馆履行公共服务职能的本质要求，这是博物馆公共性的保证。

2. 实物性

实物是博物馆一切活动的基础和出发点，收藏和利用实物构成了博物馆的本质特征，是否收藏和利用实物是判断和确定博物馆的主要依据。虽然博物馆也收藏非物质文化遗产，但实物仍然是博物馆一切活动的基础和出发点。"实物"既包含"自然物"，也包含各种"人工制品",收藏和利用实物是博物馆最基本的特征。从历史发展的角度来看,博物馆的形态与职能在人类漫长的文明演进中几经变化,其外延和内涵有着重大的差别。然而,无论是早期满足个人和小团体的藏珍所,还是现代集收藏、科研和教育于一身的公共博物馆,都离不开实物收藏。正是搜集、珍藏和利用实物这一点将它们联结起来,使我们得以辨识出博物馆从产生到发展的历史轨迹。

随着科技的进步、信息化的发展,博物馆物质属性的特征并不会发生动摇,数字博物馆、虚拟博物馆与智慧博物馆等博物馆的出现也不能改变博物馆的物质特征,未来的博物馆非但不可能离开物质,相反有必要更好地发掘物质的意义和价值。

3. 直观性

博物馆中的实物并不能直接发挥作用,必须要在科学而完整的陈列体系中,才能与观众进行交流,通过内容表现与视觉表达手段,向观众的各种感官输送知识、艺术、历史、情感等多元化信息。以文物、标本为主,以模型、图表等实物性辅助展品的陈列,这比其他文字资料和图片资料更直观生动和有吸引力,更有助于加强观众的记忆。

随着现代科技在博物馆中的应用,观众不仅能多角度观察藏品,还可以通过操作实验,获得身临其境的情感体验,使博物馆的直观性特征更为明显。

4. 广博性

随着社会的发展,博物馆呈现多元化的局面,博物馆的收藏内涵不断丰富,涉及文物、艺术、科技、自然等多个方面,从文物到日常用品,从物质文化到非物质文化,从标本到活物等资料都是博物馆收藏和研究的对象。博物馆类型不断增多,专门性博物馆大量涌现,并且出现了许多新形态的博物馆。

随着社会的前进与博物馆的发展,博物馆的广博性特征日益显著。

(二)博物馆的重要功能

博物馆的功能随着社会的演进和博物馆自身的发展而不断发展,现代博物馆已发展成为一个多功能的社会公共文化设施。当前博物馆的功能可表述为收藏、保管,科学研究,教育,娱乐。

1. 收藏、保管

博物馆现象起源于收藏珍品,中国古代收藏书画、古玉、印玺的现象起源很早,在商周时期即已出现。古希腊、古罗马等文明古国贵族对奇珍异宝的收藏是现代博物馆产生的基础。藏品是人类文明的重要见证,是博物馆工作的核心与基础,收藏、保管也是博物馆的首要功能与最基本的功能。

随着社会的发展,目前博物馆收藏、保管的对象已不限于珍贵文物与艺术品,而是涉及人类与人类生存环境的各种见证物，既包括物质文化遗产，又包括非物质文化遗产。只有博物馆能最广泛、最全面地保藏人类活动和自然发展的真实物证，并把它永久地传给后人，这是博物馆特有的功能。

博物馆获得收藏的途径主要有文物征集、获得遗赠、从私人收藏家或拍卖会上购买藏品、田野考古发掘和调查等。

2. 科学研究

博物馆最初的研究主要是对藏品的基础研究和应用性研究，只有对大量藏品进行深入的研究，其所具有的历史价值、艺术价值与科学价值才能被揭示，明确主题、挑选藏品、设计展览与撰写解说词等过程都需要进行科学研究，研究工作贯穿博物馆工作的全过程。随着时代的前进与社会的发展，博物馆作为全民共享的文化机构，其研究对象已不再局限于藏品本身，而是扩展到博物馆实践和博物馆公众研究等方面。

博物馆研究的目的是社会利用、展览和教育普及服务，只有达到较高的研究水准，才能保证博物馆各项工作的水平与服务的质量。许多著名的博物馆不只藏品丰富，也是重要的学术研究重地，如美国史密森博物学院、大英博物馆、芝加哥艺术博物馆等；一些博物馆为了加强研究，还专门设有研究部门并主办学术刊物，如中国国家博物馆设有学术研究中心，故宫博物院设有故宫研究院，河南博物院设有研究部，等等。

3. 教育

教育作为博物馆的基本功能之一，是收藏与研究功能的延伸与扩展。博物馆对外开放后，观众通过观看展览受到教育与启发。博物馆教育的对象为整个社会的全部成员，从儿童到老人，从国内观众到外国旅游者，从个人到团体，博物馆都对他们开放。博物馆不只是学校的第二课堂，也是家庭教育与社会教育的综合课堂，人们可以自由地出入各个陈列室，通过参观展览、参与博物馆的各项活动，汲取科学文化知识。

博物馆的教育方式生动形象，通过大量运用文物标本、模型等实物资料，作用于观众的感官，无论从人的生理机制来说，还是从认知过程来说，都会使观众感到亲切，易于接受和理解。博物馆还通过讲解服务、公众讲座、出版物以及举办丰富多彩的文化活动等方式来加深观众对博物馆陈列的理解。

博物馆观众研究越来越得到重视，从以藏品为中心到以观众为中心，是博物馆发展的趋势和潮流。

4. 娱乐

随着博物馆的发展，人们也越来越认识到博物馆娱乐功能的重要性，无论是对儿童还是成年人来说，教育与乐趣都是紧密联系在一起的。博物馆是给人们提供高尚文化娱乐，培养生活情趣、满足美感要求的场所。随着博物馆的免费开放，参观博物馆已成为公众休闲娱乐的重要方式；博物馆与文化创意、旅游等产业的结合，参观博物馆也已成为旅游的重要日程，许多博物馆成为旅游热点。这是博物馆面临的机遇与挑战，一方面博物馆的陈列设计要融入休闲娱乐的文化元素，使专业知识通俗化，向观众提供趣味性强的展览；另一方面要增加这方面的项目设施，积极开办具有吸引力的各种欣赏娱乐活动。

而且，博物馆教育功能的实现，在很大程度上取决于观众自觉的行为（自觉地走进博物馆）。现代博物馆既要重视教育，也应关注观众的娱乐性需求，吸引观众，"寓教于乐"，使观众在接受教育的同时又能获得愉悦、新奇、惬意等娱乐性的享受。博物馆娱乐功能的发挥必须以博物馆的藏品为基础，以教育为最终目的①。

三、博物馆的分级管理

中国博物馆的等级从高到低依次为一级、二级和三级，博物馆的等级证书、标牌由国家文物局统一制作和颁发。博物馆评分标准分为综合管理与基础设施（200分）、藏品管理与科学研究（300分）、陈列展览与社会服务（500分）三个大项。综合得分达到800分的为一级博物馆，二、三级博物馆的标准分别为600分和400分。博物馆等级一经评定，即向社会公布，接受公众监督，每三年接受一次评估，如果出现问题，则博物馆"等级成绩"将被减分，甚至被取消原有等级资格。

（一）一级博物馆

1. 综合管理与基础设施

（1）法人治理结构。一级博物馆的法人治理结构完善，是有理事会（董事会）和监事会或其他形式的决策、监督机构，能按照工作章程积极开展活动，运行机制效率高。

（2）博物馆章程与发展规划。一级博物馆有明确的博物馆章程，有符合本馆性质和功能定位的事业发展规划，经过专家论证，并报经上级主管部门批准；有切实可行的年度工作计划。

（3）建筑与环境。

1）建筑功能区块布局合理，自成系统。

2）环境整洁、美观、舒适，绿化率高；室内空气质量好。

（4）人力资源。

1）人才结构、梯次合理，具有专业资质的人员应占在编人员的75%以上；高、中级管理人员具备大学以上文化程度。

---

①王宏钧：《中国博物馆学基础》，上海古籍出版社2001年版，第45-51页。

2）有科学、规范的员工考核、培训等管理制度；专业人员培训经费落实到位，培训工作有效开展；上岗专业人员培训合格率达到100%。

（5）财务管理。

1）有完善的财务管理制度并能有效实施，有充足的事业经费来源和保证。

2）有多渠道、来源稳定的社会资助。

（6）安全保障。

1）一、二、三级风险单位按要求落实完善的安全防范系统，一、二、三级风险部位按要求落实完善相应的安全防范措施。

2）有与博物馆规模相适应的管理严格、人员配置齐全的保卫工作机构；保卫工作规章制度健全，措施得当，有处置各类突发事件的应急预案；保卫人员受过专业培训，素质高、业务精，工作程序规范、准确；档案齐全，交接班制度完善、记录齐全；定期组织安全演练。

3）消防组织健全，责任明确，管理制度完善，有处置各类火灾的应急预案；消防设施完善，有与单位规模相适应的消防配套设施、设备及安全、有效的防雷装置，并有专人管理，定期进行检查、维修、更新、补充；消防设备操作规程科学、规范；定期组织消防演练，消防人员设备操作准确、熟练。

4）公共安全制度完善，应急预案科学、规范、可操作性强；安全出口、疏散通道通畅，标志醒目；应急照明、救生等设施、设备完好；节假日期间有应急医护人员。

（7）办公信息化。有完善的行政、业务工作数据库；有功能完善、运行可靠的局域网。

2. 藏品管理与科技研究

（1）藏品管理。

1）藏品资源与本馆的性质、任务相符，并形成基本完整的体系。

2）藏品数量很大，或种类很多，或珍贵文物数量很多；具有很高的历史、文化、科学、艺术价值，或其中一类具有世界意义。

3）有适应本馆藏品状况、功能完善的藏品数据库。

4）有与本馆性质、任务相符的藏品征集政策和收藏范围；有规范的藏品征集组织与制度，对征集的藏品进行鉴定；有多种征集渠道，征集经费使用合理、效果好。

5）藏品管理制度完善；藏品入藏手续齐全、资料完整；藏品总登记账清晰，账物相符；分类账准确合理，编目科学翔实；藏品档案记录规范，新入藏的藏品及时备案，并及时登记入藏品总账。

6）库房面积满足收藏需要；库房管理制度完善；库房设施、设备齐全，藏品存放环境达标；藏品提用手续齐全，进、出库记录完整；藏品存放科学、合理、规范；三级以上藏品均配备有符合要求的装具，一级文物和其他易损易坏的珍贵文物有专柜或专库存放，并由专人负责保管；根据藏品质地控制温湿度，照明符合设计规范要求；库房非常整洁，空气质量好。

7）有规模较大、设备较多的藏品保护修复场所，并能有效运转；有文物藏品修复资质和具备文物藏品修复资质的人员；藏品修复、保养程序科学、规范，效果好。

（2）学术研究与科技。

1）有相对完善的学术机构，有较多数量的学术带头人；定期举办国际、国内学术活动；定期出版高质量的学术刊物；馆内人员经常发表专业论文、出版学术专著；系统收藏相关中外文学术期刊。

2）有科技部门，有较大规模的实验室及相应科研仪器设备，能独立承担国际合作项目和国家级、省部级科研课题，科技队伍建设成绩突出；取得重大科技成果或引进新技术，并运用到工作中，取得显著效果。

3. 陈列展览与社会服务

（1）影响力。

1）具有独特的博物馆品牌形象并形成外在品牌标志；对博物馆品牌标志进行注册、运用；有系统的博物馆及陈列、展览宣传计划；新闻报道质量高。

2）在国内外有极高的知名度和极好的声誉；公众影响力极强，吸引国内外观众，或国外观众占较高比例；经常举办出境展览或引进外展。

（2）展示和教育。

1）展厅环境优美、空气质量好，照明符合设计规范要求，展柜内微环境适宜展品保护。

2）采取多种合作模式，紧扣社会主题和公众需求，经常举办有影响力的临时展览；临时展览有周密的前期策划和具体、可行的营销计划，媒体宣传力度大，展览的社会、经济效益好。

3）有社会教育机构和专门从事社会教育工作的人员，馆内设有专门的教育服务区；有周密的社会教育工作方案和针对不同观众群体的社会教育计划；经常与教育部门及其他单位联系或建立共建单位，开展有针对性的教育活动，积极举办不同形式的讲座等活动，服务学校、工厂、社区和农村等不同观众群体。

4）有高素质、稳定的讲解员队伍，其中部分讲解员可用外语讲解，定期进行义务讲解；有两种或两种以上语言的、适合不同观众群体的讲解词，讲解科学、准确、生动、有文采；有针对特殊观众群体的讲解服务；有两种或两种以上语言的现代化自助语音讲解设备。

（3）社会服务。

1）有"博物馆之友"等群众组织，章程明确，人员结构合理，定期开展相应活动。有稳定的、具有一定规模的博物馆志愿者队伍，并结合本馆特点和社会服务需求（要求）对志愿者进行培训，培训合格的志愿者每年应为博物馆或观众服务4次以上。

2）国有博物馆每年开放时间应在300天以上，非国有博物馆在240天以上；基本陈列定期免费开放，且在60天以上；日常免费、优惠开放制度和措施向社会公示；每年免费接待的青少年观众群体的人数应占观众总人数的一定比例。

3）交通便捷；可进入性好，外部中、外文引导标志清楚、美观；博物馆出入口处道路通畅，有无障碍通道。

4）售票地点设在室内；参观游览线路合理、顺畅；免费为观众提供博物馆介绍、展览介绍、文物藏品介绍等中、外文有关资料；主要陈列的标牌、展品等有中、外文说明；设有免费物品寄存处、特殊人群服务设施和设备、餐饮服务设施和纪念品、书籍销售服务设施等；展厅内有观众休息设施；卫生设施、设备布局合理，数量满足需要，并与环境相协调；各种设施、设备中、外文标志清楚。

5）有专门网站，网页制作精美，内容丰富，形式生动、活泼，支持两种或两种以上语言，网页更新及时；馆内建立有多种形式的互动式或参与式的文化、科普、教育服务设施，服务有特色、质量高。

6）文化产品开发体现本馆特色，品种较多，制作精美，品位高、有内涵，产品销售情况好。

7）有藏品代为保管、鉴定、养护、修复及咨询等便利公众的服务项目，向社会公示，并积极开展服务。

8）利用互联网、观众留言本、观众调查表等方式，定期进行观众调查工作，征求观众意见或建议，及时反馈，并尽可能采纳或实施。

（二）二级博物馆

1. 综合管理与基础设施

（1）法人治理结构。有理事会（董事会）和监事会或其他形式的决策、监督机构，按照工作章程开展活动。

（2）博物馆章程与发展规划。有博物馆章程，有符合本馆性质和功能定位的发展思路或规划；有年度工作计划。

（3）建筑与环境。

1）建筑功能区块布局合理。

2）环境整洁，绿化率高；室内空气质量较好。

（4）人力资源。

1）人才结构、梯次合理，具有专业资质的人员应占在编人员的60%以上；高、中级管理人员具备大专以上文化程度。

2）有切实可行的员工考核、培训等管理制度；有一定的专业人员培训经费，并按计划开展培训工作；上岗专业人员培训率达到90%。

（5）财务管理。

1）有完善的财务管理制度并能有效实施，有基本满足需要的事业经费来源和保证。

2）有稳定的社会资助。

（6）安全保障。

1）一、二、三级风险单位按要求落实相应的安全防范系统，一、二、三级风险部位按要求落实相应的安全防范措施。

2）有专门的保卫工作机构；保卫工作规章制度健全，措施得当，有处置一般突发事件的应急预案；保卫人员受过专业培训，工作程序规范；档案齐全，有交接班制度和记录；有安全演练。

3）消防责任明确，管理制度完善，有针对特定火灾的消防应急预案；消防设施、设备配备合理，有安全、有效的防雷装置，并定期进行检查、维修、更新、补充；消防设备操作规程规范，保卫人员能够准确操作消防设备。

4）公共安全制度健全，应急预案科学、规范；安全出口、疏散通道通畅，标志醒目；应急照明设备完好。

（7）办公信息化。有行政、业务工作数据库。

2. 藏品管理与科技研究

（1）藏品管理。

1）藏品资源与本馆的性质、任务相符，形成一定的体系。

2）藏品数量较大，种类或珍贵文物数量较多，且具有较高的历史、文化、科学、艺术价值。

3）有藏品数据库。

4）有与本馆性质、任务相符的藏品征集政策和收藏范围；对征集的藏品进行鉴定；有多种征集渠道，征集经费使用合理、效果良好。

5）藏品管理制度完善；藏品入藏手续齐全；藏品总登记账清晰，账务相符；藏品档案记录规范，新入藏的藏品及时备案，并及时登记入藏品总账。

6）库房管理制度完善；藏品提用手续齐全，进、出库记录完整；藏品存放合理；二级以上藏品均配备有符合要求的装具，存放于专柜或专库，并由专人负责保管；库房重点部位能控制温湿度，采光照明基本符合规范要求；库房无异味。

7）有藏品修复场所，有基本的修复设备和材料，能简单保养或修复藏品。

（2）学术研究与科技。

1）定期开展学术活动；编辑出版业务刊物、著作；馆内人员经常发表专业论文。

2）有较强科研力量，具备承担省部级科研课题的能力，能借助或引进专业科技力量开展相关科学技术工作，并将有关成果运用到实际工作中。

3. 陈列展览与社会服务

（1）影响力。

1）具有博物馆品牌形象或品牌标志，有较为系统的博物馆及陈列、展览宣传计划；开展相关媒体报道等宣传活动，有一定的报道量。

2）在本省内有较高的知名度和较好的声誉；公众影响力较强，国外观众占一定比例；经常引进展览并举办国内巡展。

（2）展示和教育。

1）展厅环境整洁，照明符合设计规范要求，珍贵文物展品的保存环境良好。

2）基本陈列主题明确，体现本馆特色；策划方案合理，经过专家论证；内容研究深入，展品组织得当，文字说明准确；展览设计准确表达陈列主题；定期或不定期进行展品更新；社会评价较好。

3）根据社区和公众需求，经常举办临时展览，展览社会效益较好。

4）有社会教育机构和专门从事社会教育工作的人员；有较详细的社会教育工作方案；经常开展有针对性的教育活动，服务学校、工厂、社区和农村等不同观众群体。

5）有素质较高的讲解员队伍；定期进行义务讲解；讲解准确、生动，有适合不同群体观众的讲解词；有针对特殊观众群体的讲解服务。

（3）社会服务。

1）有博物馆志愿者，并按照社会服务要求对志愿者进行培训，培训合格的志愿者每年应为博物馆或观众服务 2 次以上。

2）国有博物馆每年开放时间应在 300 天以上，非国有博物馆在 240 天以上；基本陈列特定时间免费开放，且在 48 天以上；日常免费、优惠开放制度和措施向社会公示。

3）外部中、外文引导标志清楚，博物馆出入口处道路通畅。

4）参观游览线路顺畅；为观众提供博物馆介绍、展览介绍、文物藏品介绍等有关资料；主要陈列标牌有中、外文说明；设有免费物品寄存处和纪念品、书籍销售服务设施等；卫生设施、设备布局合理、干净整洁；各种设施、设备中、外文标志清楚。

5）有专门网站，网站内容有特色；馆内有互动式或参与式的文化、科普、教育服务设施。

6）文化产品开发体现本馆特色，产品销售情况较好。

7）利用观众留言本、观众调查表等方式，定期或不定期进行观众意见调查，征求观众意见或建议，及时反馈，并尽可能采纳或实施。

（三）三级博物馆

1. 综合管理与基础设施

（1）法人治理结构。有理事会和监事会或其他形式的决策、监督机构，能按照工作章程开展活动。

（2）博物馆章程与发展规划。有博物馆章程，有适合本馆性质和功能定位的发展思路；有阶段性工作计划。

（3）建筑与环境。

1）建筑功能区块布局基本合理。

2）环境整洁，室内空气质量较好。

（4）人力资源。

1）有适于本单位发展要求的人才结构，具有专业资质的人员应占在编人员的50%以上；高、中级管理人员具备大专以上文化程度。

2）有切实可行的员工考核、培训等管理制度；能够对上岗专业人员开展相关培训工作，培训率达到75%。

（5）财务管理。

1）有完善的财务管理制度并能有效实施，有基本的事业经费来源和保证。

2）有社会资助。

（6）安全保障。

1）一、二、三级风险单位按要求落实一定的安全防范系统，一、二、三级风险部位按要求落实一定的防范措施。

2）有专职保卫人员；保卫工作规章制度健全，措施得当，有处置一般突发事件的应急预案；保卫工作程序规范，有交接班制度。

3）消防责任明确；有针对一般火灾的消防应急预案；配备一定数量的消防设施；保卫人员能够准确操作消防设备。

4）公共安全制度健全，公共安全应急预案规范；安全出口、疏散通道通畅，应急照明设备完好。

（7）办公信息化。在编专业技术人员会熟练使用计算机，人均电脑占有率不低于50%。

2. 藏品管理与科技研究

（1）藏品管理。

1）藏品资源与本馆的性质、任务相符。

2）藏品具有一定的历史、文化、科学、艺术价值。

3）有与本馆性质、任务相符的藏品征集政策和收藏范围；对征集的藏品进行初步鉴定。

4）藏品入藏手续齐全；藏品总登记账清晰，账务相符；藏品档案记录规范；新入藏的藏品及时备案。

5）藏品提用手续齐全，进、出库记录完整，一级藏品均配备有符合要求的装具，并专柜存放；库房无异味。

6）有相应的藏品保养制度和措施。

（2）学术研究与科技。

1）编辑出版业务刊物、著作，馆内人员发表有专业论文。

2）有一定科研能力，能借助或引进专业科技力量开展相关科学技术工作，并运用到实际工作中。

3. 陈列展览与社会服务

（1）影响力。

1）有博物馆及陈列、展览宣传计划；开展相关媒体报道等宣传活动，有一定的报道量。

2）在本地区内有一定的知名度和公众影响力，不定期引进展览。

（2）展示和教育。

1）展厅环境整洁，照明符合设计规范要求，重要展品的保存环境较好。

2）基本陈列主题明确，体现本馆特色；基本陈列研究深入，展品组织得当，文字说明准确；展览设计有特色；社会评价较好。

3）能够根据社区和公众需求，举办临时展览，展览社会效益好。

4）有从事社会教育工作的人员；有社会教育工作方案；经常开展有针对性的教育活动，服务学校、工厂、社区和农村等不同观众群体。

5）有较高素质的讲解员；展览讲解准确、生动；有适合不同群体观众的讲解词，有针对未成年观众群体的讲解服务。

（3）社会服务。

1）有经过培训的博物馆志愿者，志愿者每年为观众服务应在 2 次以上。

2）国有博物馆每年开放时间应在 300 天以上，非国有博物馆在 240 天以上；特定时间免费开放博物馆；日常免费、优惠开放制度和措施向社会公示。

3）外部引导标志清楚。

4）参观游览线路顺畅；为观众提供博物馆介绍、展览介绍、文物藏品介绍等有关资料；卫生设施干净整洁。

5）文化产品开发体现本馆特色。

博物馆的分级管理可以规范对博物馆行业的管理，同时也对各博物馆间的发展起到促进作用。

第二节 博物馆的发展历程

一、中国博物馆的萌芽期

在古代，"博物"有博览通识天下之物的意思。

（一）汉代以前的博物意识

中国很早便出现了有意识对文物艺术品进行收藏和保护的行为。

河南安阳殷墟遗址已经发现多处埋藏甲骨的窖穴，这是商朝人集中存放占卜用甲骨的方式。

周原地区发现的青铜器窖藏是西周贵族用来埋藏和保护本家族青铜礼器的地方。

《左传·桓公二年》记载，鲁国在得到宋国赠予的"郜大鼎"后，将其"纳于大庙"，可知鲁国的太庙也设有收藏珍贵礼器的府库。

公元前 478 年，在孔子去世后的第二年，鲁哀公特命将孔子在阙里居住的三间房屋作为纪念孔子的庙堂，陈列孔子的衣、冠、琴、书和生前所乘的车辆等。司马迁曾经到此参观，瞻仰孔子遗风，并将其参观经历写入《史记·孔子世家》。这里已经具备了后世历史纪念馆的某些特征。

（二）汉代以后的博物机构

汉代以后，历朝皆设有收藏名人肖像、礼器法物和奇珍异宝的机构。

西汉宣帝时曾在未央宫中建麒麟阁，并在甘露三年（公元前51年）将11位功臣像绘于阁上。

东汉明帝永平三年（公元60年）建云台，将东汉中兴功臣28人肖像悬于台上，史称"云台二十八将"。

隋炀帝时曾建"妙楷台""宝迹台"，专门用于收藏魏晋以来的书法名画。《隋书·经籍志》记载，隋炀帝"聚魏已来古迹、名画，于殿后起二台，东曰妙楷台，藏古迹，西曰宝迹台，藏古画"。

宋代崇古之风大盛，金石之学勃兴。宋徽宗宣和年间，皇家先后修建宣和殿、保和殿、稽古阁、博古阁、尚古阁等，专门用来收藏铜器、书画、古玉、印玺等各种古物，藏品总量多达万余件。宋代民间也有不少收藏家从事古器物的收藏和研究工作，如吕大临、赵明诚、欧阳修等。这一时期对古器物的研究催生了许多著录、题跋类的作品，如官修的《宣和博古图》、吕大临的《考古图》、欧阳修的《集古录》、赵明诚的《金石录》等。

明代，随着商品经济的繁荣，民间古物收藏、赏鉴之风大盛，甚至专门出现了一些古器物消费指引性质的书籍，如《长物志》《考槃馀事》《遵生八笺》等。

清朝皇室极为重视对古器物的收藏，乾隆敕撰的《西清古鉴》《西清续鉴》《宁寿鉴古》诸书收录青铜器达4115件，而著录皇室书画藏品的《秘殿珠林》《石渠宝笈》两书则收录上起魏晋下至清朝中期的书画作品7757件。

综上所述，我国古代已经出现了艺术博物馆、自然博物馆和历史纪念馆的萌芽。但这些并不是真正的博物馆，因为其收藏只为少数统治阶级和贵族官僚所有，并没有向社会公众开放。当近代西方博物馆的概念传入中国时，我国博物馆界的先驱很快将中国古代的博物馆萌芽同博物馆的概念联系起来，通过其内在的逻辑关系，使得博物馆这一舶来品迅速深入人心，为中国近现代博物馆的诞生奠定了坚实的基础[①]。

二、中国博物馆的初创期

晚清民国时期是中国博物馆事业的起步与初创阶段，这一时期正处于中国近代化初期，早期博物馆是从皇室或私人收藏室发展而来的，随着资本主义经济、文化的发展博物馆应运而生。在我国近代博物馆的建设实践中，博物馆的起源存在两条线索——外国人在华建立博物馆和中国人自办博物馆。

---

①耿超：《博物馆学理论与实践》，科学出版社2018年版，第55—57页。

（一）中国博物馆的起源

1. 外国人在华建立博物馆

1842 年以后，大量传教士来华传教、设立医院、开办学校，并在华从事科学考察，建立博物馆，宣传西方文化。外国殖民者在中国创办博物馆大约开始于 19 世纪中期，在所谓的"租界""居留地"按照自己的生活习惯、生活方式经营博物馆。

博物馆学界一般公认中国第一个按照西方博物馆原则组织起来的博物馆是位于上海的徐家汇博物院，该院由法国神父韩伯禄于 1868 年创办。随着时间的推移和藏品的增多，徐家汇博物院院舍变得陈旧狭小，于是在吕班路震旦大学北侧建成大规模的新院所，称之为震旦大学博物馆。

此后，法国人、英国人、美国人、德国人、日本人、俄国人又陆续在上海、天津、山东等地创办了一些博物馆，主要有登州文会博物院、亚洲文会博物院、上海格致书院知心堂、华北博物院、济南广智院、满蒙博物馆、华西医科大学博物院、岭南大学博物馆、北疆博物院、天津日本教育博物馆等。这些外国人在华创建的博物馆多建于沿海省份城市或内陆大城市，这些博物馆的建设给近代中国带来了一些积极影响——传输科学文化知识和思想，加速中国的现代化进程。同时，这对中国人自办博物馆也有巨大的示范作用。

2. 中国人自办博物馆

中国人最早接触博物馆的概念，始于以林则徐、魏源为代表的最早一批觉醒的中国人。随着中西方往来的日渐频繁，清廷派出官员、士绅、留学生等一些知识分子走出国门，到欧美、日本亲身感受博物馆，并把博物馆思想带回国内。洋务运动期间，越来越多的国人走出国门，他们在出使、游历、考察的过程中，详细记下了各类型的博物馆，更有对博物馆观念的独到理解，博物馆开始深入人心。维新运动时期，康有为、梁启超等人本着强国富民的抱负，对博物馆的功能提出了更深刻的见解。作为学校教育辅助手段的博物馆成为开启民智的重要场所，开办博物馆作为新式文化的内涵也被提出来。随着维新变法的深入，维新派主张建立以开民智为宗旨的博物院的设想越来越强烈，博物馆观念在国内迅速传播开来。义和团运动后，清政府不得已开始推行"新政"，废除科举、兴办新式学堂、广派留学生，随之而来的就是西方自由平等、民主共和等思潮的迅速涌入，为博物馆的诞生营造了适宜的社会环境，博物馆正式开始了本土化的进程。

1905 年，随着南通博物苑的建立，中国人自己创办的博物馆诞生了。由此开始，中国人自办的博物馆开始起步。1912 年，蔡元培任南京临时政府教育总长，他在社会教育司下设图书博物科和通俗教育科，推动了近代中国博物馆事业的发展。同年，国立历史博物馆在北京国子监筹办，这是第一家以国家名义创办的博物馆。之后各城市创办的不同类型的博物馆相继出现，如保定博物院、天津博物院、江西教育博物馆、山西教育图书博物馆。根据《第一次中国教育年鉴》记录，到 1920 年，全国博物馆已经达到 27 所。此后数年间，博物馆事业发展很快。1935 年，中国博物馆协会成立，以"研究博物馆学术，发展博物馆事业，并谋博物馆之互助"为宗旨，促进了博物馆学研究和博物馆事业的发展。中国博物馆协会开始对全国的博物馆进行调查，根据 1936 年编印的《中国博物馆一览》统计，中国人创办的博物馆已经达到 62 家。

天津是较早诞生近代博物馆的地区。1902 年 8 月，著名教育家严修赴日本大阪、东京考察博物馆事业；1903 年，周学熙在袁世凯的委派下，赴日参加大阪博览会并对日本的博物馆等场馆进行了考察。他们二人在考察期间，对大阪商品陈列所和日本教育博物馆的关注，直接影响了后来天津近代博物馆事业的发展。1916 年，天津第一座综合性的近代博物馆——天津博物院在严修次子严智怡的主持下开始筹建，1918 年建成开放。1925 年，天津第一座近代私立博物馆——天津广智馆在林墨青主持下建成。1930 年，中国近代首家真正意义上的公立美术馆——天津市立美术馆由严修第五子严智开主持建成。这些文化场馆的建立，表明天津文博事业的发展在 20 世纪前期已具有一定的水平。

（二）中国博物馆初创期的特点

第一，吸收西方博物馆的理念，重视藏品的征集和管理，形成早期的藏品分类与保管方法。一些博物馆以现代藏品管理理念指导保管工作，传统的古物典藏和保护经验也得到发扬，形成了较为规范的藏品管理机制。藏品分类规范，注重保管，具有一定的管理水平。一般来说，上海、北平（今北京）、南京等地较为大型的博物馆藏品管理工作做得较好，一些地方性小馆管理的规范性较差，甚至有些博物馆家底不清，管理混乱。藏品征集方式多样，开始注重考古发掘，这与现代中国考古学的发展进程同步，并且在一定程度上有相互促进的作用。以国立历史博物馆为例，作为中国第一个国家创办的博物馆，除接受社会捐献和政府移交文物外，还主动派工赴各地收购、采集、发掘出土文物。如 1921 年发掘河北巨鹿宋代古城；1924 年发掘河南信阳擂鼓台等汉墓；1925 年调查华北文物古迹，并曾提出修缮山西大同云冈石窟造像的方案。

第二，展览陈列从学习西方经验起步，在展览中逐步注重藏品研究，体现出国人对保护传统文化精粹、展示文物之美和宣传民族精神的迫切心情。展览向普通民众开放展示，使公众能近距离欣赏珍贵的古代艺术品和自然标本，这在当时以秘玩自娱为鉴藏理念和通过文人雅集才能开展文物交流的中国是不可想象的。

第三，早期博物馆展览大多受西方工商业博览会影响。在随后的一些有益探索中，文博同人逐渐对不同类型展览的目的与意义进行了深入思考。在不同质地、不同类别藏品的展示方法研究上，能够因地制宜、因材设计，不仅关注展览内容，也开始注重展览的形式设计。他们很注重陈列中教育功能的体现，一切陈列方法的实施都是为了更好地让观众了解展品、乐于参观，注意到陈列的最终目的是让观众同时获得审美愉悦和知识增长。

第四，具备早期的保护文物的观念并得到实践，大量珍贵文物在战乱中保存下来。抗战期间，中国博物馆事业遭受巨大损失，一些博物馆与文物遭到破坏，据统计，到1945年抗战结束，所剩博物馆仅12家。国民政府为了保护文物，将部分重要博物馆迁往内地，如故宫文物南迁，共运走文物5批，共计13 427箱又64包。其中，书画9000余幅，瓷器7000余件。在15年里，南迁文物行程上万里，穿越大半个中国，然而上百万件文物没有一件丢失，也几乎没有毁坏，堪称世界文化史上的奇迹。

第五，注重教育功能在博物馆中的影响。社会教育不仅针对展览陈列，更贯穿博物馆的各项业务工作。虽然收藏、鉴赏、研究古物在中国有着悠久的历史，但此类活动一直局限于达官贵人、文人雅士圈子，广大群众并不能受益。随着近代博物馆的出现，尤其是国人自办的各类博物馆，"开民智"成为其核心功用。创办者们聚焦于博物馆的教育功能，力图通过开启民智增强国力。中国博物馆协会成立时评价博物馆为"社会教育之良导师"，这些有识之士正是因为认识到博物馆对教育的巨大价值，所以大声疾呼在中国建立博物馆。博物馆观念在近代中国的迅速传播和普遍被接受在很大程度上也得益于国人逐渐认同博物馆是一个公众文化教育机构，看中了博物馆感化和教育人的实际作用是学校教育所不能比拟的。

三、中国博物馆的发展期

中华人民共和国成立后，在党和政府的高度重视下，中国博物馆事业进入第一个大发展时期。1949年11月，党中央在中央人民政府文化和旅游部（全书统改）设立文物事业管理局，统一管理全国的文物博物馆事业，由郑振铎担任局长，这是中国历史上首次在中央政府中设立文物行政管理机构。

东北博物馆（现辽宁省博物馆）是中华人民共和国成立的第一座博物馆。1956年5月，文化部在北京召开全国博物馆工作会议。会上提出了博物馆的三重基本性质和两项基本任务，即博物馆是科学研究机关、文化教育机关、物质文化和精神文化遗存或自然标本的主要收藏所的三重性质和博物馆应为科学研究服务、为广大人民服务的两项基本任务。同时，还特别强调博物馆必须进行爱国主义教育，使人民群众正确认识历史，认识自然，热爱祖国，并将此作为改造旧型博物馆和建立新型博物馆的一项要求。

当时，国家一方面对旧型博物馆进行整顿改造。各地人民政府陆续接管了故宫博物院、中央博物院、上海市立博物馆、天津市立博物馆、天津广智馆等25座博物馆，并且健全机构，充实人员，增加经费，加强管理。同时，有计划地建立了一批新型的博物馆，文化部决定参照苏联博物馆的建设经验，要求全国各地以当地的自然资源、历史发展和社会主义建设为陈列内容建立地志性博物馆。中央政府重点筹建山东省博物馆，这是中华人民共和国成立的第一个具有地标性特点的博物馆，在全国起到了示范和样板作用。博物馆开始走向大众，融入人民生活，成为我国社会主义科学文化事业的重要组成部分。同时，在全国范围内开展了文物征集运动，空前地扩大了馆藏，奠定了博物馆得以存在和发展的文物基础，民主人士、社会著名收藏家纷纷响应，形成声势浩大的群众性运动。文物主管机关在全国博物馆范围内开展了以苏联模式为范本的大规模的博物馆理论和专业知识学习运动，这是一次博物馆学的大普及，并且在博物馆内部推行陈列、保管、群工的"三部制"业务模式。这是一种平行结构的机制，三个部门分别承担和完成博物馆的陈列、保管、宣传教育工作，具有分工明确、责任清晰等特点。

1958 年后，全国各地开始陆续建立博物馆，特别是革命历史类博物馆和纪念馆，如中国革命博物馆、中国历史博物馆、中国人民革命军事博物馆等。三大馆的建成是 20 世纪 50 年代我国博物馆事业的重要标志，为全国的博物馆建设起了到示范作用。1960 年后，全国博物馆系统认真贯彻"调整、巩固、充实、提高"的八字方针，在组织上进行了职工的精简，业务上注意抓文物保管的基础工作和陈列质量的提高工作。这一时期，中国博物馆事业发展出现新的特点：一是博物馆事业稳步发展，数量与质量较之前均有显著提升，基础工作扎实推进；二是文物来源广泛，除了考古发掘，移交、拨交、社会收藏家捐赠等方式层出不穷，构成了国内大多数博物馆的藏品基础，直至今日，许多博物馆还在享受这一时期奠定的藏品红利；三是文物保护工作继续发展，开始注重对文物本体的物理性保护与修复，同时加强内部管理与分工，对博物馆内保卫工作越发重视；四是极为重视博物馆的教育功能，博物馆成为社会教育的重要基地。

四、中国博物馆的繁荣期

1976 年后，特别是改革开放以来，我国的博物馆事业开始进入振兴和不断发展的历史新时期。

（一）中国博物馆的振兴

改革开放后，博物馆事业的生存环境伴随国家经济社会的发展逐步改善，博物馆对区域发展所具有的价值逐渐被社会所认同，人们对博物馆是一个城市历史和文化象征的认识逐渐提高。国家文物主管部门拟定了《博物馆藏品保管试行办法》和《博物馆一级藏品鉴选标准（试行）》，这是中华人民共和国博物馆近 30 年藏品保管工作经验的集中体现，这些规章制度的制定使全国博物馆藏品管理进入制度化和科学化的新阶段。

1978 年，国家提出了各省博物馆的基本陈列一定要突出地方特点，防止千篇一律；要把加强科学研究工作作为主要工作内容，加强博物馆的基本陈列和科学研究工作，并把征集、保管、群众工作带动起来，把博物馆工作提高到一个新水平。1979 年 7 月 7 日，国家文物局颁发《省、市、自治区博物馆工作条例》，总结了中华人民共和国成立以来博物馆工作的经验，进一步明确博物馆的性质、方针、任务和工作方法，保证博物馆工作的"重点转移"，使博物馆工作者更好地发挥积极性。这是中华人民共和国成立以来第一个最系统、最完整的管理博物馆的法规。

20 世纪 80 年代，中国博物馆学科建设逐步完善，各高校纷纷成立博物馆学专业，与历史学、考古学等专业一并为各文博单位输送人才。如 1980 年，南开大学面对改革开放的新形势，为了适应迅速发展的文博事业对于人才的需求，在全国高等院校中最早成立博物馆学专业。国家文物局、各地区文物主管部门相继实行文物培训制度，组织各类文物培训班，对培养新时期的文博人才同样具有重要意义与积极作用。

（二）中国博物馆的发展

改革开放以来，党和国家更加重视博物馆工作，我国博物馆事业全面振兴，办馆方针更加明确，业务领域不断拓展，办馆水平显著提升，中国博物馆事业进入了又一个快速发展的时期。这一时期，我国博物馆的硬件与软件均飞速提升，经费更加充足；博物馆内设机构的调整更加适应时代的发展，文保、信息、文创等新兴部门出现；反映地域文化的展览增多，博物馆作为文化交流的使者，走出去的机会越来越多；学术性不断提高，各种培训、研讨会等学术活动增加，各个博物馆之间的横向交流增多；博物馆行业在国家文物局的行政管理和中国博物馆协会的指导下更加规范，充满活力。

1982 年，《中华人民共和国文物保护法》颁布，奠定了我国文物博物馆事业的法制基础。1994 年，中共中央印发了《爱国主义教育实施纲要》，要求搞好博物馆、纪念馆等爱国主义教育基地建设，充分发挥其作用。1996 年，中共十四届六中全会通过《中共中央关于加强社会主义精神文明建设若干重要问题的决议》，把博物馆、革命纪念馆作为社会主义文化事业的组成部分，确定其为公益性事业单位，由各级政府提供经费保障。1998 年，国家文物局开始评选年度"十大精品陈列"，促进了各个博物馆对提高陈列展览水平的关注。

20 世纪 90 年代以来，中国博物馆在数量的增长和硬件设施的更新上进步巨大，引领了博物馆业务工作向更高层次发展。博物馆作为藏品保护机构、科学研究机构和宣传教育机构的社会功能不断完善，真正发挥出其在文化大繁荣大发展进程中的重要作用。当前我国正处于经济快速发展、文化日益繁荣的阶段，国家先后出台了一系列政策法规指引文化事业发展，博物馆作为重要的公共文化设施和知识普及场所，迎来了新的发展机遇。博物馆是社会公益机构，其产生、发展与社会环境紧密相关，近年来一大批博物馆新馆建设及改扩建工程正在进行，各地博物馆新馆建设蓬勃发展，一批高投入、高质量的博物馆相继拔地而起，收藏、展示条件大幅提升，在传承文明、传播文化方面发挥着重要作用。

2008 年起，全国博物馆、纪念馆陆续向社会免费开放，免费开放不仅改善了博物馆的基础设施，提升了展示服务水平，促进了博物馆社会功能更有效地发挥，还引起了社会各界的高度关注。社会公众对博物馆免费开放给予了热情赞扬和高度评价，博物馆的社会职能得到更好的发挥。为适应博物馆事业的发展，促进博物馆陈列展示和教育服务水平的全面提升，国家文物局启动博物馆评估定级工作，积极推动博物馆管理体制机制创新。博物馆评估定级工作的开展，对打破博物馆单纯依照行政隶属关系划分等级身份的传统格局，引导博物馆创新管理体制，引进竞争、激励机制，促进博物馆的改革和发展，起到了重要的推动作用。

伴随互联网、云计算、大数据、移动通信等新技术成果的应用，智慧博物馆建设成为博物馆信息化工作的发展趋势，博物馆纷纷开始建设智慧博物馆平台。智慧博物馆注重以需求和发展为驱动，重新梳理构建博物馆各要素，是多元一体化的人、物、服务、数据交互。智慧博物馆旨在满足藏品管理、数字化展示及为公众服务等需求，为博物馆各项工作提供持续发展和不断创新的能力。智慧博物馆的藏品信息化建设就是实现藏品数字化管理，目前已经在全国相当数量的博物馆中实际运行。观众服务的信息化也是智慧博物馆的重要内容，包括展示服务和接待服务等方面，其中的展示服务通过大数据分析，可以获得观众观展兴趣、爱好等方面的信息，在一定程度上为博物馆服务公众提供有价值的借鉴。

截至 2020 年底，中国全国备案博物馆 5788 家，其中国家一、二、三级博物馆达 1224 家，类型丰富、主体多元的现代博物馆体系基本形成。同时，中国的博物馆总量已经跃居全球前五位，即美国、德国、日本、中国、俄罗斯。2021 年 5 月 24 日，国家文物局等九部门发布指导意见，提出到 2035 年，中国特色博物馆制度更加成熟定型，博物馆社会功能更加完善，基本建成世界博物馆强国，为全球博物馆发展贡献中国智慧、中国方案。

改革开放 40 多年来，我国社会经济快速发展，给博物馆工作带来了机遇，也提出了全新的要求。博物馆的主要职能也由对文物的保管、保护向服务公众和加强社会服务意识转变，其核心由"以藏品为中心"向"以公众服务为中心"转变。因此，博物馆的从业人员也应该更重视自己的社会责任，更好地服务于社会。

第三节　博物馆的发展要点

经过 100 多年的发展，中国博物馆已经具有相当大的规模。在新的形势与发展机遇下，博物馆被赋予了更多社会功能，博物馆事业呈现出前所未有的繁荣景象。博物馆工作者应该紧跟时代步伐，正视问题，进行深入思考与探索。

一、新馆建设中总馆与分馆

伴随着我国经济社会的持续发展，博物馆开始了新一轮的硬件设施建设，此次建设的重要特点之一便是大型博物馆分馆的建设层出不穷，故宫博物院、上海博物馆、首都博物馆均已经开始建设分馆。博物馆分馆的出现是博物馆新馆建设的新模式，改变了原有的博物馆体系，扩大了博物馆对于区域文化的辐射。这些分馆目前大多正在建设，如何处理好总馆与分馆的关系值得探讨。

一方面，总馆与分馆为区域内提供社会公众服务的职能是相同的，博物馆的各项功能是一致的。

另一方面，以陈列展览为例，总馆与分馆可能是一种互补的关系，在定位上可以有所偏重——总馆可能会偏重地方历史陈列或维持馆内现状，依然保持其展示地域文化、传播城市文明的定位；分馆则因是新建馆舍，会运用更多展示手段与展陈技术，更加倾向于灵活多样的艺术性、现代性展览，以丰富广大民众的精神生活。

此外，分馆可能会是总馆的"影子"，两者体现出更多的共性元素。即两者虽在同一城市，属于同一大区域内的博物馆群体，但因所在的小区域不同，因此其辐射的观众群体也稍有差异。

二、藏品征集与时代纪念物

藏品是博物馆发展的基础性条件，征集藏品是构建博物馆收藏的主要业务活动。在高度集中的计划经济时代，文物工作者认为民间文物的最后归宿只能是国家举办的博物馆，藏品征集只是文物从个人进入博物馆时履行的手续而已。

如今，藏品征集工作面临着新的课题——原先几乎全部流向博物馆库房的文物开始了规模空前的分流，文物征集的难度增加了。从中国博物馆藏品构成的重要组成部分——考古发掘文物来看，各地的考古研究所纷纷建立自己的藏品陈列场所，不再将所发掘的文物无条件地移交博物馆；从文物市场来看，以拍卖等方式购买文物已成为博物馆藏品征集的重要途径，有些文物档案馆、图书馆、美术馆、文化馆、国有企事业单位、高校等机构单位的文物征集范围也扩大到实物、文献、照片等。而且个人收藏热方兴未艾，其队伍日趋庞大，这对博物馆的藏品征集工作而言无疑是一种挑战。

同时，在新时期的文物征集工作中，眼光不能仅局限于古代艺术品，而应该更多关注对博物馆未来展示和传播具有重要价值的当今时代的纪念物。这些纪念物不全都是历史遗存，特别是现代见证物，有相当部分是正在使用的物品，是正在发生的某些重要事件的有纪念意义的物品，今天更完整、更全面地保存它们是征集近现代文物的唯一途径。"为了明天而收藏昨天和今天"表明了当前文博工作者征集工作的紧迫感和使命感，为此，博物馆的从业人员必须重新审视文物概念，使之日趋完整科学，这样才有利于全方位征集文物观念的建立和工作的开展，及时调整和改进征集工作。

三、主题展览与专题展览

在新形势下，各个博物馆要以推出精品陈列、特色展览为社会公众服务为己任，策划举办选题新颖、内容丰富，跨时代、跨地域、跨学科的主题类陈列展览，以适应博物馆事业的发展需要。要拓宽办展思路，不断更新陈列展览策划的理念；要建立策展人制度，强化学术研究对陈列展览的支撑；要力争在业已成熟且已取得一定成果的文物专题展、历史类陈列的基础上有所突破。

加强与其他科研机构之间的业务往来，以多学科的视野为陈列展览策划工作带来广阔的发展空间。博物馆通过与其他社会科学研究机构的业务往来，及时掌握最新学术动态，加强不同学科知识的引进，促进跨学科、跨领域的理论研究，进而与陈列展览策划的实际工作紧密联系。要做到利用不同学科的前沿理论研究成果来诠释博物馆藏品的文化内涵，带给观众全新的解读，增加陈列展览的创新性，使观众在陈列展览中能够汲取足够的知识养分，使其对博物馆藏品有更深层次的理解，激发他们的观展、学习兴趣，充分发挥博物馆陈列展览的教育功能。

建立、健全策展人制度，加强对策展人团队的培养。要在技术层面对策展人强化培训，在观念上进行引导，开阔思路，创新理念。可以通过中国博物馆协会组织全国性陈列展览培训班，强化理论，转变观念；各个博物馆也可以举办专题研讨会或系列讲座，增进交流，将一些先进展陈经验发扬光大。在业务人员结构方面，博物馆可根据不同的岗位，特别是陈列展览策划领域，不要局限于历史学、考古学、博物馆学等专业，可以录用与陈列展览策划密切相关、具备不同学术能力的其他学科专业人才。在此基础上，针对具体的陈列展览策划，可以逐步推广项目制，要求策展人及其团队不能再局限于过去纯粹的内容设计，还要在选题、经费预算及使用、形式设计、布展等每一个环节中都承担起相应的责任。项目制所要求的策展人应具备一种全方位的能力，即业务研究能力要精、协调组织能力要高、综合统筹能力要全。

四、原创展览与引进展览

原创展览是指本馆负责策展，内容及形式自主设计并组织展示的展览，所用藏品不局限于本馆。原创展览的举办有利于整合馆藏文物资源，使馆内"沉睡"在库房中的文物率先"活"起来；有利于推动学术研究，加强博物馆的业务建设；有利于提高本馆展览水平，建立健全策展人制度；有利于发挥公共文化机构的作用，推动社会的发展和进步。

引进展览则有利于加强各个博物馆之间的横向联系，促进不同博物馆间的交换展览、合作办展等交流模式。各个博物馆应该在保持本馆特色的基础上，抓住机遇，打破壁垒，加强文物藏品与陈列展览等不同层面的交流，互相学习、借鉴优秀的展陈理念，学习他人之长，补己之短。同时，还要把握机会，加强与国外博物馆在陈列展览领域的交流，取其展陈策划方面之精华，用先进的展陈理念来丰富中国博物馆的陈列展览策划体系。原创展览与引进展览要均衡发展，不能厚此薄彼。

五、文物保护与空间环境

作为不可再生的社会资源，文物正面临着由自然因素及社会因素带来的严重破坏，随着文物科技保护工作的不断开展，人们越来越认识到预防性保护在文物收藏及保护工作中的重要性。

文物由一定的材料组成，长期处于一定的环境中，会随着内因及外因的共同作用而劣化。如何减少各种破坏因素对文物的影响，比起在文物实体上进行处理，改善文物所处的环境更有益于文物长期的保护。"以防为主，防治结合"是做好文物保护工作的基本方针。"防"的方法是主动为文物创造良好的收藏保护环境，文物一旦因内因及外因的协同作用而遭到破坏，再进行"治"就成了被动工作，可能出现无法解决的问题，甚至是无法挽回的损失和遗憾。

影响文物收藏保护的环境因素主要包括温度、湿度、光照度、空气污染物、微生物虫害、自然灾害、人为因素等。博物馆不但要将预防性保护工作作为日常工作的重点，而且要在文物工作中培养工作人员的预防性保护意识与责任感。

六、博物馆展陈方式与其他文化形态

当代博物馆文化的一个突出变化是文化传播的媒介化、视觉化、生活化、经济化和日常社会生活的审美化。以非物质文化遗产这一文化形态为例，传统意义上博物馆文化的构成是以实物为基础的，通过陈列展示而构筑历史记忆。伴随多重文化形态在社会上的普及推广与保藏改善，现在的非物质文化遗产——所谓凝聚了人类的创造力并推动了人类发展的"活"文化形态，已成为博物馆的基本使命之一，博物馆应当义不容辞地承担起这一职责和义务。

中华民族创造了丰富多彩的非物质文化遗产，如神话、谚语、音乐、舞蹈、戏曲、曲艺、风俗、民居、服饰、器皿、民族体育活动等，它们犹如一座熠熠生辉的巨大宝库，成为中华各民族团结的象征和联系世界的桥梁。如果将这些非遗文化引入博物馆，通过博物馆这样一个开放性的文化场所来收藏、保管、研究乃至宣传与展示非遗文化，则会对博物馆与非物质文化遗产大有裨益。

以媒介文化或视觉文化为主要内容的新型博物馆文化形态已经产生，除了传统的艺术博物馆、民族博物馆外，世界上不断兴起的生态博物馆、语言博物馆和数字化博物馆正为我们装点起一幅幅美丽而壮观的图画。如果说博物馆文化的研究已开始为文博界、理论界所关注，那么博物馆文化形态的研究则刚刚起步，博物馆与非物质文化遗产问题的提出无疑有利于推动这一进程。

七、博物馆参观人数的多与少

博物馆参观人数的多与少一定程度上与博物馆是否免费开放存在一定联系。我国曾经是一个博物馆高门票的国家，自 2008 年 1 月开始，我国除古建、遗址类以外的公立博物馆全面推行免费参观制度。公立博物馆免费开放使普通民众分享了因经济发展而带来的文化享受，其重要意义不言而喻。

客观而言，博物馆免费开放创造了社会效益，但也增加了开放管理的成本。从文博事业管理层面来说，一些原本效益不好、免费开放后仍然观众寥寥的博物馆，因得到更多的国家财政补贴，可能凸显出竞争意识不足、积极性不高等问题。

参观人数问题不只是一个简单的数字问题，它还关系到博物馆日常运营管理、观众参观环境、受众人群的感受等许多具体问题。在经历了从高门票到免门票这一阶段后，现在看来，长期低票价制度可能更为合理。低门票可以限制那些非真正参观者的进入，对文化遗产保护也有正向价值。

八、文化创意产品与文物衍生品

近年来，国家相继出台一系列文件和政策推动文化创意产品开发。各地博物馆也纷纷在文创领域加大投入，许多文创产品深受公众的喜爱。

从本质上来讲，文化创意是文化与科技、创意和智慧的结合，推崇并致力于创新，强调文化活动对社会的支持与推动，其核心就是"创造力"，通过新颖的、有创造力的理念与文化资源相融合，从而转化为社会的综合效益。文化创意开发需要注意两个问题：一是坚持博物馆的社会公益事业的基本性质不能动摇。由于博物馆的公益性质，因此所获得的收入应全部用于补贴和发展博物馆的公益事业，以经济效益促进社会公益事业的发展，促进博物馆社会效益的提升。二是文化创意的范围是广泛的，将文化与创意充分地融合并合理地运用于博物馆中，有助于拉近物与人之间的距离，提升观众的体验感。

九、培养人才与引进人才

人才是博物馆可持续发展的关键因素，人才队伍的不断补充完善和合理配置是博物馆工作正常开展的重要保证。博物馆人才来源的两个主要途径分别是自行培养和引进：自行培养主要是对馆内现有人力资源进行整合，进行有目的的培训，可以通过课题式、项目式等不同组织形式来落实，既能够完成馆内任务，又在过程中培训了员工。这种模式如果能够长期化、制度化，通过选择合适的团队带头人，再加上馆方的引导和监督，那么会有人才脱颖而出。直接引进高端人才是博物馆提升学术水平和改善业务工作能力的有效途径，但如何对高端人才产生足够的吸引力，无论是待遇还是研究环境都是比较关键的问题。

博物馆在人才问题上应该探索建立合理的人员流动机制，以职称职务晋升、薪金提级等优惠政策为杠杆，促进高层次人才的合理流动。同时在市场经济条件下，利用有利的外部条件来提升博物馆业务，引进高端人才，可以考虑以聘请客座研究员的形式，做好本馆人员的传帮带，为博物馆创造效益和培养人才。博物馆也可以与相关合作单位实现人力资源共享，协作共赢。博物馆拥有了人才，还要创造有利于人才成长的环境与氛围，既要对现行人事制度进行改革，建立完善以岗位管理为基础的用人机制；又要强化激励制度，建立合理的分配机制和人才激励机制，以激发员工的工作热情。通过加强人才队伍培养，促进博物馆专业化、现代化、社会化水平全面提升，为进一步强化博物馆文明传承、文化沟通、增进知识和公众教育的职能，奠定坚实的基础。

十、理事会制度与现行管理体制

我国博物馆现行管理体制是产生于计划经济时代的馆长负责制，人事权和财务权也归属上级主管机构，博物馆内部行政化倾向明显，一定程度上影响了博物馆公共性的发挥。为了解决这些矛盾，党的十八届三中全会通过的《中共中央关于全面深化改革若干重大问题的决定》指出，要"明确不同文化事业单位功能定位，建立法人治理结构，完善绩效考核机制。推动公共图书馆、博物馆、文化馆、科技馆等组建理事会，吸纳有关方面代表、专业人士、各界群众参与管理"。

　　理事会制度有利于推动博物馆的体制与机制改革，同时也要注意这些方面的问题：一是要善于总结经验，注重顶层设计；二是理事会制度可以促使上级主管部门从"办"博物馆向"管"博物馆转变，强调法人治理结构的独立性和公共性，从而实现博物馆资源的有效配置和科学利用；三是理事会制度建设的重点问题是机构权力的分配与组成，即理事会成员构成与管理机构的关系以及与馆长的关系等；四是馆长任命权的变化，即由行政主管部门领导的馆长责任制向理事会领导的馆长责任制过渡；五是人事管理与分配奖励机制的转变，在理事会的领导下，打破原有的行政编制，由理事会掌握博物馆内部收入分配自主权。

　　在当前我国文化事业发展的大好机遇下，总结和反思中国博物馆事业发展历程，把握和理解国家对文化文物事业的大政方针，探索符合国情的中国博物馆事业发展之路，引领下一个阶段世界博物馆事业发展创新的潮流，是当前中国博物馆界应有的担当。①

---

①陈卓：《中国博物馆事业的发展与现状分析》，载《文博学刊》2019年第1期，第57—67页。

第二章 博物馆陈列展览及其模式研究

第一节 博物馆陈列展览的主要类别

类型划分是一项困难而有意义的工作。划分博物馆陈列展览的类型，除了依据一定的标准，还应遵循以下两大原则：

第一，科学性原则。要想正确地进行类型划分，就要科学地进行操作。首先，保证划分后的各子类型的外延之和与博物馆陈列展览相重合，划分的目的在于明确博物馆陈列展览的外延；其次，保证每次划分按照同一标准进行，如果在一次划分中未按同一标准进行，那么就会出现有些博物馆陈列展览同时属于几个不同的子类型外延的情况，使划分的结果混乱不清；最后，保证划分后的子类型互相排斥，如果划分后，一部分博物馆陈列展览既属于这一子类型，同时又可以属于另一子类型，那么这样的划分会造成人们对博物馆陈列展览外延把握的困难。

第二，实用性原则。对博物馆陈列展览进行类型划分，是要了解目前博物馆陈列展览的现状，为以后的工作打基础。只有划分的类型实用，所做的划分工作才有意义。

根据不同的标准，博物馆陈列展览有以下不同的分类方式。

一、按陈列展览时间进行分类

1. 基本陈列。基本陈列是从博物馆的基本性质和任务出发，大量运用特色藏品，设计上强调系统性，内容相对固定且常年对外开放的陈列。要求具有鲜明的个性特色，同时与博物馆其他临时展览有机地联系在一起，遥相呼应。

陈列内容有持久性，要求选用有耐久性的展品，但不排除因科研工作进展或展品保护需要而局部更换展品、设备或辅助材料的可能，所以，"固定"只是相对临时展览而言的。

2. 临时展览。临时展览指内容专一、小型多样、短期展出、可以经常更换的展览。如果在设备设计方面做到便于运输和拆装，则也可称为流动展览。临时展览内容丰富，形式多样，是吸引观众多次走进博物馆的重要手段。就博物馆陈列展览部门的工作而言，基本陈列虽属第一位的首要工作，但在基本陈列完成并开放后，临时展览往往成为陈列部门的主要工作。

关于临时展览，国家文物局倡导各博物馆要积极扶持原创性、主题性展览，如南京博物院、广东省博物馆等各博物馆不断推出大型原创性特展。这些大型的、原创性的"临时展览"在博物馆履行职能方面发挥了重大作用，这类展览具有博物馆服务社会发展和社会公众的行业特征。

出入境展览是临时展览的重要组成部分。改革开放以来，出入境文物展览数量不断增长。20世纪50年代至90年代，全国的出境文物展览约120项，涉及32个国家（地区）的140座城市，观众人数超过4300万人次。2000年至2017年举办出境文物展览累计超过840个，是之前50年举办出境展览总数的6倍多。

博物馆很多国内、境外、国外交流的临时展览效果很好。20世纪80年代，随着秦兵马俑坑考古发掘的开展，以秦兵马俑为主题的文物展成为对外交流临时展览的重要内容。首次以秦兵马俑为主题的出境展览是1982年12月至1983年9月在澳大利亚墨尔本、悉尼等6个城市的"中国秦代兵马俑展"巡回展览，80余万人参观了展览；1983年10月至1984年5月在日本东京等地巡展，观众人数更是高达200万。

1992年，赴台湾的"兵马俑与金缕玉衣"展，是两岸分隔40多年后，大陆赴台湾的第一个文物大展，当年台湾万人空巷，队伍如长龙，展厅里人头攒动、摩肩接踵。不少1949年以前去台湾的人士观看展览后万分激动，说"看到展览如回故乡"。展览主办单位时任台湾展望基金会董事长李庆华先生为展览题字："中华文物放光彩，两岸交流开新页"，表达了两岸同胞的共同心声。

二、按陈列展览场所进行分类

1. 室内陈列。按一定的主题从藏品中选择出展品或制作出展品，并放在设施建筑内展出，称为室内陈列。陈列场所主要是展厅，但有时也在门厅展出本馆的标志（象征）展品，或利用走廊展出。室内陈列是博物馆最常见的展出形式①。

2. 室外陈列。与室内陈列相对，室外陈列是指在博物馆辖区内的露天陈列。在收藏品中，那些因体积或重量过大而不宜搬入展厅的展品，或放在室外有利于美化博物馆整体环境而又不怕风吹日晒雨淋的展品，可以选出来放在博物馆辖区内展出，这是室外陈列。如一些历史博物馆将馆藏的石雕等放在院子里展出、中国人民革命军事博物馆在室外院子

---

①黄洋、陈红京：《博物馆陈列展览设计十讲》，上海交通大学出版社2019年版，第41—54页。

里展出人民海军退役舰艇 3139 艇。

3. 野外陈列。野外陈列并非由于不能搬入建筑内而放在室外，而是一开始就以野外为主体进行陈列的。与上述博物馆辖区内的室外陈列相比，其性质和规模均有所不同。野外陈列又可分为两类：一是人为地将某类物品汇集在野外进行展出；二是原状保存展出野外的遗址或自然物品。

人为地将某类物品汇集在野外进行展出，也可称为收集品的野外陈列，其方式方法与室内陈列基本相同，只不过展出场所是野外而已，但比室内陈列的效果更好。例如，国内所见的碑林博物馆即属此类，动植物园可谓典型。

原状保存展出野外的遗址或自然物品，更接近以往所谓遗址陈列或自然保护区的概念。

4. 流动（巡回）展览、出租展览。流动展览是为了照顾到那些因住地较远而难以利用博物馆的人，与当地有关设施协作以适当场所为展览会场，将博物馆藏品运去举办的展览，并在一定展出时间后逐次运往其他会场展出，以丰富地方文化生活。也可采用巡回展览车的形式，机动灵活，使博物馆教育传播工作深入偏远地带。四川博物院和内蒙古博物院等都有流动博物馆，把展览送给外地观众。

出租展览主要是向学校出租放入小型集装箱内的展览道具，即先在博物馆把各门课程教材编成展览版面，然后放入箱内，一打开箱盖，立刻呈现出按教学计划编排的展览。有的博物馆设计出文物出借盒，方便博物馆出借文物等相关教具。

三、按陈列展览目的进行分类

1. 器物定位型展览。器物定位型展览的主要目的是在最佳条件下呈现展品的艺术价值或美学价值。这种陈列的主要目的不是知识性理解，而是通过欣赏来提升观众的感性认识，陶冶情操。

在美术馆和艺术博物馆常见这种陈列，为显示展品的价值和微妙情感，在展出手法上十分强调空间的疏朗和恰到好处的光照效果。此外，由于不以知识性理解为首要目的，因而说明文字也不多。上海博物馆的定位为艺术类博物馆，因此，其青铜器馆、玉器馆、陶瓷馆、钱币馆的陈列展览都以表现文物的美学特征为主，除了展品的说明牌，辅助性的说明材料不多，观众以欣赏上海博物馆馆藏的精美文物为主要目的。

2. 信息定位型展览。信息定位型展览中，实物展品不再仅仅是欣赏的对象，也不再是博物馆展览中唯一的陈列要素，而成为故事叙述系统中的要素之一，扮演着故事叙述中物证的角色。其具有明确的系统性和情节性，所强调的是信息传播。

四、按陈列展览手法进行分类

1. 静态陈列。静态陈列是最传统的展出手法，优点在于可以清晰地观察展品的造型和色彩，而且展品损耗量小。若是为形态学和分类学研究工作服务，则可以采用静态个体或分类陈列方式。但若想表现生态、行为及形成过程（发生、生产）时，则静态陈列手法就无能为力了，它的弱点在于不能具体表现时间流程性信息。

2. 动态陈列。随着多媒体技术的发展，特别是 2010 年上海世博会之后，中国的博物馆开始大量采用声、光、电等多媒体技术手段展示，这种动态的陈列方式能够增加陈列展览的趣味性，吸引观众的眼球。

最为典型的就是上海世博会时展出的大型电子多媒体版《清明上河图》，作品长 128 米，高 6.5 米，将原作放大了将近 30 倍。整个作品结合声光电效果，使用 12 台电影级大型投影设备，让观众身临其境，仿佛穿越到那繁华的汴梁城。这样的方式对世博会之后的中国博物馆陈列展览产生了重要影响。

3. 操作演示陈列。在操作演示陈列中，人本身并非陈列对象，人所进行的操作和行为动作才是陈列对象。动作的主体是博物馆的工作人员（或志愿者），而非观众，因而不属于"参与型陈列"。

日本丰田产业技术纪念馆内，工作人员现场为观众演示纺织机器的工作过程，演示结束后，还将该机器纺织的小手帕送给观众留念。

4. 活态陈列。运用活态陈列手法的典型就是动物园和植物园，实际上自然史博物馆也应积极采用这种手法。自然博物馆大都有采用饲育、栽培陈列手法的潜力和必要性，由此使室内陈列富有生气。

英国牛津大学自然史博物馆在展出掘地蟑螂和马达加斯加发声蟑螂时，采用透明中心柜的方式，把活体的蟑螂饲养在展柜里供观众参观，观众看到的不仅有蟑螂的生物信息，还有蟑螂活态的生活方式。

5. 多感官陈列展览。观众通过视觉所能获取的信息，仅限于物体的位置、大小、造型及色彩等，而通过多感官（触觉、听觉、嗅觉、味觉、机体运动觉等）则能获取质感、硬度、重量、音质、温度、味道等多方面的信息。

维京人是英国历史上重要的一个人群，后来由于气温骤降、基督教的同化、与当地人通婚等因素，维京人逐渐淡出历史舞台。1976 年至 1981 年间，考古学家在铜门发掘出具有千年历史的维京人的定居点。1984 年 4 月，在考古发掘的原址上建立的维京中心开放。在经过 16 年的研究之后，考古学家对维京人的饮食、穿着、贸易和建造房屋的方式等信息有了更多了解，这些研究促使了维京中心的改陈，并于 2001 年重新开放。现在的维京中心位于铜门购物中心，排队买票时就有工作人员身着维京人的服装维持秩序。

观众乘坐时间舱穿梭于复原的维京时期城市中。观众可以看到正在用鹿角制作梳子的工匠、铁匠铺、正在工作的木车工匠、两个工人正在建造一座新房子、屠夫的工作间、热闹的市场、维京时期的厕所等。除了视觉上的享受，观众还可以闻到鱼腥味、农家院子里的味道、木柴燃烧的味道、熔炼铁的气味、烤野猪的香味，还有市场里的各种气味。观众还可以感受到微风拂面，听到打铁的声音、市场的叫卖声等，仿佛真的穿越到了维京时期。

这样多感官、静动结合的展示方式给观众带来了真实的感受，留下了很好的印象，同时也达到了很好的展示效果。有的博物馆在展览中还设置多感官的互动体验展项。

第二节　博物馆陈列展览与其他业务工作

博物馆可视为一种非经济领域的生产单位，实际存在一个"物"的生产流通过程，博物馆的收藏、研究、展示、教育职能在该过程中得以发挥，并根据不同的职能要求而分化出若干具有相对独立性的工作部门。博物馆的最终职能在于向观众传播知识和信息，由此可以把从征集到陈列的绝大部分博物馆内业务工作看作生产环节，而消费环节则主要体现在观众的参观利用上。

博物馆在将一般的"物"变为对社会"有价值的存在"的生产加工过程中，并不对"物"本身做物理或化学意义的变形，而是做了心理意义或信息功能方面的增值。相应地，消费环节也不是物质性的，而是精神性的，人们常用"精神食粮"一词比喻博物馆的陈列展览。

我国传统博物馆的机构设置采取三部一室制，即保管部负责藏品管理，陈列部负责陈列展览的制作和维护，社教部负责开放区域日常管理、讲解及教育活动的策划和开展，办公室负责行政事务和安全保卫，前三个部门属于业务部门，办公室属于事务部门。随着博物馆事业的发展，很多博物馆都衍生出了新的部门，如信息部、对外交流部等，但在整个博物馆中，陈列展览工作与多个部门都发生关系。

一、收藏——博物馆陈列展览的根基

（一）收藏的职能范围

博物馆各业务部门之间是一个链条关系，直观地看，这条职能链的开端是"征集"工作，有的博物馆专门成立"藏品征集部"；接下来的是"保管"工作，多称"藏品保管部"。这两个业务部门均属"收藏"职能范围。直观地看"物"的流通运动过程，似乎征集工作排在最前面，实际上这只限于"被动征集"的情形，如果是正常情况下的主动征集，则要以一系列调查研究工作为前提，这才能形成有计划、有目的的征集行为。

在博物馆的各业务工作中，征集工作较多地同保管和藏品研究工作发生业务关系，其实征集工作的质量对所有后续业务都有很大影响，因为物是博物馆一切业务工作的基础，博物馆无物不立。

征集工作完成后的下一个直接环节就是移交给藏品保管部门登记入藏。因此，相对来说保管工作同征集工作形成的关系比较被动，而陈列工作则要主动一些，似乎永不满足。陈列部门应将现有主题陈列中展品空白或薄弱的部分作为要求反馈给征集部门，以使征集工作的规划更具目的性和主动性。

我国博物馆采取部门分工制，其缺点在于容易产生有碍统一协作的"部门主义"狭隘思想，中外学者对此都有共识。就收集与陈列的关系而言，观念上统一协调的互动关系往往落实不到操作层次的具体工作中。收集工作着眼于实物的科研、艺术及收藏价值，在选择时比较注重典型性，而容易忽略环境背景性的伴出品收集和相关信息记录。

换言之，实物资料的广度和相关记录（照片、实测图、录音、录像等）的深度都是一个连续的变量，在收集工作现场都有一个选择问题。实际工作中往往以是否属于撰写发掘（收集）报告和科研论文所必需的材料来衡量，是者收取，非者回填，不再顾及其他。这样工作或许能减轻返程携带、室内整理，乃至保管工作的负担，并且不会影响收集报告和科研论著的质量，但无意中却会影响未来陈列工作的质量。因为田野工作认为不必收集的东西，恰恰有可能是陈列工作所需要的东西。

（二）收藏范围的扩张

随着时代的发展，博物馆的功能也在发生变化，所征集文物的目标也不断更新。国际博物馆协会从成立以来，就在不断地根据时代变化适时地修改关于博物馆的定义。

博物馆是个收藏机构毋庸置疑，但是国际博协对于收藏对象的表述则经过多次变化：1956 年是具有文化价值的艺术的、历史的、科学和技术的藏品和标本；1961 年是具有文化和科学重要性的藏品；1989 年、1995 年和 2001 年是人类及人类环境的物证；2007 年是人类及人类环境的物质及非物质遗产①。

博物馆收藏的范围不断在扩张。改革开放以来，中国发生了翻天覆地的变化，中国有

---

① 黄洋、陈红京：《博物馆陈列展览设计十讲》上海交通大学出版社 2019 年版，第 55-68 页。

很多城市面貌也改变了，而伴随着发展也出现了一些千城一面、文化缺失、古物损毁等不良的文化现象。一些博物馆也开始抢救性征集保护一些今天的物品。

国际博物馆协会把 1996 年博物馆日的主题确定为"为明天而收藏今天"，就是告诉人们不仅要"为今天而收藏昨天"，还要更多地关注人类的"今天"。为了未来人类的记忆，相当多的博物馆也意识到收藏"今天"的必要。

在博物馆的收藏方面，许多现代和当代物件成了博物馆的珍宝。越来越多的博物馆开始收藏、陈列有价值的当代物件，特别是与百姓生活息息相关、反映近现代甚至当代社会生活变迁的实物和档案资料。为配合以人为本的新型城镇化建设，要保存 1949 年以来特别是改革开放以来中国社会经济发展的相关实物物证，以及构成藏品体系必需的 1949 年以前的实物，"为明天收藏今天"，要拓展博物馆的职能，构建中国经济社会发展物证藏品体系，充分发挥各级博物馆，特别是基层博物馆在配合中心工作、凝固家国记忆、留住乡愁和文化传承等方面的积极作用。

国家文物局于 2015 年 3 月发出了开展"经济社会发展变迁物证征藏"试点工作通知，经过审核筛选，最后确定了首都博物馆、建川博物馆、山西省民俗博物馆、山东博物馆和深圳博物馆 5 家博物馆作为首批试点单位。此次试点工作成果显著。此后越来越多的国有博物馆开始重视收藏"今天"。

陕西历史博物馆在 1 年的时间里，共征集到包括票证、生产工具、生活用品、交通通信器材、家用电器、文体娱乐等类别物证 1323 件，其中包括向阳牌大型照相机、北京牌电视机、布伦瑞克手摇计算机、陕西渭南庄里瓷厂瓷器、西安人民搪瓷厂搪瓷器等一大批功能完好、具有时代特色、能反映陕西在中华人民共和国成立前后经济社会发展变迁的重要藏品。

此后，陕西历史博物馆于 2017 年首个"文化和自然遗产日"举办了"岁月如歌——陕西民国以来经济社会发展变迁物证展"，以物代史，展现了中国特别是陕西自民国以来近百年来的发展历程。通过百余件曾经与老辈人息息相关的老物件，勾勒出陕西近百年来社会生活变迁的掠影。结合展览，陕西历史博物馆还向社会各界发起倡议并发放倡议书，呼吁社会公众保护好身边的"老家什"，守住老祖宗留下的物质与精神财富，从小做起，从我做起，为保护传承城市文脉做出自己应有的贡献。

二、保管——博物馆陈列展览的保证

保管部门管理工作的对象是经过鉴选而作为国家文化财产的博物馆藏品。藏品是博物馆开展各项活动的物质基础，离开了藏品，展览、教育就无从谈起。所以，管理只是手段，使用才是目的。换言之，藏品保管要研究的主要内容应该是如何科学地、久远地、方便地使用藏品。但从理论上讲，藏品的保管和利用本身就是一对矛盾。保管不同于一般货物仓库的消耗性提取，尤其文物藏品多具有不可再生性，社会赋予博物馆以收藏职能，保管部门因此具有相对的独立存在意义。

保管属于基础职能，在全馆工序链中处于收集和利用之间，与陈列工作关系密切，保管较少受陈列制约，而陈列较多受保管制约，这导致实际工作中出现单向的依赖关系。从陈列展览工作的期待和要求来看，至少可以从以下两方面协调保管与陈列的关系：

（一）保管熟悉度有助于陈列展览工作的开展

陈列展览工作要在熟悉馆藏的基础上进行，熟悉度越深越有助于开展策划与设计构思，这是陈列工作的特点之一。进库房逐件目测实物，无疑会扰乱保管工作秩序，使保管员不堪负担。博物馆很难像图书馆那样开架检索，藏品毕竟不同于藏书。

实际上，陈列展览工作并非每一步都要以目测为前提，至少展览脚本的编撰工作，完全可以通过编目卡检索来确定所需资料的大致范围，到形式设计阶段根据脚本中的展品目录提出目测要求时，可以将预选展品集中于库内的准备工作室，维持保管工作秩序。

在计算机尚未普及的时代，藏品编目卡的填写制作显得尤为重要。藏品编目卡，表面看来是一张印刷纸卡片，但它的内容十分重要。简言之，编目卡是藏品的缩影，是对藏品的外延和内涵的简要说明，也是从历史、艺术、科学技术三个方面对藏品的较全面的剖析与评价。编目卡虽小，但其学问大，写在它上面的一字一句都是要为博物馆的全部业务负责的。藏品编目的目的不仅仅是为了保管人员日常工作使用，主要是为了千千万万到博物馆来参观、学习和索取研究资料的人。而且，"与人方便"才是藏品保管工作的最终目的。博物馆最终要把自己的编目卡对外开放，让每一个需要查阅"真迹"的人，像索取图书一样在特设的参考室里看到他所需的实物资料。博物馆陈列展览的人员在筹办展览时也需要详细地了解实物。

随着计算机技术的发展与普及，博物馆藏品保管工作逐步数字化。2000 年之后，很多博物馆都建立了博物馆藏品信息管理系统。从 2012 年开始历经 5 年的第一次全国可移动文物普查工作共普查全国可移动文物 10 815 万件/套。其中，完成登录备案的国有可移动文物 2661 万件/套（实际数量 6407 万件/套），纳入普查统计的各级档案机构的纸质历史档案 8154 万卷/件。这更有利于陈列展览部门在筹划展览时使用藏品信息，遴选展品。

（二）藏品保管的重要性

博物馆的每件藏品都有丰富的信息，藏品保管员的一项重要工作就是清楚地记录并保管信息。其实，藏品保管部保管的不仅是物的本身，还有物的信息。博物馆陈列展览所注重的传播内容在于展品的内涵价值。

陈列工作者根据陈列主题选择展品时，首先着眼于藏品的内涵价值，其次才考虑形态（审美表现力）价值。一件文物藏品的价值并不能完全由造型表达出来，有相当一部分价值是通过后人的记录或研究，以信息资料形式赋予它的。

因而对一件藏品来说，若不附带任何相关信息资料（主要指收集记录和研究论述），价值则会减半。相关信息资料也是陈列设计构思和展品选择的主要依据，要求保管部除了提供藏品（实物资料）以外，还要提供相应的信息资料，由此可见藏品档案工作的重要性。然而，实际工作中又很容易忽视它，表现在只满足于名称、时代、来源、尺寸、质地、现状描述及形态照片等用于编目的基本鉴定材料收集，而相关科研论著的卡片回注和收集不够及时，从收集工作者那里移交来的现场记录往往不够齐全，这显然不利于藏品的利用。

如果每一个从事藏品管理的保管员是"管家人"的话，那么他所管的这个家，是一个拥有上百万年历史的丰富多彩、琳琅满目的历史文化之家。作为管家，保管员自然对博物馆库房的文物如数家珍。因此，某一件文物是否在库、目前状态如何、物的状态是否适合展出，这些问题保管员是最清楚的。因此在每次陈列展览策划之前，博物馆都应该召开藏品保管员座谈会，着重解决本馆收藏的特色、本馆最重要的收藏以及必须向观众展示的藏品有哪些、最能体现本地区历史文化特点的藏品是什么、能作为重要历史事件与人物物证的材料等关键问题。

三、研究——博物馆陈列展览的支撑

围绕藏品开展科学研究，是博物馆的职能之一，但不像馆内其他业务那样指定权力和责任者，研究人员是分散的，甚至是社会化的。

（一）研究与陈列的协作关系

陈列展览是目的，研究是为达到此目的所采用的手段，因而研究和陈列是一体化的。博物馆研究工作的特点之一在于它的成果发表形式就是陈列展览，果真如此的话，就不存在陈列与研究的工作关系问题了。但用"目的"和"手段"来形容两者的关系，这种描述不尽符合实际。藏品研究工作是从科学角度为藏品做时空定位的行为，是为藏品增值的过程；藏品研究也是人们对客观事物的认识行为，认识程度会受各种因素影响而有深浅差异，往往不是一次性的工作，某件藏品被选为展品后并不意味着研究工作的终结；科研成果本身也是博物馆的一种最终产品，可以论著出版物或专业学术会议的演讲口述等形式直接服务于社会，尽管服务范围不广泛（大多数时候限于专业人员），但其社会影响和价值却不可低估；正如展品数与藏品量的关系一样，主题陈列只揭示藏品价值的局部而非全部，故难以用陈列展览来全面体现和衡量科研水平。

总之，藏品及相关学科研究有其一定的目的和独立意义，不应笼统地视为仅仅服务于陈列展览的手段，但是，研究工作的确是陈列展览工作的重要学术支撑。

陈列工作同研究工作有很大区别，即陈列工作考虑的不再是确定藏品的时空位置，而是根据研究成果确定藏品在陈列展览结构中的位置；它不是对藏品内涵的探索和发现，而是根据已有的认识将藏品内涵做出通俗化表达；两者是发现创造与转化利用的关系，类似科学研究与科学普及的关系。陈列工作属于传播行为，是"翻译者"，承担着将科学语言转换成通俗语言的任务，发挥着将科研成果奉还给社会大众的"桥梁"作用。

陈列与研究，两者虽不等同，但关系十分密切，展品选择和展品阐释的依据都是由藏品研究工作提供的。这就要求陈列工作者（尤其是内容策划人员）具备研究者的素质，至少具备理解藏品研究成果和相关学科知识的能力。实际上，陈列内容策划人员往往就是藏品研究者，或者展览内容策划工作直接由藏品研究者承担。但即使如此，陈列设计者并不能包揽全部馆藏品研究，在很大程度上仍是利用他人研究成果开展工作的，职能分工不无道理。

因而实际存在着研究与陈列之间的协作关系问题。陈列工作无疑要依托研究工作，但现实中博物馆很难从制度上保障（有时也无法保障）研究必须为陈列提供相关学术支撑。而陈列展览工作又是藏品研究成果利用最频繁的部门，势必对研究工作有更多的期待和要求。

（二）陈列是对研究成果的利用与转化

藏品研究从工作上可分为基本鉴定和深入研究。前者指确定名称、时代、作者、质地、尺寸、来源等基础工作，它是将征集品转化为藏品的前提，更是展品选择和确定主题结构的依据。基本鉴定虽非易事，但不像深入研究那样旷日持久，尽管有的基本鉴定内容被后来的研究所修正，但在一般情况下，当征集者将藏品提交给保管员编目时就已经完成了。

因而对陈列工作来说，问题不在于基本鉴定，而在于对深入研究成果的利用和转化。深入研究不像基本鉴定那样限于编目卡片式的时空定位和形态描述，而是从人类和社会生活的多种角度（包括政治、经济、军事、科技、艺术、风俗、信仰等）对藏品的内涵意义（价值）进行深入阐释，并以文字材料为成果的存在方式，从陈列工作角度利用研究成果时，会出现以下方面的问题：

首先，陈列展览工作要同时利用馆藏的实物资料和相关的文字材料，前者就是展品，后者为展品阐释依据，此可谓陈列部利用馆藏的工作特点，这样要求保管部门如上节所述完善藏品的相关信息。这个工作需要研究工作者的主动协作，即每当藏品研究成果发表后，研究者应及时将有关资料交给保管部存档，编目卡中的"有关资料"栏也要及时回注。这应从制度上做出规定，使研究者有义务和责任协助保管部完善藏品档案工作。

其次，若仅以论著发表资料作为藏品深入研究成果的标志，则会发现馆藏文物中可能很少一部分才有相关论著。并非每件藏品都能成为正式发表的内容，许多藏品的相关资料除了编目卡上的内容以外再无其他。某件藏品未经深入研究，有多种原因，其中主要原因是该藏品在本馆或国内属于重复出现的常见资料，已有研究发表在先，因而失去了正式发表的价值。不过，失去"窄播"价值不等于失去"广播"价值，只要经过了基本鉴定，它仍可被用为展品，只不过这类展品的阐释依据了其间接材料。根据经验，这种未经深入研究的展品不在少数。

最后，一件藏品所含的价值可能是多方面的，如一件有铭文的商周青铜器，其器形可能具有考古学断代标尺的价值，其纹饰有美术史或宗教学的价值，铭文有历史学或古文字学价值，其铜料经金相分析又有科技史方面的价值，等等。相应地，陈列主题也是多样化的，一件藏品可成为若干主题陈列中的展品。但就某一个主题陈列而言，它往往只表达或揭示展品某一方面而非全部的价值。如一件青铜器在艺术类陈列展览中和在通史陈列或科技史陈列中所揭示的价值有不同的侧重点，展品说明牌并不同时呈现全部价值。问题在于，正式发表的深入研究成果往往具有相对单一的专业学科性，不一定全面揭示藏品价值，这与陈列工作多角度利用藏品有不对应之处，以至有时从研究论著中找不到展品阐释的依据。所以，从方便利用的角度着想，藏品的信息记录不应只限于正式发表的研究论著，而应该是多方面的。博物馆应该从制度上促使研究者承担这一责任，承认其劳动成果。

在筹划展览时，还有一类研究者非常重要，那就是地方史研究专家。陈列展览人员务必要召开与展览主题相关的研究者座谈会，弄清楚本地区历史文化中最值得展示的内容、本地区历史文化中具有全国或全省影响的内容、本地区历史文化中最有特色的方面以及反映本地区历史文化的文献、照片、影像资料。

四、教育——博物馆陈列展览的延伸

博物馆陈列展览与教育的关系非常密切。这里所说的教育其实有两个层面的意思，即教育职能和教育活动。如果从教育职能理解，则博物馆作为教育机构，陈列展览在教育职能中担任重要角色。如果从具体的教育活动看，则教育活动可以说是陈列展览的有效补充与延伸。

陈列展览是教育活动的策划源泉。绝大多数的教育活动往往依靠博物馆的基本陈列和临时专题展览而策划，有时也会依据馆藏藏品开展。教育活动的组织策划并不是凭空想象的，其内容要以藏品为基础。

教育活动是陈列展览的有益补充。陈列展览是在某个展示空间传播信息，但囿于空间的不足和展示手段的局限，藏品背后的大量隐性信息很难在有限的空间充分展示。同时观众在参观展览的过程中不停地行走，有时会感到疲劳，对展览会匆匆一瞥而过。配合展览组织策划的系列教育活动如讲座、专题导览、手工制作、互动游戏等可以更深入地阐释某个展览主题，让观众并不是无聊地看展，而是被丰富多彩的教育活动所吸引。

第三节　博物馆陈列展览的构成因素

关于陈列展览的构成要素，首先要意识到，陈列展览是在一定"空间"发挥作用的。场地空间的大小制约着陈列展览的规模。"空间"，亦即场所是博物馆陈列展览的第一要素；第二要素是意欲向观众传递的"思想"，包括意图、观点、想法；第三要素是"展品"，包括文物标本类的实物资料和信息类的资料；第四要素是通过展品来传递思想时所需要的"设备"，包括展具和传播装置；第五要素是制作这些设备所需的"资金"，即支付材料和人工费的经费预算；第六要素是陈列展览工程所需的"时间"。

因此，陈列展览的构成要素有六项，即"空间""思想""展品""设备""资金""时间"。

一、空间

（一）选址原则

博物馆选址是建筑设计前期工作中的重要环节。选址宜在地点适中、交通便利、城市公用设施比较完备的地段，其周围应没有污染源，场地干燥，排水通畅，通风良好。具体有以下十项原则：

（1）建筑设计符合工艺设计是博物馆建筑设计的根本原则。博物馆在提出建筑设计任务时，必须先期进行博物馆工艺设计的研究。工艺设计重点研究的内容主要是参观线路、内部工作人员行走路线及藏品运送路线"三线"的合理安排，展厅、库房及其他业务用房面积的适当分配，文物、标本保护温度、湿度的参数及各项相应的装备、设施等。

（2）在确定先工艺设计、后建筑设计工作程序的同时，博物馆工作者与建筑师之间应建立密切合作的关系。

（3）建筑方案的确定应该经过科学的严密论证，广泛与博物馆保管人员、陈列、研究人员、宣教工作者、文物保护科技工作者等进行综合讨论研究，并听取城市规划、气象学、环境学、社会学等方面专家学者的意见。

（4）博物馆建筑设计的重点是展厅和库房的设计。其中，展厅设计的重点是妥善解决平面与空间布局中系统性、顺序性与灵活性相结合的问题，以及采光、照明问题。库房设计的重点是建筑防潮、保温、密封性，保证库房小气候稳定问题。在展厅与库房之间应考虑到藏品运送的安全，凡藏品所经之过道、走廊、门厅、庭园均不宜设置台阶，二层以上的库房、展厅均应设置客货两用电梯。

（5）博物馆建筑防盗、防火必须严格遵照国家的防范规定。博物馆与四邻建筑应保持相当距离，以隔离外来火灾。

（6）博物馆建筑外貌应当反映博物馆的性质特征，不同地区不同性质的博物馆应该具有个性特色。现代博物馆建筑要反映现代博物馆的风貌，在提倡博物馆建筑形式民族化的同时，反对建筑创作上的形式主义。

（7）博物馆设计不仅要满足当前的使用要求，而且要预计将来的发展，博物馆事业总是随着社会进步和文化建设的需要而发展的。博物馆建筑总平面规划，应为将来发展准备好扩建增建的余地。

（8）根据博物馆的性质、级别和所在地区的地质情况确定相应的防震等级，做好建筑物的防震处理。

（9）博物馆建设经费的筹划与分配，不仅要研究当前基建与设备投资的合理分配，而且要考虑到装修投资及建成后，常年维护管理和能耗的经济性。

（10）如利用古建筑改为博物馆，须保持古建筑本身及周围环境的风貌，并遵守各项文物法规、消防法规等，做好防火、防盗及陈列展览等基本功能方面的设计，但藏品库房仍以新建为宜。

（二）展厅设计

展厅和库房是博物馆建筑的主体，相比而言，展厅处在博物馆"前台"位置上，是博物馆的"面孔"。观众到博物馆参观主要是在展厅里活动，它是公共性的开放场所。展厅的使用功能复杂，既要保护展品不受自然或人为因素的损伤，又要有大量人流行走和活动的空间，对建筑结构要求很高；既要便于观众参观，又要具有一定的艺术气氛。所以，展厅处于最重要的地位，是博物馆建筑设计的重点，对陈列展览工作乃至整个博物馆的形象都有直接的影响。

《博物馆建筑设计规范（JGJ66－2015）》中的强制性条文规定，博物馆建筑的藏

（展）品出入口、观众出入口、员工出入口应分开设置。可见，博物馆的展厅应该是相对独立的空间。

陈列展览区的平面组合应满足陈列内容的系统性、顺序性和观众选择性参观的需要；观众流线的组织应避免重复、交叉、缺漏；除小型馆外，临时展厅应能独立开放、布展、撤展；当个别展厅封闭维护或布展调整时，其他展厅应能正常开放。可以看出按照观众习惯，陈列展览的观众流线一般应顺时针设置，并且要区别不同的展厅空间。

《博物馆建筑设计规范（JGJ66-2015）》中还对展厅的平面设计提出要求：分间及面积应满足陈列内容（或展项）完整性、展品布置及展线长度的要求，并应满足展陈设计适度调整的需要；应满足观众观展、通行、休息和抄录、临摹的需要。其中还对展厅的柱距、净高都做了明确要求。

（三）建筑与陈列

建筑与展览的关系，即形式与功能的辨析。简而言之，就是说一个建筑的形态、外观应该真实地反映建筑功能，而不需要冗余的装饰，设计应主要追求功能，而使建筑的表现形式随功能而改变。这恰当地说明了博物馆建筑与展览的关系。博物馆的建筑与陈列展览的关系有以下不同的情况：

（1）新建博物馆。从博物馆建设流程看，一般是博物馆建筑设计和施工在先，完成交付后，博物馆再着手进行陈列展览设计。如果是这样的情况，那么陈列展览的内容策划和形式设计就只能迁就博物馆的建筑空间。当然，随着博物馆建设工程项目越来越多，操作上也越发合理规范。现在博物馆业主方一般都会提供《博物馆建筑设计任务书》给建筑设计单位，并提出具体要求。关于展厅的要求，最理想的状况是先有博物馆陈列展览脚本，然后根据具体的展示要求提出详细的展厅计划，可能局部需要净高较高、局部需要一个大面积没有网柱的空间等。

《博物馆建筑设计任务书》在博物馆项目建设环节占有举足轻重的地位，它作为建筑设计过程中的主要依据，要显示出设计深度，即博物馆业主方对工程项目设计提出的要求，其最终成果既要达到满足需求的设计理念，又要展示出规划报建必须达到的基本条件。

（2）改扩建的博物馆建筑。改建往往是将文物古建、工业遗产等原有空间改作博物馆建筑空间使用，这样的改建往往要保留原有建筑的整体风貌与结构，所以不能大刀阔斧改造，有时这样的空间会对随后的陈列展览造成一定影响。而扩建往往是博物馆意识到现有建筑面积过小，不能满足博物馆使用要求而扩建，这种情况往往会考虑全面，在扩建时尽量避免原有建筑的使用弊端。

（3）临时展览。临时展览基本上是在现有的临时展厅中完成，面积、层高、柱距都是确定的且不能变更，因此没有太多选择，展览的内容策划和形式设计只能适应现有的临时展厅空间，有时可能还要做出让步和牺牲。

二、思想

博物馆陈列展览是博物馆展览人员与观众沟通的桥梁，通过这个媒介，展览人员把意欲传达的思想进行有效的传播。从设计的定义也可以看出，设就是设想，就是策展人员的思想。陈列展览的思想必须做到以下两点：

一是要传播的思想必须深入浅出。传播的基础就是通俗易懂，没有这个基础，再好的思想对观众来说都毫无意义。因为一切思想必须是要交流的。没有交流就谈不上思想，没有交流的思想就是个人的空想。如果一个陈列展览不能够引起观众的共鸣，对观众产生影响，那么这样的陈列展览也是没有高度和意义的。

二是要传播的思想必须切实可行。如果策展人员的思想天马行空，空间局限，或技术手段不成熟，或形式不能够落地实现，那么再有创意的思想也只能停留在想象阶段了。

三、展品

谈到博物馆的展品，容易联想到那些放在展柜里的文物或标本。其实，所有在陈列中发挥着传媒作用的物品均属展品范畴，不管它是否由藏品转化而来，都是陈列展览的展品（传播媒介）。

当代博物馆的展厅已不再是那种纯粹收藏形态的罗列，除了由藏品转化而来的文物标本展品外，还有其他一些不具收藏价值的物品在同时发挥着传播媒介的作用，如说明牌、图文展板、照片、模型、多媒体等，这些后于陈列设计而产生的信息展品基本上没有永久收藏和科学研究的价值，只具有单一的信息传播功能。我国博物馆界通常称这类展品为"辅助展品"，所谓"辅助"只可理解为辅助人们理解主题思想之意，并不意味着它们所占的展出空间、体积尺寸、传递含义的重要程度等比实物真品低一等。

随着博物馆陈列展览从"器物定位型"向"信息定位型"转变，信息展品的开发利用问题变得越来越重要，在许多场合，它们往往扮演着主要角色，可称"信息展品"。从研究角度看，"实物真品"可称第一手资料，"信息展品"可称第二手资料。

博物馆陈列展览是一个有机的系统，各种展品都必不可少，各类展品都分别具有各自的价值和作用。根据这种观点，可将展品分为以下七类：

（一）实物

通俗地讲，实物就是观众口中所谓的"真品"。在种类上分为植物、动物、矿物、金属等，是单独加工或复合加工而成的。在来源方面可分为收购、考古发掘、地面采集、借入、捐赠、寄存、交换、移交等。实物真品一般都具有永久性收藏价值，因而在展出时首先必须考虑相应的展品保护措施，使用展柜等各种手段的目的在于防止自然因素（灰尘、紫外线、温湿度等）或人为因素（触摸、碰撞、偷盗等）致伤展品，这成为实物展出的附加条件。

同时，这种防护措施并非出于陈列展览信息传播功能的需要，它们往往会成为影响传播质量的制约因素。例如，英国自然史博物馆"人类在进化史中的位置"陈列中，有一件古人类头盖骨展品，其背面有一颗牙齿是信息要点，应该展示给观众看，但因其珍贵性不得不置于玻璃柜中展出，这样一来，观众又难以看清牙齿。设计者采用制作复制品放在柜外供观众触摸的辅助措施，使展品保护与信息传播的目的达到统一。同时，也有实物展出不采取隔离措施的。

另外，按实物真品的原始功能划分为美术作品和科技性展品，这对陈列展览工作而言是很有意义的，因为这一区别制约着陈列展览表现手法的不同构思方向。美术作品是可以同观众直接产生交流对话的，而科技性展品却因形态外观不能直接传达内涵意义，因此在传播上有着明显的局限性。所以，在美术陈列展览中，实物真品既是手段又是目的；而在科技陈列中，实物真品应更多地被视为一种手段，期待它们发挥的重要作用是"物证"，使观众确信观念性陈列主题思想的真实性和可靠性，而不应指望实物真品能如美术作品那样单凭自身就能产生视觉语言。

然而，随着一件实物的展览甚至无实物展览的出现，学界也发出了"博物馆是否还需要实物"的质疑。艺术博物馆的藏品变化不大，但其他类型的博物馆——人类学博物馆、历史博物馆、自然科学博物馆及科学技术博物馆，不仅所展示的实物在数量上减少了，在功能上也出现了一定程度的弱化。

（二）复制品

复制品是忠实再现客观事物的二维或三维辅助品。在陈列展览中使用复制品主要有以下原因：

（1）有些实物是收集不到的，但却可能有相关的照片、图纸、文献记载流传下来，根据这种间接信息材料复制出来的东西，可以充当辅助展品。如文献记载，东汉科学家张衡曾发明了世界上第一台测定地震方向的地动仪，其灵敏度相当高，并曾成功测定了公元

133 年在陇西发生过的一次地震。博物馆根据文献对形制和原理的记载，做成地动仪复制品并放在通史陈列中展出，形象地展现了祖先的高度智慧。

再如记载鼓车大约出现于东汉末年或三国时期，是一种能够自动播报行驶里程的车型机械装置。中国古代的记载鼓车，堪称现代里程表和减速器的祖先，是中国古代机械史上的伟大成就之一。1937 年，王振铎先生对记载鼓车进行了复原，他制造的模型机械部分依据《宋史·舆服志》的记载，而外形则参考了东汉孝堂山画像石中的鼓车形象。为了让观众形象地看到这一消失的古代伟大发明，中国科学技术馆展出了记载鼓车的复制品。

（2）一些文物等级较高，质地又对展出环境相对敏感，出于文物保护的原因，有些实物不宜公开展出或较长时间展出，则复制品就可代为发挥作用。如 2002 年国家文物局发布了《文物出国（境）展览管理规定》，河北省博物院的金缕玉衣和长信宫灯都在其中，这些文物极其珍贵，展出的温湿度变化等都会对文物造成一定损坏，为了减少安全隐患，更好地保护文物，河北省博物院"大汉绝唱——满城汉墓"经常以复制品代替原物展出。或者是一些不可移动文物，无法搬迁到博物馆展厅来，经常也会采用复制品，如南京市博物馆（朝天宫）展出的辟邪。

（3）出于传递特殊信息的要求而使用复制品。如在地质标本陈列中，有时想向观众传递岩石标本重量的信息，这用形态是难以传达的，与其在说明牌上标写重量，不如制作相同重量的复制品放在柜外供观众亲手掂量。

2016 年，首都博物馆举办"王后·母亲·女将——纪念殷墟妇好墓考古发掘四十周年特展"，为了让观众感受青铜器的重量，根据实物制作的复制品放置于台子上，观众可以用手拿起来感受重量。

由此看来，复制品虽然在研究者眼中没有什么价值，充其量是一种二手资料，但用在陈列展览传播中却有一些独到的长处，这一点往往为人们忽视。

（4）欲展出的实物并非本馆藏品，但在陈列展览中又占据重要地位，由于国别地域的原因不能借展，或即便短期借展，到期也要归还，所以只能通过复制品展出。这种情况在我国的博物馆中经常出现，省级博物馆的很多重要文物在 1959 年后都划拨给了中国国家博物馆，而很多地市、县的重要考古发现出土的实物也在省考古所或省博物馆中。目前的情况下很难调拨文物，所以地方博物馆在制作陈列展览时只能采用复制品的方式展出。如1982 年，江苏南窑庄西汉窖藏出土金兽一件，呈豹形，蜷伏状，豹头枕伏于前腿之上，颈部戴三轮项圈，头顶有一环纽，通体锤饰圆形斑纹，这种制造办法至今仍为孤例。这个金兽是中国古代金银器中的重中之重，现藏于南京博物院，也是南京博物院的镇院之宝之一。

淮安市博物馆在基本陈列中要展示淮安西汉时期的历史文化，这么重要的文物不可避免地要利用，并且是重中之重，然而调拨原物回来几乎不可能，因此只能展出复制品来弥补这一缺憾。

除上述原因外，在实际展览中，还有特殊情况需要使用复制品。如雕塑、石刻等原物重量太大，展厅地板承重有限，从安全角度考虑，往往也会使用复制品代替原物展出。

在陈列展览中利用复制品时，至少有两个问题需要考虑：

第一，科学性、准确性问题。作为信息展品，复制品主要是为了传播知识信息而制作的，那么制作时就要按欲传信息内容排列出准确性程度的主次关系，不必一切要素都以原物为准。如博物馆展出的墓葬棺椁的复制品所要传达的信息内容主要是外观的形制、尺寸以及纹饰图案，那么复制品在这些方面应力求精确，而观众看不到或看不清的地方，如棺木材料，则不必仿真，否则就是无效的高额投资，且不便于陈列工作中必不可少的频繁移位。

第二，需要考虑展出方式的问题。用复制品展出，应避免给人分不清真假的印象，且应该在说明牌上注明复制品字样。将复制品放在伸手不可及的展台上或用玻璃隔起来展出，有时欠妥。因此，在展厅中经常会听到观众询问展柜中物品的真假，只要观众能理解原因，是能够接受复制品的，但要注明，博物馆不能存心以假乱真，误导观众。

（三）模型

当陈列展览所需的展品属于无法获取真品的事物（如太阳系星座结构、地球内部结构等），或者实物体积过大或过小时，即可用模型进行三维显示。模型犹如立体的图解，其制作比例可以是原比例的，也可以是放大或缩小的；根据陈列需要，有的是模仿真品外形，有的则脱离原物外形，只要使观众理解模型本身所负载的信息即可，因而在表现形态上富有很大的可塑性①。

模仿真品外形的，包括地形模型、建筑模型、民宅模型、古建筑模型、古生物模型、小动物的放大模型、船舶模型、汽车模型、飞机模型等。脱离原物外形的，包括系统模型（如原子核、遗传因子、天体运行、结晶）和剖面模型（如古塔、墓葬、房屋、造像、楼阁、蒸汽机车、汽车、船舶、高炉、原子炉、坑道、隧道、地球、火山、人体、动物）等。

模型的优点在于能够强调特征，显示内在相互关系或空间相互关系，以及显示质感和形态信息，将一些日常生活中见不到的现象呈现给观众，它既有形象成分，又有抽象成分，使观众一目了然。如体积太大观众不可能看到的地球模型、平时无法看到的动物骨骼

①黄洋、陈红京：《博物馆陈列展览设计十讲》，上海交通大学出版社2019年版，第70-101页。

模型、普通人肉眼无法看到的分子结构模型、建筑缩比再现某个民族聚落的模型、不可移动文物的微缩模型等，都有独到的长处。

关于模型，有以下需要注意的地方：

首先，陈列展览的传播目的支配着模型性质，要限于已研究过并已收集了相关图纸和文献资料的场合，才被用作展品。若仅仅是设想，尚未对模型制作所需资料进行研究和收集，则应打消制作模型的念头。水排是利用水力进行鼓风的冶炼设备，公元 31 年由东汉杜诗在南阳（今河南南阳）创制。它利用水力冲击水轮，以拨动皮制排囊鼓风，提高了效率。为了让观众更好地了解这一伟大发明，中国国家博物馆"古代中国"展览中，根据《后汉书·杜诗传》和元代王祯《农书》立轮水排，按照 1：10 的比例制作展出了水排模型。

其次，展出缩比模型时，为便于观众理解真品实物的实际大小，应附加参照尺度。民族聚落模型可通过其中的人物模型来对比，区域地理模型则应该标写比例尺。上述水排模型的说明牌上就详细标志出了制作比例为 1：10，然而有时不标写参考尺度，会给观众造成不便。如 2017 年南京市博物馆"China 与世界——海上丝绸之路沉船与贸易瓷器大展"中展出了很多古代航船模型，但是没有标注比例尺，让观众无从想象原船的大小。

最后，模型虽颇能吸引观众，但也是一把双刃剑，若能较好地利用其魅力，就能将观众的注意力集中在陈列主题上。但若没有指导观众关注模型要点的提示成分，则难以获得预期效果，观众注意力只集中在局部，难免遗漏重要的关键信息。

（四）照片

那些体积过大或过小的原始资料，即使有也收集不到的东西，过去的事物、遥远地区或海底的事物、宇宙的事物等不可获取物，如具属于静态中也充分具有展示价值的事物，就可通过照片形式加以处理。照片是平面材料中最写实的，其用法颇能随机应变，与模型相比所需费用也不多，比其他手法更接近事物原貌。应用于陈列展览时，从一件事物到整体环境，无论什么东西都能显示出来。尤其在显示三维姿态和说服力（照片不夸张）方面颇具特色。

照片与实物一样，不用中间媒介即能传递事实，并且容易使观众理解实际状态。如安阳殷墟妇好墓出土的三麒底部有镂空，展示文物时并没有将底部呈现给观众，在后边的照片中，特意将中间底部露出，让观众一目了然。

但根据国外学者的研究，照片也有一定的局限性。在利用照片时，须注意以下问题：

（1）照片会同时传递欲传信息以外的信息（如房间里站着人的照片，与欲传信息无关的各种事物也会显示出来）。

（2）照片不能传播抽象观念（如照片可以显示出两个人打斗的场面，却无法呈现打斗的原因）。

（3）照片不能传播大小尺寸的概念，原因是，若不熟悉照片中的对象物，观众就不知其实际大小；即使是平时熟知的对象物（如壶），但若是从不同于日常角度拍摄的，则会给人比实物大或小的印象；由于放大或缩小了画面，不仅尺寸印象容易发生变化，价值尺度印象也容易发生变化。

（4）照片有时会歪曲真实的传播信息（如青铜容器表面的图案表现，则呈现平面性，歪曲了在曲面上描绘的计算比例关系）。

在使用照片时，应带着这些问题充分考虑欲传播的内容，由此决定拍摄和使用方法。除了过去拍摄的而现在没有对象的（如历史照片）情况以外，用于陈列展览的照片，一般应按照陈列设计意图重新拍摄。

此外，对于特殊机构和那些不用高技术就无法拍摄的事物（宇宙、海底、X射线、航空等），则只能向有关单位申请提供。展览时既要显示实物的制作方法和使用方法，又要综合显示其背景时，照片可谓最有效的展品。

照片中的人像，容易在人物像之间或与观看者之间产生某种关系，这点也要注意。可能发生的问题主要有以下三点：

（1）照片不仅说明本应说明的对象事物，还能反映拍摄者与被摄者之间处于何种关系。

（2）显示自然姿态的人像照片，其中被拍摄体之间的关系是复杂的，观看者依其不同的背景会进行各种不同的解释。

（3）被拍摄者的表情未必反映其真实情感，故而存在使人产生误解的可能性。

从以上事实中得出两个结论：一是要充分估计观众会怎样解释，同时输入适当显示尺度的手段，必须把照片内容与观众生活的世界联系起来；二是要附加明确解释目的的文字说明，不带说明的照片只不过是单纯的图形，不能成为博物馆的展品。

一般而言，照片（哪怕是彩色照片）都不如实物逼真，因而不要把实物照片与实物本身组合在一起展出，但实物微观图案放大图解时用的特写照片例外。

（五）图解资料

在陈列展览工作中，除去纯粹让人们阅读的文字资料以外，所有用二维表达形式制作的展品均为图解。可大致分为两类：一是用绘画手法处理文字和资料的表达手法，多用于辅助陈列；二是以自身力量达到传播目的的表达手法（如国际图形语言系统图表），多用于导向牌等陈列环境提示。

图解不如照片写实，但它能传播必须同时掌握和理解的若干概念，尤其图解能够把意欲传播信息的要点通过符号化的形式传递给观众，如从铭文记述的五名奴隶的价值等于匹马束丝的概念，以图解形式加以视觉化，使观众一目了然，并能显示出现实世界中不可能发生的，以及一般情况下不能看清楚的事物信息。从而可以说，图解在帮助传播上发挥着重要作用，它比文字具有更广泛的可读性。

图解是用平面性图形辅助观众进行理解的资料，包括绘画、插图、图表、坐标图等，其制作费用不高，对制作者的绘画技能要求也不高。主要问题在于确定合适的抽象程度，恰到好处地表达某种概念。根据国内外相关工作的经验，在制作和使用图解时有以下注意事项：

（1）过于简化或过于详细的图解描述，都会令人难以理解。

（2）如果想说明阶段性过程或几个活动，最好由多张画组成一组来呈现。

（3）图解和文字说明，与其分别表现或用参照记号联系起来表现，不如一体化组合更有效。

（4）应在认真考虑与文字说明的关系前提下确定图解的展出位置。

（5）图解与文字说明应同时设计，以免在内容上相互重叠。

（六）解说资料

解说资料是通过文字及声音传递的信息。文字设计包括各层主题内容、标签、说明牌、地图和地形沙盘的地名等。此外，展览说明书（导引手册）也有文字设计问题，还需要为外国观众准备多语种解说。

1. 解说文字的优势

解说文字是陈列的基本构成要素之一，它属于自然语言，其长处主要有三个：

（1）自然语言作为推理形式的符号体系，其内在结构决定了其表达含义的明确和固定，进而决定了它可以表达确切的事物、确切的关系、确切的过程和确切的状态，可以充当交流沟通的媒介，甚至成为感觉经验赖以形成的构架。它在解释实物方面具有"穿透力"。

（2）自然语言作为人们日常生活必备的工具，博物馆观众在词语性符号的译码能力方面只存在程度差别问题，但几乎都有这种能力。

（3）自然语言有不同的抽象层次，只要在观众能明白的抽象范围内，进行文字解说，并在此范围内各层次上移动，就能使传播有效。

解说文字的作用主要有信息功能（明确表达事物）、说明功能（向观众说明怎样操作互动性展品）、解释功能（讲述事物为何会如此）、说服功能（使观众开动脑筋，从特定角度思考）、娱乐功能（把陈列变为喜闻乐见的事物）。

2. 解说文字的撰写

在撰写解说文字时必须从观众的视角出发。文博同行专家能够充分理解的解说文字，未必就是优秀的解说文字。解说文字应该能够适应知识和阅读能力不均衡的各层次观众的状况，解说文字是否容易接受，受到观众自身的知识水平和阅读能力的很大制约。解说文字的撰写要领主要有以下方面：

（1）要开门见山。注意文字内容不能太多、太长、太复杂，否则会影响观众阅读的耐心。

（2）表达应有建设性，尽量避免用否定语，否则文字难以理解。

（3）书写语气要平易，多使用日常口语，尽量不依靠不必要的专业术语。

（4）不可偏离叙述目标，无关宏旨的细节过多，会使观众失去继续阅读的耐心。

（5）既要摆脱学术表达形式，又要保证内容的正确性，撰写者应意识到自己是在撰写科学普及性的文字。

（6）适当注意文字的趣味性，采用提问形式或在文中加入幽默成分，会使解说文字生动有趣。

（七）多媒体

多媒体主要包括音频资料与视频资料等。

1. 音频资料

听觉媒体资料用在陈列展览中，大致可分为解说声响、自然声响及人工声响三大类。解说声响是通过讲话词语来传递意义的，是由信息的生产者或传递者发出的声音；自然声响是由生物的发声或动作（飞、跑、进食、攻击、摩擦等）所产生的，以及风、雨、浪、地鸣、喷火、雷鸣、树断、火焰燃烧等自然现象的声音；人工声响包括语言、歌谣等人声和用乐器奏出的声音、人类动作（打、切、刮削、进食等）所发出的声音，火车、电车、汽车、飞机、工厂、汽笛、喷气装置、大炮、战车等机器所发出的声音。

在陈列展览中使用音响媒体，应按照个体服务和群体服务两个目标进行开发制作。个体服务的形式是多样化的，除了出租便携式导览器以外，还可在展品前设置自控收听解说的耳机，或集中在展室一角设置专门的音响资料收听装置等。个体服务形式的装置均应做到可由观众调节控制启闭。群体服务可采用聚音罩、定向音箱的方式实现。定向音箱，也称为定向喇叭、定向扬声器、音频聚光灯、超指向性扬声器，就是利用声学技术，使原本向四面八方发散的声音，能够像聚光灯一样只向一个方向传播，实现"定向传音"。

2. 视频资料

视频资料综合了音响和画面的电子媒体，包括幻灯、电影和电视。这类媒体十分适于表现那些随时间而变化的动态事物，以及由于现象、地理、历史或展出技术的原因不能用实物展出的东西。通过移动拍摄角度，能够清楚地说明空间关系和立体姿态，也能处理非常大或非常小的东西。

视频资料在制作上通常要委托给多媒体制作公司，这就存在着脱离陈列传播目的的可能性。陈列展览工作者必须从专家的角度监制影视材料的拍摄制作，起到把关人的作用，甚至要提供影视脚本，多媒体制作公司只是负责效果实现，因此不能完全把任务交给影视制作公司。

制作这类材料是要资金成本的，因而在决策时要慎重一些，只在必要时才考虑使用，绝不能把它当作新兴技术，单纯为增加陈列展览的互动性或高端性而制作影视媒体，重点要放在实现陈列传播目的上，很多情况下，质量差的影视材料还不如高质量的图解更有效。运转经费有保障的长期投入同样重要，定期保养保证设备长期良好运转。在陈列展览中使用视频资料设备却又不能正常使用，反而会引起观众的反感。

根据国外同行的经验，使用和制作视频资料的实际工作中要注意以下问题：

（1）在明确意欲传播信息内容的同时，还应明确规定目标观众。旁白解说的内容和形式，必须在信息与目标观众之间取得平衡。

（2）分析意欲传播信息的目标，分节性地加以体系化，整理成图像操纵台的展出形式，在操纵台上增添解说叙述的设想。

（3）内容可以采用提问形式，富于对话性，以使观众注意画面的特定部分，对观众能够自己理解的内容就不用再解说，否则就是浪费时间。

（4）为强调部分内容，可使用音乐和音响效果。但不是为了戏剧化或趣味性才使用的。

（5）尽量避免节目过长（如10分钟以上），观众持续观看影视节目的时间是有限度的。如果按不可自行调节的速度播放，则观众的注意力只能持续一定的时间。

（6）避免节目过短（如3分钟以下），短时间利用影视媒体所能达到的效果是很有限的。

（7）关于图像，要确认版权，在利用现成图像材料时，不能忽略这个问题。

四、设备

在展厅里，设备与空间的关系很大。设备可以分为三类：一是主要起物理作用的大件设备，包括天花板、地板、展墙展板、展柜、展台、支架等；二是具有传意（心理）作用的设备，包括版面、模型、布景箱、音响和影视幻灯等设备；三是照明装置。以下只讨论展墙展板、展柜、展台、支架等对展示空间影响较大的设备。

（一）展墙展板

与建筑墙壁不同，展墙是指陈列展览所用的展墙，包括隔间假墙、展柜内各种造型的板壁，还有用于展示平面材料的大型支撑性假墙。展墙造型有平面的、多面的、曲面的、球面的等，表面着色或敷以装贴材料。其主要功能有适当分隔展厅空间，增加展线长度；可用展墙形成适当的参观走线，保持循序参观；可支撑悬挂各种展品和图文展板，起到立面展示的道具作用，便于观赏；统一展览格调，对各种杂乱因素起到一种化零为整的包装作用。

随着技术与材料的进步，博物馆越来越多采用活动式设计的展墙和展板，可根据展厅环境与现场进行自主设计或定制，更可通过移动展墙展板进行自由摆放或自由组合。这些方式方便布展，使用率高，正反两面均可利用。

（二）展柜

从空间位置看，展柜大致可分为沿墙通柜、独立柜、坡面柜、入墙柜、悬挂柜等。沿墙通柜一般有多种样式，有带有背板样式的，也有两侧透明玻璃的展柜。独立柜也称中心柜，大多为独立式的，适合展示相对重要的展品，有时根据需要也可将若干独立柜拼合使用。坡面柜桌面有一定的倾斜度，从各个角度都可欣赏到展品，适合展示书法、绘画等纸质历史文件以及其他片状或扁平形状的物品，或需近距离观赏的小体积类的文物。入墙柜是凹陷进墙里面去的，其凹陷深浅程度依据展柜的实际需要而设定，门的开启方式根据需要选用。悬挂柜通常安装在墙壁上，观众可近距离观赏展示物，适用于展示书法绘画、纺织品、金属货币等扁平形状类型的文物。

展柜通常整体为金属结构，做防锈处理，主框架基座为钢结构，钢材料选用 3.0 毫米厚度以上的冷拔方钢管及 1.2 毫米厚度或以上的冷轧钢板（其中展柜承重部分应采用厚度不小于 1.5 毫米优质冷轧钢板、外饰面应采用厚度不小于 1.2 毫米的冷轧钢板），展柜基座设计有水平调节装置，外表面为钢的饰面板，喷塑颜色可选择。

展柜玻璃通常采用 6 毫米+6 毫米双层夹胶防爆超白玻璃和 6 毫米+6 毫米夹胶防爆膜、防紫外线减反射玻璃。6 毫米+6 毫米双层夹胶防爆超白玻璃夹胶后玻璃透光率不低于89%。减反射夹胶玻璃的可见光透射比不低于 96%，可见光反射比不高于 2%，紫外线透射比不高于 1%。玻璃外露边缘精抛光，不被看见的边缘不要求抛光，但须磨边。磨边规格为 0.7 毫米×0.7 毫米。外露角必须倒为安全角。同时，要注意展柜的密闭性、环保性等。

另外，根据具体陈列展览的情况，有时需要制作异型柜和多媒体展柜等。博物馆通常使用的展柜为中规中矩的方形展柜，但有时为了美观或特殊传播的需要，会制作使用异型柜。英国格拉斯哥的动物学博物馆中的昆虫展柜就是模拟昆虫造型制作，让观众在展厅就立刻清楚展柜里的展品跟昆虫有关。中国澳门的通讯博物馆为了更多更好地展示邮票，普遍采用抽屉式展柜。

多媒体展柜是以展柜为载体，在玻璃上投影多媒体，扩大传播信息，同时在视觉效果上增强展览的趣味性和震撼力。

使用展柜的目的是要达到保存与使用这对矛盾的统一，即在不损伤展品的环境中让观众观看。陈列展厅环境中可能致伤展品的有自然因素，如尘埃、亚硫酸气体、硫化氢、臭氧、二氧化碳、紫外线、温度、湿度等；人为因素主要有故意偷盗和无意地撞击展柜使易碎展品受损，以及工作人员在施工过程中疏忽碰撞造成的损害。要求展柜设计能满足对上述各种因素的防护功能，其结构自然也就比较复杂。

设计展柜时要强调的是展柜的密封性能，达到防尘和阻隔有害气体侵入的目的。在柜内保持小气候相对稳定的措施，也是建立在展柜结构密封基础上的，主要解决柜内恒温恒湿问题，目前主要是在展柜底下的设备层放置恒温恒湿机。

（三）展台与支架

展台是在裸露展出时放置展品的台座，支架是将展品保持在最安全且便于观看的高度上的支撑或固定装置，在展柜里也常采用小型支架，工作中常称其为道具或积木。这种设备一般制成规格化的几何形体，优点在于可应付多变的展出要求，而且不用时便于拆开堆放。但缺点是，实际上陈列设计并不受一定规格的制约，所以基本陈列的展台和座架需要根据展品尺寸和造型做专门设计和定制，而临时陈列则可采用便于灵活组配的规格化造型。

一般来说，体积较大的展品应使用矮点的展台，小型的展品（如佛像、陶器等）则适合使用较高的墩柱式展台。有些展台还需要根据展品的特征进行设计定制。有时在静态的展示中追求动态的表现，展台也会设计成可升降等形式，当然这种方式如果运用不好，脱离了展览传播目的，反而效果不好。

为了确保文物在展柜的放置更加美观、安全，需要支架做依托。要根据文物的特点，选择不同类型的支架。通常来说，支架的材料有金属、玻璃、有机玻璃、木等，同时也使用钓鱼线、细软管等辅助材料固定文物。

五、资金

博物馆是为社会及其发展服务的、不以营利为目的的公益性文化教育机构。如今的博物馆新馆建设动辄建筑面积就上万平方米，一般约有一半的面积为展厅空间，面对社会公众日益增长的对美好生活的需求，以及新时代博物馆被赋予的责任与使命，博物馆的建设与发展以及如此大面积的陈列展览区域的布展势必需要雄厚的资金支撑。

目前，博物馆的资金来源主要有财政拨款、自身经营创收、社会捐助等途径。其中，财政拨款是大多数博物馆资金来源的主要渠道，成为博物馆运营的基础；经营创收（如文创产品的经营销售收入、教育活动收入、场地出租收入等）效益有限，且在目前探索文创途径的环境下一时很难有大的收益；虽然社会力量对博物馆事业的赞助日益增加，但这毕竟不是长久之计。

因此，目前无论是中央补助还是地方财政拨款，博物馆的建设往往都还是由政府买单。但近些年博物馆事业迅速发展、数量剧增，再加上 2008 年开始实施的博物馆免费开放，中央及地方政府的公共财政资金压力越来越大，传统的博物馆资金模式已经满足不了当下博物馆建设运营的新需求，博物馆的建设及可持续发展势必需要寻求更加多元化的资金渠道。

PPP（Public-Private-Partnership），又称 PPP 模式，即政府和社会资本合作，是公共基础设施中的一种项目运作模式。在该模式下，鼓励私营企业、民营资本与政府进行合作，参与公共基础设施的建设。PPP 模式作为一种新兴的融资模式，其实质是政府通过给予私营企业一定期限的特许经营权和收益权，将市场竞争机制引入公共基础设施建设，以达到更有效地向公众提供公共服务的目的。这一模式将由参与者双方共同承担责任和融资风险，同时满足各方的利益需求。一方面，政府解决资金问题，能够降低运营成本，提高运营效率；另一方面，企业也能够从中获得一定收益。

近些年，地方政府投入大量人力物力兴建博物馆，博物馆数量剧增，而地方新建博物馆的资金投入动辄就上亿元人民币，给地方财政造成巨大压力，因此对博物馆建设来说，PPP 模式可以发挥作用，成为博物馆建设的推力，通过引入社会资本，解决博物馆建设中资金不足的问题。

PPP 模式的运作方式有委托运营（O&M）、管理合同（MC）、建设-运营-移交（BOT）、建设-拥有-运营（BOO）、转让-运营-移交（TOT）和改建-运营-移交（ROT）等。博物馆的 PPP 项目多采用 BOT 的方式。如广东清远市"四馆一中心"项目采用 PPP 模式，运作方式为 BOT，建设期 3 年，运营合作期 10 年，总投资 19.4 亿元人民币，政府采购资金 26.8 亿元人民币，由建工集团和政府选定的政府投融资公司共同出资组建项目公司，实施项目建设。项目建成后政府授予项目公司独家特许经营权，运营期间由项目公司提供相应的服务并由此获得合理回报。合同期满后，项目公司将项目设施无偿、完好移交给政府或政府指定机构。

云南澄江县化石地自然博物馆 PPP 项目采取 BOT 的方式运作。在合作期内，由项目公司负责项目设施的设计、投资、融资、建设及运营维护。项目公司注册资本暂定为项目投资总额的 30%，其中，社会资本占股 90%，政府方指定的出资代表占股 10%。项目合作期 15 年，其中建设期 2 年，运营期 13 年。项目公司的回报机制是"使用者付费+可行性缺口补贴"。合作期满后项目公司将本项目设施完好、无偿、无担保、无质押、无债务地移交给澄江县政府指定机构。

表面上，PPP 模式的主要作用是拓宽博物馆建设资金的来源渠道，缓解地方政府的财政压力，为博物馆事业的发展带来新生机。而从实际的应用效果来看，PPP 模式不仅引入社会资本，还引入了社会运营及服务。这意味着原本由政府独家主导的博物馆建设与运营权，将有新的社会力量与其共同掌控，刺激着博物馆自身在发展思路与经营理念上的转型。

1999 年，我国台湾海洋生物博物馆馆长广征意见，引进南仁湖企业的活力和能量，使海洋生物博物馆成为台湾第一个以 OT 结合 BOT 方式经营的博物馆；也顺利把经营与研究分开，海洋生物博物馆给予南仁湖企业 25 年的经营权，并允许其成立特许公司"海景世界企业股份有限公司"，让企业协助经营博物馆，从事导览功能与对外宣传营销，而研究人员就专注于各项海洋研究计划，以提高我国台湾在海洋学的学术地位。

理论上来说，出资方在项目建设中占据着重要的话语权。但博物馆由于公益性及非营利性等特性，因此极具特殊性。有可能投资方与政府对博物馆的认识存在差异，而这也必然会影响对陈列展览的制作。为保证博物馆陈列展览的质量，应该由博物馆主导博物馆陈列展览的内容策划与形式设计，而商务流程的事宜由投资方把关。

政府长期以来都在博物馆建设中占主导地位，即使引入了社会资本，受理念和思维的制约，社会资本在其中的作用能否得到有效发挥，也是影响 PPP 模式效能的重要因素。政府需要认识到博物馆引入 PPP 模式的根本目的，即更有效地满足公众对博物馆功能及服务的诉求，更合理地配置政府公共财政资源和社会资源，达到转换政府职能、保障更多有效供给、提高资源使用效率的目的。

六、时间

近些年，中国的博物馆建设如火如荼，数量剧增，大多往往都是赶时间的工程。一些展览都选定五一、十一、元旦等节假日或"国际博物馆日""文化遗产日"等行业的节日开馆，因此，留给陈列展览策划、设计、施工的时间为几个月到一两年不等，但总体来说，陈列展览的实施周期时间不长。一个好的陈列展览并非一蹴而就，而是经过周密的策划、详细的论证、充分的研究等过程，即便是临时展览，也是经过认真策划筹备的。

日本琵琶湖博物馆可谓当代博物馆之经典作品，虽然建于 20 世纪 90 年代中期，但其策划思路、布展手段，甚至它的建筑，依然是目前博物馆界的楷模，是人们谈起日本博物馆首先会谈到的。琵琶湖博物馆从筹建到运行用了 8 年的时间，其中研究人员在前 6 年的时间对琵琶湖进行了充分的研究，给陈列设计者们提供了准确、科学、丰富的信息，随后2 年根据陈列方案进行博物馆建筑及陈列展览等工作。设计者们可以游刃有余地把握琵琶湖的精髓，即人与湖的和谐共存关系。展览通过丰富的展品，运用生动的陈列语言，引导观众对环境的思考。而且博物馆建筑的设计人员与研究人员、陈列展览人员始终紧密配合，博物馆建筑、灯光、空间每个细节都配合陈列展览的需求，最终为观众呈现了一个科学、舒适、完美的陈列展览。

第四节　博物馆陈列展览的主要模式

近些年，中国博物馆每年大约举办各类展览 3 万个。而数量如此大的陈列展览，实施模式因各个博物馆情况不同而异。具体来说，博物馆陈列展览的实施有以下模式：

第一，内容策划、形式设计、施工布展全部由博物馆自己完成。这种情况并不多见，一些国家级、省级博物馆实力相对较强，陈列展览部工作人员配备较为齐全，所以每年的临时展览从内容策划到形式设计，再到施工布展全由自己独立完成。

第二，内容策划、形式设计由博物馆自己完成，施工布展通过招投标等形式委托专业的陈列展览公司完成。如条件较好的地市级博物馆，陈列展览部门会有专业的设计人员，因此每年的临时展览由博物馆自己进行内容策划，规划平面图，进行概念形式设计，然后通过公开招投标选择一家具有施工资质的公司协助博物馆进行施工布展。

第三，内容策划由博物馆自己完成，形式设计、施工布展通过招投标等形式委托专业的陈列展览公司完成。无论国家级还是省级博物馆，一般基本陈列的形式设计、施工布展都会委托专业的陈列展览公司完成，因为工程量太大，单靠博物馆自身的力量很难完成。博物馆根据馆藏情况，依托自己强大的科研基础，编撰切实可行的展示脚本交给陈列展览公司[①]。

第四，内容策划、形式设计、施工布展全部委托专业的陈列展览公司完成。地市级博

---

① 黄洋、陈红京：《博物馆陈列展览设计十讲》，上海交通大学出版社 2019 年版，第 110–112 页。

物馆筹建新馆，对于基本陈列、内容策划或委托省级博物馆的专家，或委托专家学者组成撰写团队，然后形式设计、施工布展工作再找专业的陈列展览公司完成。有的博物馆索性将内容策划工作也纳入招投标程序，由具有策划实力的专业公司领衔完成。但这样的做法要慎之又慎，内容策划是博物馆陈列展览的关键，如果没有好的展示脚本，成功的展览也就成为空谈。

以上几种模式各有利弊，各个博物馆应该根据展览的实际情况、陈列展览部门自身人员的实力等情况合理选择，充分发挥各方作用，把陈列展览工作做好。

就外包给展览公司实施而言，又分为公开招标、邀请招标、竞争性磋商、竞争性谈判、单一来源采购。

公开招标是政府采购的主要方式，公开招标与其他采购方式不是并行的关系。公开招标的具体数额标准，属于中央预算的政府采购项目，由国务院规定；属于地方预算的政府采购项目，由省、自治区、直辖市人民政府规定；因特殊情况需要采用公开招标以外的采购方式的，应当在采购活动开始前获得设区的市、自治州以上人民政府采购监督管理部门的批准。

邀请招标也称选择性招标，由采购人根据供应商或承包商的资信和业绩，选择一定数目的法人或其他组织（不能少于3家），向其发出招标邀请书，邀请他们参加投标竞争，从中选定中标的供应商。因博物馆展览的专业性与特殊性，有些博物馆会采取邀请招标的方式请具有资质的展览公司实施。

竞争性磋商是指采购人、政府采购代理机构通过组建竞争性磋商小组与符合条件的供应商就采购货物、工程和服务事宜进行磋商，供应商按照磋商文件的要求提交相应文件和报价，采购人从磋商小组评审后提出的候选供应商名单中确定成交供应商的采购方式。竞争性谈判是指谈判小组与符合资格条件的供应商就采购货物、工程和服务事宜进行谈判，供应商按照谈判文件的要求提交响应文件和最后报价，采购人从谈判小组提出的成交候选人中确定成交供应商的采购方式。

从定义来说，"磋商"与"谈判"几乎一样，而且"磋商"与"谈判"这两个词语仅从词义来说区别本身就不大。两者关于采购程序、供应商来源方式、磋商或谈判公告要求、响应文件要求、磋商或谈判小组组成等方面的要求基本一致；区别在于竞争性磋商采用了类似公开招标的"综合评分法"，而竞争性谈判无须评分，以价格为主导，采取"最低价成交"。

单一来源采购是指采购人从某一特定供应商处采购货物、工程和服务的采购方式。单一来源采购要符合以下条件：①只能从唯一供应商处采购的；②发生了不可预见的紧急情况不能从其他供应商处采购的；③必须保证原有采购项目一致性或者服务配套的要求，需要继续从原供应商处添购，且添购资金总额不超过原合同采购金额 10%的。博物馆陈列展览的展览内容策划大多需要文博方面的专家、学者担任，具有非常强的专业性，因此经常采用单一来源采购方式。

第三章 博物馆陈列展览设计与评价机制

第一节 博物馆陈列展览的内容设计与策划

对博物馆而言，文物陈列展览的重点内容就是将历史信息进行充分呈现，从而使观众能够直观欣赏文物的内涵①。内容文本策划是博物馆陈列展览筹建的关键环节。只有首先具备一个好的展览内容文本，形式设计和制作师才能创造出一个优秀的博物馆展览。而陈列展览内容策划是一项集学术、文化、思想、创意与技术于一体的作业，是一项复杂的创作活动。

一、博物馆陈列展览的内容策划

展览内容策划是博物馆展览策划设计的核心环节。要学会博物馆展览内容策划，必须了解陈列大纲与展览文本的区别，必须熟悉展览内容策划的一般流程及其任务。这是学会博物馆展览内容策划的重要前提②。

（一）博物馆陈列展览内容策划的重要性

博物馆是一个通过举办展览向观众传播科学文化知识的机构，因此，陈列展览是博物馆一项十分重要的工作。只有推出既具有思想性、科学性、知识性，又具有艺术感染力的精品展览，博物馆才能在传播科学文化知识、丰富民众精神文化生活和促进文化交流方面真正发挥重要的作用。

博物馆建设的核心是展览，建筑是舞台，展览才是中心。只有展览建设成功了，方能说博物馆建设是成功的。博物馆展览的制作类似电影的制作。在电影制作中，先是剧本的策划和编写，然后导演和演员依据剧本进行再度创作和表现。显然，在电影制作中，剧本

---

① 孙忠敏：《博物馆文物陈列展览内容设计的探讨》，载《收藏与投资》2021 年 12 卷第 9 期，第 66-68 页。
② 陆建松：《博物馆展览策划：理念与实务》，复旦大学出版社 2016 年版，第 66-76 页。

是第一位的因素，同样，博物馆展览成功与否取决于展览文本的水准。

博物馆展览文本的策划是一项集成学术、文化、思想与技术的作业，是一项复杂的智力劳动。博物馆展览策划人才应该是通才，他们不仅要熟悉与展览主题和内容有关的各种专业知识，研究和思考学术和文化，同时也要懂得教育学、传播学、认知学、心理学和美学，要关注社会、现实、民生和观众。博物馆展览策划也是一项文化创意活动，要有开放的思想和意识，要有较高的博物馆学修养和人文涵养，要有生活常识和阅历，要有宽广的视野和丰富的文化想象力，善于把握观众的需求，善于从平凡、常见或普通的素材中发掘出令观众感兴趣的内容和话题，找到富有新意的切入点。博物馆展览策划也是一项技能作业。展览文本策划师不仅要熟悉博物馆展览信息传播的规律，还要懂得展览形式设计等"形而上"的知识，熟悉博物馆展览表述的基本方法和手段。

综上所述，展览文本是博物馆展览的基础，而要做好展览文本，必须重视展览文本的策划设计工作：一要做好展览文本策划设计的学术基础准备工作；二要选准擅长博物馆展览文本策划的专家；三要保障展览文本策划的时间；四要在展览文本策划上投入合理的资金。

（二）陈列大纲与展览文本

实际上，"陈列大纲"并不等于展览文本（展览内容设计方案）。陈列大纲仅仅是展览内容的大纲或基本构架，即陈列的纲目，它不等于展览的内容脚本。常见的陈列大纲内容仅仅包括展览的主题（前言）、结构框架、基本内容及其主要陈列品等，类似一本著作的篇章结构。常见的陈列大纲大致分为两类——文字型和图表型。

陈列大纲只是大纲，拿这样的陈列大纲做展览形式设计和制作布展的蓝本，缺乏可操作性，需要进一步深化发展为可供展览形式设计和实施的详细的展览内容文本。

展览内容文本，特别是叙事型主题展览的内容文本，作为展览形式设计和制作的蓝本，应该是一个详细的展览内容脚本。它至少要包括：展览的前言、序厅的规划、展览主题的提炼、展览内容的三级主题结构（故事线）、各部分和单元的传播目的设定、各部分（单元、组合、小组）及展品展项的说明文字设计、各部分或单元的重点和亮点提示、展品组合说明、辅助展品的设计要求及其创作依据等。

总之，展览内容文本作为展览形式设计和制作的蓝本，一定要操作性强，便于形式设计和制作布展，不能仅仅是一个简单的文字说明加陈列品清单罗列，而应该类似电影的文学剧本、导演剧本和分镜头剧本。展览内容脚本的策划和设计是一个博物馆展览筹建成败的关键，值得展览建设方重视。

（三）博物馆陈列展览文本策划的流程

如果将博物馆展览设计、布展工作与电影制作进行比较的话，那么博物馆的展厅就像是表演的舞台，展览文本就如电影的剧本，形式设计和布展就好比是导演，展品就如同演员。在电影制作中，电影剧本的重要作用是不言而喻的；同样，在博物馆展览布展工作中，展览内容文本的作用也是举足轻重的。

按照博物馆展览的设计和制作流程，先由展览内容策划师创作展览内容文本，再由专业形式设计师根据展览内容文本进行再度创作。展览内容文本是博物馆展览形式设计的前提和依据。展览成功与否取决于展览内容文本的水准。

所谓展览内容策划，是指策展团队遵循博物馆展览的表现规律和方法，依据博物馆展品形象资料和学术研究成果所进行的研究、策划展览内容文本的过程。博物馆展览内容文本策划是一项集学术、文化、思想、创意和技术于一体的作业。

近年来，在各地举办博物馆展览的实践中，博物馆界有识之士愈来愈认识到展览文本的重要性。

博物馆展览文本策划有其内在的规律，以叙事类历史展览文本策划为例，其策划作业的基本流程为：展览选题研究→实物展品研究（含化学术资料）→确立展览传播目的→提炼展览的总主题→确定展览的基本内容→规划展览的基本结构→安排展览的结构层次→凝练展览的分主题→研究展览每部分或单元内容的重点和亮点→选择和安排展览的素材→研究展品组合和组团→编写展览的文字大纲→提示展览的表述方式→"说戏"（与形式设计师对话）。

其他叙事型展览，如人物类展览、科技类展览、自然历史类展览等，其展览文本策划作业的流程也基本如此。

二、陈列展览选题及其学术支撑体系研究

所有的展览都由选题而来，策划一个博物馆展览，首先要对展览选题进行思考和评估，确定该选题对观众是否有意义；其次要思考是否有足够的学术支撑——展品形象资料和学术研究资料。

（一）研究陈列展览选题

选题研究是指根据本地或本行业历史文化的特点或优势，以观众需求调查为前提，拟定出最能反映本地或本行业历史文化特点、最受观众欢迎的展览选题。成功的展览选题往往是有新意和创意并符合观众兴趣的选题。

好的选题是博物馆展览成功的关键因素。为了形成一个好的选题，在筹备一个展览前，博物馆必须对展览选题进行认真的评估。展览选题评估主要包括两个方面：一是观众需求研究，二是展览资源研究。

首先是对观众需求进行调查。展览好比是提供给观众的"产品"。"产品"要让观众感兴趣，就必须根据观众的需求来思考展览的选题和内容，弄清展览选题是否对观众有意义，是否与他们的生活有关系。开展观众研究，能够帮助博物馆了解观众及其参观模式，从而有的放矢地策划举办观众喜欢的展览。观众调查包括两个方面：一是目标观众的了解，即哪些观众会对本展览感兴趣，他们的背景和特征如何；二是观众需求和态度的了解，即他们的参观动机、兴趣和预期是什么。这需要进行统计数据支撑。一般的观众调查方法主要有发放问卷调查、重点关注人群调查（学生和家庭等）、邮件及网络调查、观众留言簿调查。观众调查的结果还将告诉博物馆该如何选择展览选题、如何策划设计展览。

其次是展览资源研究。展览资源研究主要包括：博物馆是否有足够的材料或收藏做展览，是否有扎实的学术研究成果做展览的学术支撑，是否有足够的资金做展览，是否有合适的可利用的空间做展览，从策划到实施是否有充分的时间保障，谁胜任展览的学术顾问，谁胜任本展览的内容策划，谁胜任展览的形式设计，等等。

选题研究是博物馆展览策划设计的第一步，也是关键的一步。只有认真做好上述两个方面的研究评估，才能确定一个可能成功的展览选题。

（二） 研究陈列展品形象资料

展品形象资料是博物馆展览的主要展示媒介，是博物馆展览的"主角"。博物馆展览的观点和思想、知识和信息的传播主要依靠展品形象资料来进行，要靠展品形象资料"说话"，通过展品形象资料揭示事物的本质，体现展览的主题思想，展品形象资料的质量直接影响到展览传播的质量。

展品形象资料一般包括文物标本、户外文物史迹、图片声像资料、档案资料等，它们是展览文本策划的重要物质基础，研究展品形象资料是博物馆展览策划的重要基础工作。

展品形象资料研究的主要任务是：对展品形象资料进行系统梳理和研究，弄清每件展品形象资料的名称、时代、使用背景和文化意义等。再根据展览传播的目的，以及展览主题和内容表现的需要，从大量的展品形象资料中选出那些最能揭示主题、最具典型性、最有外在表现力的实物做展品。

不同的展览对展品有不同的选择，在以审美为导向的艺术品展览中，欣赏实物展品的美是观众的主要参观动机。为此，我们主要从艺术性的角度考察展品的展示价值，要选择那些精致、美观的实物做展品，以满足观众的审美需求。

但在叙事型主题展览中，展品作为一种信息传播媒介，它是围绕主题和故事线展开的。因此，我们主要从历史和自然信息载体的角度考察这件展品的展示价值，考察其与展览主题、传播目的的关联性，在展览传播目的中所扮演的角色和作用。只要这件展品与展览要表现的主题和内容、观点和思想、知识和信息、人和事有密切关系，能够很好地表达展览的主题和内容，那它就可能被作为展品纳入展览中。反之，即便这件展品造型很美，具有很高的审美价值，但与展览表达的主题和内容无关，那它也不可能被作为展品纳入展览中。合理巧妙地选择、利用展品形象资料，往往能够达到事半功倍的效果。

（三）研究学术研究资料

学术研究资料是博物馆展览的另一个重要学术支撑。它包括各种与展览主题有关的学说理论、专业研究成果、历史文献和档案资料，以及其他故事情节材料。特别对叙事型博物馆展览来说，它显得更加重要，因为在叙事型展览的叙事过程中，仅靠实物展品是远远不够的。

一方面，我们需要依靠学术资料来提炼、揭示和深化展览的主题，构建展览的主题内容框架，提出展览的基本概念、观点、思想，谋划展览要表达的内容，等等。如博物馆的前言和结语、各部分或单元的说明文字、展品展项的说明文字的编写都是基于展览学术研究成果编写的。显然，如果没有扎实的学术研究做基础，那么博物馆展览提出的主题、内容、概念、观点、思想就会成为无本之木，博物馆的各级文字说明的编写就会成为无源之水。

另一方面，博物馆需要依靠学术资料创作辅助展品。博物馆收藏的实物展品往往有其局限性，要么与展览主题和内容相关的实物展品严重缺少，要么现有的实物展品外在表现力不强，不能充分地揭示展览的主题或表达展览的内容。如此，仅靠实物展品难以承担叙事型主题展览故事叙述的责任，难以表现历史或自然的现象，难以再现历史的过程、自然的变化和技术的发展等。这就需要借助艺术或科学的辅助展品，如图表、沙盘、模型、雕塑、绘画、场景、动画、信息装置等。

而博物馆辅助展品的创作不同于普通的艺术创作，必须有充分的学术支撑，是有依据的还原和重构。博物馆展览中所有辅助展品的创作都是建立在学术研究基础之上的。如某地一个古生态环境的还原必须建立在对出土动物骨骼、植物孢粉、古地理和古地质状况学术研究的基础之上。

在叙事型主题展览中，只有通过实物展品和辅助展品的相互配合和补充，才能构建一个较完整的故事叙述系统，较为准确、完整、生动地讲述一段历史、一个事件、一个人物，或表现一种自然现象、一个科学原理。

因此，在博物馆展览内容策划设计中，必须对与展览主题有关的学术资料进行全面、系统和深入的分析和研究，从而为展览主题的提炼、展览概念和观点的提出、展览说明文字的编写、辅助展品的创作等奠定扎实的学术基础。

所谓"含化学术研究资料"，是指展览策划者必须认真阅读与展览主题有关的全部学术资料，并进行深入的分析研究，在此基础上，真正把握和理解学术资料的意义与精髓。

三、陈列展览传播目的研究

展览传播目的是博物馆展览策划设计的第一要务，是博物馆展览策划、设计和表现的出发点和归宿。只有准确设立博物馆展览传播目的，并按展览传播目的来组织和规划展览，博物馆展览才可能成功；否则，博物馆展览内容的组织和表现将会无的放矢，不能达到展览传播的应有效应。

（一）"传播目的"是陈列展览内容策划的首要任务

博物馆展览是一种观点、思想、知识和信息的传播。所谓展览"传播目的"，是指展览的宗旨，或展览教育或传播要达到的目的，它们或是教育的，或是政治的，或是宣传的，或是文化的，或是商业的等。总之，任何展览都必须明确传播目的，即展览想告诉观众什么、影响观众什么。

传播目的不仅是展览内容策划的指导原则，也是展览形式表现的指导原则。展览内容的选择、取舍、编排以及展览结构的安排都必须服从和服务于展览的传播目的。展览形式表现手段的选择、辅助展品的创作、展品的组合、信息的组团、展项的系统组织等也都必须服从和服务于展览的传播目的。

展览传播目的不仅是博物馆为展览设定的目标和方向，也是判断展览成效的依据。当判断展览策划的质量时，我们会考察它的传播目的的设定是否中肯准确；当判断设计方案时，我们会考察它是否忠实地表达了传播目的；当开展展览评估时，我们会考察展览是否有效地实现了传播目的。有了传播目的，我们的各项工作就有了统一的目标和标准。从受众的角度看，由于具有明确的传播目的，展览所欲传播的信息将以一种清晰与自觉的方式组织起来，展览的各项目也以一种有序的方式得到整合，从而大大增加观众对展览的理解。同时，通过比较展览的传播目的与观众实际获得的印象和信息，我们就能对观众的实际受益情况，对展览的传播效应，形成中肯的判断。

（二）陈列展览总传播目的的设定

展览内容策划，先要明确展览总的传播目的，展览总传播目的是展览传播的总目标，其定位准确与否，会从根本上影响展览传播的方向和效益，因此，展览总传播目的的准确定位十分重要。

以下以中国湿地博物馆展览传播目的为例进行说明。

现代博物馆展览不仅是观点和思想、知识和信息的传播，也是观众感觉、情感的交流，除了认知传播目的外，还包括情感与体验。

2008年建设的杭州中国湿地博物馆是一座以湿地为主题，集展示、宣传、教育和收藏、研究于一体的国家级专题博物馆。通过湿地科学知识、世界湿地及其保护行动、中国湿地资源状况和价值、中国湿地与我国生态安全及经济社会可持续发展关系、中国政府为保护和可持续利用湿地所做的努力及取得的成就，以及国家湿地公园——西溪国家湿地公园等的展示，向观众普及湿地知识，宣传湿地保护的重大意义，以及人与自然和谐发展的科学发展观，增强观众的生态保护意识，促进我国经济、社会、文化和环境的和谐发展。该馆主要发挥如下功能：

第一，向社会大众普及和传播湿地科学知识，弘扬湿地文化，帮助社会大众了解和认识湿地，增强大众对湿地保护重要性的认识，引导他们自觉地去爱惜和维护宝贵的湿地资源。

第二，宣传、引导、培养和增强人们"人与自然和谐发展"的科学发展观，增强观众的环境保护意识。

第三，促进杭州城市文化建设，提升杭州城市的文化品位，丰富人民群众的精神文化和休闲娱乐生活。

第四，增强杭州国际旅游城市的魅力，进一步推动杭州城市旅游经济发展和繁荣。

根据上述功能定位，可确定中国湿地博物馆的传播目的如下：

（1）认知目标：让观众学习湿地科学和人文历史知识；让观众了解人类与湿地的密切关系；让观众意识到湿地生态系统的重要性；让观众认识到经济发展和湿地保护之间的平衡关系。

（2）情感目标：激发观众的好奇心和求知欲；使观众产生对湿地的珍爱之情；唤起观众对湿地保护与发展的责任感。

（3）体验目标：鼓励观众参与湿地互动体验活动；让观众在湿地保护和决策中实现角色转换。

基于上述传播目的，在展览策划设计中有意识地安排了一系列激发观众情感和增强观众体验的项目，例如情景再现、互动体验、角色扮演等。情感和体验传播目的的设定，对丰富博物馆观众的参观和学习体验具有十分重要的意义。

（三）陈列展览各部分、单元的传播目的的设定

除了整个博物馆展览必须明确总的传播目的外，其实博物馆展览的每一级、部分、单元、组甚至展项都有一个传播目的的问题。并且，每一级传播目的都必须服从和服务于上一级传播目的，是对上一级传播目的的具体化。因此，在博物馆展览各部分、单元、组的内容策划中，都必须明确自己的传播目的。

此处以中国湿地博物馆为例。中国湿地博物馆展览主要由"湿地与人类""中国湿地"和"西溪国家湿地公园"三个展厅组成。

第一展厅——"湿地与人类"。本部分主要向观众介绍湿地的基础知识，相当于概论。内容包括什么是湿地及其类型、湿地生态系统及其生物资源、湿地与人类文明起源、湿地的功能及与人类的关系、国际湿地公约与国家湿地保护行动等，旨在向观众普及湿地的基础知识，让观众认识湿地、关注湿地、重视湿地，明白要保护湿地的道理。

第二展厅——"中国湿地"。本部分是展览的核心。主要向观众介绍中国湿地资源状况及其特征，湿地与中国生态安全及经济社会可持续发展的关系，以及中国政府为保护湿地所做的不遗余力的努力及取得的成就，旨在让观众了解我国湿地资源的基本国情及面临的问题，警示观众中国湿地面临的威胁及湿地破坏产生的严峻后果，号召全民重视湿地，爱护湿地，树立人与自然和谐的科学发展观，积极参与到保护湿地的行动中来。

第三展厅——"西溪国家湿地公园"。本部分将聚焦首个国家湿地公园——西溪国家湿地公园。重点向观众介绍政府为了恢复和保护西溪湿地生态，在湿地可持续利用方面所做的艰苦努力以及取得的卓越成就和成功经验。特别是要宣传政府对次生湿地积极保护的理念，即以保护为目的和出发点，以合理利用为手段，以不破坏湿地生态系统特征和服务功能为前提来实现真正的保护。西溪湿地保护工程不仅对提高城市整体环境质量意义深远，对提升城市综合竞争力贡献卓著，而且对我国湿地保护具有重要示范作用，是我国湿地保护治理和可持续利用的光辉典范。

四、陈列展览主题提炼及主题结构演绎

主题是博物馆展览的灵魂和核心，贯穿于展览的全过程。展览主题提炼愈充分，立意就愈高，展览的思想性、时代性和教育意义就愈强。因此，在博物馆展览策划设计中，必须高度重视展览主题的提炼及主题结构演绎。

（一）提炼展览的总主题

主题是展览的灵魂，贯穿于展览的全过程。主题提炼的任务是要在对大量与选题有关

的学术资料和藏品资料研究和含化的基础上，进行从现象到本质、从事实到概念、从具体到一般的高度概括、抽象和升华，进而从教育学和传播学的角度提炼出一个能统领整个展览的、个性鲜明的、具有高度思想性的展览主题。主题提炼和立意的高度与深度直接关系到展览传播的思想水准。展览主题提炼愈充分，立意就愈高，展览的意义、思想性和教育性就愈强，切忌平铺直叙、就事论事。

主题提炼的结果往往反映在展览标题（名称）上，标题是展览主题的集中表现，被誉为展览的"眼睛"或"灵魂"。展览标题不仅要做到宏观提炼、高度概括、形象点题，更要给观众强烈的第一印象，一个展览能否吸引观众，标题往往起着关键性的作用。

（二）凝练展览的分主题

展览总主题需要通过一系列展览分主题来支撑。除了展览的总主题外，展览内容策划还要根据展览总主题来凝练展览的分主题，即展览每部分或单元的主题。主题提炼的结果就是展览每部分或单元的标题。

（三）展览内容主题结构规划

所谓展览内容主题结构，是指依据展览传播目的和展览主题对展览内容逻辑结构的合理安排，或是展览内容叙事的逻辑合理度，它类似一本书的目录框架。

展览内容主题结构的逻辑清晰度是展览设计最基本的要求，它直接关系到观众对展览内容的认知与感受，关系到展览信息传播的效果。科学、合理地安排展览内容主题基本结构，对有效传达展览的信息，对观众参观并接受知识和信息十分重要，展览内容主题结构安排必须合理巧妙。一个好的展览内容主题结构安排不仅能让观众轻松易懂地"阅读"展览，接受展览的信息，还能达到引人入胜的效果。因此，要根据展览的传播目的、展览主题、内容特点和观众参观心理的特点，科学地规划展览的内容主题结构。常见的内容主题结构规划有递进式结构和并列式结构。

五、陈列展览传播主次的研究和规划

要在有限的空间和时间内展示展览的内容，切忌主次不分、面面俱到，而应该主次分明、重点突出。在展览内容的规划中，特别要对展览的传播目的、传播信息、内容板块、知识点进行研究，分清主次，突出重点，从而达到展览的最佳有效传播效应。

（一）展览传播目的主次的规划

传播目的主次规划是展览主次规划的顶层设计。一个展览往往包含多个传播目的，为了突出展览的主要传播目的，我们必须对展览的各个传播目的进行分析，分清主次，并在展览规划中依据传播目的主次进行合理的安排，以突出重要的传播目的。

（二）展览传播信息主次的规划

一个展览要传达的信息很多，为了避免信息干扰，将主要信息（必要的）传达给观众，策展人必须站在观众的角度，对展览信息进行梳理，将重要的、必需的信息传达给观众。

（三）展览内容板块的主次规划

展览内容板块的主次规划是展览主次规划的中层设计，是对展览"面"的规划。展览内容是服务和服从于展览传播目的的，是展览传播目的的支撑和体现，展览内容板块主次规划要根据展览传播目的的主次来合理规划。显然，要在有限的空间和时间内不分主次地展示内容是不合理的。事实上，观众参观展览的时间以及能够接受的展览信息是有限的。为了帮助观众在有限的时间内得到必要的或最重要的信息和内容，展览策划应该对展览内容板块进行主次区分，以便在展览中重点表现和突出那些重要的内容板块、重要的内容和信息。

（四）展览重要知识点和信息点（重点和亮点）的规划

展示内容重点和亮点规划是展览主次规划的底层设计，是对展览"主要信息点或传播点"的规划。博物馆展览不是写书，观众也是在有限的时间内参观一个展览。在有限的时空内展示某个主题展览内容，不可能面面俱到，不可能娓娓道来，也不可能细说。同时，展览表述有自身的规律和特点，它是通过一个个展项来叙事的。在展览内容的规划上要特别重视展览传播点（知识点、信息点）的选择和规划，即要选择代表性、典型性的"点"，并且通过这些"点"的有序串联来述说事物的发展过程（以点带线），或反映事物的面貌和状况（以点带面），通过这个"点"的逻辑化串联为观众构成一个完整的知识体系。

六、展示素材选择及其组团

展览与写书不同，它依赖展示素材表现和叙事，展示素材是博物馆展览特有的表达语言。欲使展览达到有效传播信息和内容的目的，必须选择好展览的素材，包括文物标本、图片声像以及用于创作辅助展品的故事情节资料，并对展示素材进行合理巧妙的组织和安排。

（一）选择好展示素材

展览内容的表现和信息的传达需要生动、形象的展示素材的支撑，展示素材不仅包括文物标本、图片声像资料，还包括可用于创作辅助展品的故事情节资料。好的展览素材能够生动形象地表现展览的内容，揭示展览的主题。在展览文本策划中，要认真研究和选择展览的素材。一般来说，那些"见人见物见精神"的素材，那些具有代表性、通俗性、故事性和情节性的素材，往往最能表现展览的内容，最能打动观众。因此，在选择和安排展览素材时，我们要尽可能选择这样的展示材料。

（二）研究展示素材的组团

要有效地传播展览的内容，除了要选择好的展示素材外，还要巧妙地对这些素材进行组织。展览要清楚地传播信息，关键要在展示素材的信息组团上下功夫。展示素材的信息组团越科学、巧妙，就越能有效传播展览的信息；反之，将影响展览信息的传播，甚至出现错误的信息传播。

展示素材的信息组团类似电影的一个个分镜头。博物馆展览一般由四类信息载体构成，即图文看板、文物标本、作为辅助展品的二维或三维的造型艺术以及信息装置。它们之间必须是相互关联和呼应的，以共同表现一个展览内容或揭示一个展览主题。

（三）展览显性信息和隐性信息的处理

作为信息传播的载体，一方面，博物馆展览传播的信息固然要丰富饱满，能满足不同观众的不同信息需求，但同时又要避免信息过量，不使观众产生信息混乱；另一方面，受展厅面积和空间局限，可能无法或不便于展示大量信息。因此，要根据信息的重要程度，分类并科学、合理地处理好展览的信息层次。

其中，特别要合理地处理好展览的显性信息和隐性信息。一般来说，显性信息通常与观众直接见面，主要满足普通观众的需要。隐性信息的一般处理方式是触摸屏，主要满足专业观众的需要或再次来博物馆参观的观众的需要。例如，绩溪博物馆基本陈列中的"胡适年表"就很长（记录他从 1891 年出生到 1962 年 72 岁去世重要事件的年表约 7000 字），普通观众没有耐心全面了解，但部分专业观众可能感兴趣。合理的处理方式是将其作为隐性信息处理，即利用触摸屏将完整的"胡适年表"进行存储和浏览。触摸屏能提供灵活的方式帮助观众学习、浏览，使观众获得信息的方法更为直观简便。

隐性信息常见的展示方式还有抽屉式、抽拉式和翻版式。如在史密森美洲印第安人博物馆的展厅内，许多展柜橱窗下面都有几层抽屉，上面写着："打开抽屉，有更多发现。"

原来里面存放的是一批小件艺术品，如项链、箭头等，它们跟那些大件艺术品一起摆放就很可能被忽视，藏在抽屉却引起了人们的好奇心。

七、陈列展览文本文字编写

文字编写是展览内容文本策划的重要内容。展览内容文本文字至少应该包含三类——各级看板说明文字、辅助展品创作描述和依据文字以及数字媒体的隐性信息文字。一个好的展览文本文字编写，不但能增加观众对展览的兴趣，而且有利于展览形式设计和创作。

（一）各级看板说明文字的编写

看板文字是展览的主要信息传播载体，是文字说明最重要的组成部分。体现在展览中即是前言和结语以及一级、二级、三级或四级看板说明文字，它们反映了展览宗旨以及每部分、单元和组的主题或核心思想，是整个展览或各部分、单元和组的主题性或主导性文字。它们是展览与观众对话的媒介，是展览的说故事者，直接关系到展览的思想、知识和信息传播以及观众参观展览学习的效益。对博物馆展览来说，看板文字是必不可少的。看板文字不应该仅仅是展示说明，还需要鼓励参与和增强互动。拥有一个优美的看板说明文字，不但能增强观众对展览的兴趣，而且会使他们对整个展览产生深刻的印象。目前在博物馆展览内容文本文字编写方面突出的问题是展览前言以及部分、单元和组的说明文字撰写或缺乏规范性和准确性，或缺乏吸引力和激发性。

（1）前言。前言是展览看板文字中最重要的文字，一般可反映展览的主题思想、基本内容和宗旨。展览前言文字编写的主要任务在于概述展览主旨和要点，使观众能迅速而有效地了解到展览的基本情况，引导其进入正式的展览参观环节。

（2）"部分""单元"和"组"说明文字。"部分""单元"和"组"的说明一般反映展览各"部分""单元"和"组"的主题思想和主要内容。每一级的文字说明要能统领其下的展示内容。"前言""部分""单元"和"组"是一个严密、完整的内容系统，应有严密的逻辑结构层次，依次是前言、部分说明、单元说明、组的说明。按照展览内容结构逻辑层次的要求，在各级文字说明编写中也应做到：下一级文字说明必须服从和服务于上一级文字说明，紧扣上一级文字说明的主题，是对上一级文字说明的具体化。切忌上下级文字说明之间没有关系，或关系不大，或关系混乱。同时，看板说明文字只需要包含主要的知识点和信息点，只需要包含最核心的、与主题紧密相扣的内容。要抓住重点，文字表述要精练，文字量不宜过长，切忌长篇累牍，否则会给观众造成阅读疲劳。每块图文板和说明牌上的文字数都不宜多，但核心信息都应被清晰阐述。

（3）解读性看板文字的编写风格。解读性看板说明文字编写要巧妙，要具备准确性、艺术性、互动性和关联性等特点，能起到激发观众关注或引导观众的作用。如采用提问式、鼓励参与式、吸引注意力式、指引观众式和鼓励比较式等。看板说明文字风格除了要做到通俗易懂、可读精练、自然流畅、富有文采、亲切动人外，更要有感染力、激发性、引导性、启发性和召唤力，能引起或激发观众阅读的兴趣，能吸引观众参与到展览中。

（二）辅助展品创作说明与依据文字的编写

在博物馆展览中，尤其是在叙事型主题展览（区别于文物或艺术品展览）中，由于文物标本的缺乏，或是为了强化展览信息传播的需要，或是为了增强展览的观赏性和感染力的需要，博物馆展览往往会采用大量辅助艺术品和信息装置，如壁画、油画、半景画、全景画、模型、沙盘、景箱场景、蜡像、雕塑、多媒体、动画、互动装置、影视等。这些辅助展品和信息装置因具有良好的视觉效果、阐释能力和现场感而深受观众欢迎。

另外，在博物馆展览中，这些辅助展品的创作和信息装置研发不同于一般的纯艺术创作和娱乐媒体，它们更是一种知识信息交流的媒介。它们的创作必须遵循科学性、真实性原则，必须是有依据（科学依据和学术支撑）地再现、还原和重构。

在展览文本设计中，必须对辅助展品和信息装置的创作提出要求，并提供创作说明和创作依据。包括：该辅助展品的传播目的、基本内容、要表现的主要视觉元素等；有关创作的依据或参考性文字，例如某个历史事件或人物的基本概况、情节故事、有关的历史记载、后人的研究成果等。

不过，有些博物馆展览内容文本，只是提示了展览的表现形式，如沙盘、模型、场景等，而对这些表现方式的创作要求既没有进行说明，也没有提供这些表现方式的依据材料。

面对这种情况，展览形式设计师就会无所适从，不知道如何去创作这些多媒体、场景、油画、蜡像和模型。显然，指望形式设计师去重新搜集这些表现方式的依据材料和研究其传播目的和内容是不现实的。在这种情况下，形式设计师创作出来的多媒体、场景、油画、蜡像和模型往往只有花哨的形象，而没有明确的传播目的和科学的传播内涵。

展览辅助展品创作说明和创作依据缺乏或不充分正是目前博物馆展览内容文本文字编写方面突出的问题之一。为了做好展览辅助展品和信息装置的创作，在展览内容文本设计中，必须给形式设计师提供明确、充分的展览辅助展品创作说明和创作依据资料。

（三）数字媒体文字的编写

作为信息、知识的传播载体，博物馆展览的信息要丰富饱满，能满足不同观众的不同信息需求，但同时，为了在有限的空间内避免展览信息的混乱，突出重点，必须处理好展览的信息层次。一般来讲，博物馆展览信息分为显性信息和隐性信息。显性信息是展览最基本的信息，通常直接与观众见面，主要满足普通观众的需要；隐性信息主要指展览的检索性或链接性信息，它们往往在展览背后，如触摸屏中的信息，主要满足专业观众的需要或想了解展览更多信息的观众的需要。

目前，在博物馆展览内容文本文字编写方面突出的问题是数字媒体检索性或链接性文字（隐性信息）不完整或不准确。其主要原因是展览文本编写中缺乏这类信息的编写规范，把这项本该由内容设计方承担的工作推给了不擅长内容策划设计的形式设计师。在这种情况下，形式设计师只好凭甲方提供的相关资料做简单的编辑处理，从而产生上述提到的问题。为了做好展览的隐性信息展示工作，在展览内容文本设计中必须重视数字媒体文字的编写。

（四）展览讲解与导览性文字

博物馆展览向观众开放后，要有为观众进行展览讲解或导览的工作。这是博物馆展览教育工作的重要内容，直接关系到观众参观展览及其获得知识、信息的实际效果。目前国内博物馆大多采用讲解员讲解的方式，部分采用导览设备的方式。但不管采用哪一种方式，都需要撰写讲解或导览脚本。

而导览或讲解脚本反映的内容一般是对展示内容的补充和深化，讲述的是展览或展品背后的知识和信息。因此，为了达到导览或讲解工作对展览内容的补充和深化的作用，在展览内容文本编写中最好增加展品展项"背景知识"的编写。这些"背景知识"的集成就构成了展览讲解或导览脚本的基本内容。如果没有这个基础，单独去编写展览的讲解或导览脚本，就会出现要么讲解或导览脚本内容与展览内容不匹配，要么与展览版面文字重复的问题，达不到导览或讲解对展示内容的补充和深化作用。

八、陈列展览文本的编写要求

一个合格规范的陈列展览文本至少应该符合如下基本要求：

第一，展览文本要明确展览的传播目的。展览内容文本必须明确本展览传播的目的和宗旨，即本展览想让观众知道什么，或想影响观众什么，这是展览设计的基本指导思想。如果展览内容脚本不能对形式设计师阐述清楚本展览传播的目的和宗旨，那么形式设计师在从事展览形式设计时，就不容易准确把握展览设计的基本指导思想。

第二，展览内容结构要符合逻辑清晰度。展览内容文本必须明确展览传播的基本内容，并将这些基本内容按照清晰的逻辑结构进行编排。展览基本内容的逻辑结构关系，影响受众参观认知的效果。清晰的内容逻辑结构能起到纲举目张的作用，反之，如果展览的内容逻辑结构安排不巧或比较混乱，就会给观众的参观心理造成混乱，严重影响观众的信息和知识的接受效果。

第三，展览内容文本要明确提示展览要传播的基本信息，即哪些是观众通过参观展览后必须知道的信息，哪些是观众应该知道的信息，并按重要程度依次编排。这样的提示有助于形式设计师根据信息的重要程度在展览中合理地安排这些信息，做到主次分明。如果内容脚本不对形式设计进行提示，形式设计师在处理展览信息中就会无所适从，不知道哪些是在展览中应该重点表现的、哪些是一般表现的。

第四，展览内容文本要提示展览各部分或单元的重点和亮点。展览不宜平铺直叙，展览需要"作秀"，一个成功的展览离不开"秀"的支撑。但展览的"秀"应该做在展览内容的重点和亮点上，这样的"秀"才能成为观众的兴奋点。如果内容脚本不对展览的重点和亮点进行提示，指望从事艺术创作的形式设计师的揣摩是难以准确把握展览的"秀"的，非重点和亮点"作秀"，不仅达不到渲染和烘托展览重点和亮点的作用，还是一种无谓的浪费。

第五，展览内容文本要对展示素材进行巧妙的组团。必须点明实物和辅助展品的组合关系及其传达的意义，即一组展品——实物展品和辅助展品是如何组合的，共同要传达什么意义，谁是主角，谁是配角，谁做背景用。如果内容脚本不做这样的提示，那么形式设计师不仅难以准确地把握和表现展品组合想传达的意义，还容易颠倒和混乱展品的组合关系，导致信息传播的错误。

第六，展览内容文本要对传达的信息做出清晰的层次划分，即展览策划面对受众的信息传播层次的清晰度。为了满足不同观众的不同信息需求，展览除了要信息丰富完整外，很重要的是要处理好信息层次，即哪些是满足普通观众需要的信息，哪些是满足专业观众需要的信息，哪些作为显性信息处理，哪些作为隐性信息处理。如果展览内容脚本对此不做处理，就容易导致展览信息的混乱。展览策划面对受众的信息传播层次的清晰度和完整性是考核展览内容脚本的一个重要参数。

第七，展览内容文本必须清楚说明辅助展品的传播目的并提供创作背景和学术支撑。在博物馆展览中，无论是科学辅助展品（图表、地图、模型和沙盘等），还是艺术辅助展品（绘画、雕塑、场景）的创作，除了明确的传播目的外，还必须有严谨的学术支撑，展览内容文本必须提供辅助展品创作的学术依据和背景说明，这样才能保证辅助展品设计和制作的科学性和艺术性。

第八，展览内容文本应该撰写重点展项的分镜头剧本。所谓重点展项的分镜头剧本，一般是指数字影片、多媒体、大型场景、大型群雕、大型沙盘模型和大幅壁画绘画等创作的学术依据和形象素材及其分镜头剧本策划。如果没有这些展项的分镜头剧本的支撑，则形式设计师就难以准确形象地创作这些重点展项。

第九，展览内容文本必须撰写所有看板的文字说明，包括前言、部分主题说明、单元主题说明、组主题说明和重点展品的文字说明。展览文字说明除了可读性和精练外，在设计风格上宜采取提问式、鼓励参与、吸引注意力、指引观众和鼓励比较的方式，要有感染力、激发性、引导性、召唤力，能引起或激发观众阅读的兴趣。

第十，展览文本学术观点必须正确，依据材料要真实可信。博物馆展览不是娱乐媒介，而是观点和思想、知识和信息的传播。因此，展览提出的观点和思想、知识和信息，展览展示的各种展品（包括辅助展品），都必须建立在科学的、真实的基础上，必须以主流学术观点为基础，必须以客观真实的材料为支撑。

第二节　博物馆陈列展览的形式设计与组织管理

一、博物馆陈列展览的形式设计

（一）陈列展览形式设计的作用与原则

1. 陈列展览形式设计的作用

按我国博物馆陈列展览工作的一般方式，整个工作过程可以分为内容策划、形式设计、施工（包括制作、现场组装和布置）三个大的阶段。内容策划工作的成品——陈列展览脚本，仅仅是设计工作的一部分，主要是靠逻辑思维开展工作的。到了形式设计阶段，则主要靠形象思维开展工作，要求把文字形式的陈列展览脚本变为形象具体的工作方案，把分散孤立的展品按陈列内容的结构要求加以排比组合，变为有内在联系而能说明情节内容的陈列。

所谓形象具体，就是运用图式的工作语言来描述未来的陈列状态。当形式设计人员根据内容策划的要求完成了一整套陈列表现性和技术性图纸绘制工作之后，陈列的设计阶段才算结束。形式设计的成品是陈列图式，以及根据图式绘制的生产加工图纸，这将成为下一道施工作业的依据。形式设计是连接前后两个阶段工作的中间环节，内容策划如果有什么失误，在形式设计阶段还可以重新提出修改要求并采取补救措施，不致造成太大的损失。但形式设计如果有考虑不周之处，则很可能会造成施工阶段在人力、财力和物力等方面的损失和浪费。可见，形式设计所肩负的责任是重大的，压力也是沉重的①。

形式设计工作处在内容策划阶段和施工阶段之间，势必要协调好与上下两个阶段工作人员的业务关系。

一方面要与内容策划人员密切合作，在内容策划人员的帮助下，充分理解和领会陈列展览脚本的特殊要求，以便拓展思路，为每一组特定的欲传信息找到最恰当贴切的表达手法，并反映在陈列图式中。

另一方面要与施工技术人员密切合作，详细解释制作和选购材料方面的要领和要求，用精确的生产加工图纸和详备的材料选购计划指导有关人员开展工作。

施工制作人员是从不同于设计人员的角度来判断事物的，往往并不把陈列设备材料与陈列效果的目标直接联系起来考虑，或者说，他们关心的是硬件，而不是软件。设计人员必须详细介绍设计意图，以免施工阶段产生混乱。总之，形式设计人员与内容策划人员的合作是为了确保形式设计的正确性，与施工制作人员的合作是为了确保形式设计的效果性。形式设计人员是通过自己的工作把各种人员凝聚成一股力量去建构陈列空间的，起着重要的核心作用。

2. 陈列展览形式设计的原则

"适用、经济、美观"这六个字，可完整表达陈列形式设计的原则。

（1）"适用"是指通过形式设计，运用各种技巧的技术，把陈列内容恰如其分地表现出来，做到形式与内容的高度统一，使陈列体系的结构层次清晰明确。陈列是给观众看的，陈列设计就要便于参观，陈列的布局、线路既要通畅、走向明确，又要便于开放期间的管理；要注意藏品在展出时的安全保护和便于观众流通疏散；要方便讲解人员导引参观，又要便于展出期间对房屋建筑、设备、道具等的清洁养护。

（2）"经济"是指有效地使用人力、物力和财力，注意节约。要搞好一个陈列必然要花钱，没有一定的投资就无法实现具有一定质量的陈列布置，但有了经费，就应该力争使投资发挥出应有的效果。例如，在设计时注意到市场供应现成规格材料的尺寸，减少切割和再加工，不仅能节省材料，还能节约劳动力。在安排施工时，若规划得紧凑而合理，就会减少待工造成的浪费。

（3）"美观"是指博物馆陈列的形式美应当突出自己的个性和风格。这种形式美是典雅大方、恬静朴素、协调和谐的。反对华而不实的唯美意识，不能搞堆砌。初涉博物馆陈列工作的美术人员应虚心向有经验的设计师学习，不要成为自己造型能力的俘虏而做出错误解释的陈列。所谓做出错误解释的陈列，表现为感觉性刺激过剩和知识性信息不足的组

---

① 黄洋、陈红京：《博物馆陈列展览设计十讲》，上海交通大学出版社 2019 年版，第 143—160 页。

合体，观看这种陈列的观众，其投在陈列装饰上的注意力要超过投在陈列欲传信息上的注意力。

"适用、经济、美观"三者之间有着辩证关系，它们是不可分割的总原则，陈列艺术既是物质的、实用的，又是精神的、艺术的，如果把它们分割开来，片面强调其中任何一点，都将导致设计的失败。所以，"适用、经济、美观"既是设计的指导原则，也是评估设计质量高低的标准。

（二）陈列展览形式设计的工作阶段

陈列形式设计可以分为三个小的工作阶段，即设计准备阶段、概念设计阶段、深化设计阶段。这三个阶段的工作是相互衔接而又循序渐进的。

1. 设计准备阶段

设计的准备工作要掌握内容策划提供的展览脚本，包括大纲的主题结构和展品目录，还要掌握博物馆的建筑平面图纸。做到三个熟悉，即熟悉陈列的主题思想、体系结构和展品情况；熟悉博物馆建筑环境情况；熟悉社会上有关陈列布置应用材料的供应情况和工艺加工的技术条件。

设计师熟悉陈列内容、结构和展品情况是最基本的工作，要对展品做深入细致的调查研究，既要了解展品的历史艺术价值，又要熟悉它的外观造型，还要对主导展品的特殊意义进行构思，以便在背景、座架、展出形式的色彩、位置、照明等方面给予和主题要求相应的处理。至于熟悉程度，起码的标准是，不在眼前可说出其特点，并能逼真地画出器形来。要做到"如数家珍"，以便开展造型构思。很多设计师是美术类专业出身，对于文物器形别说熟悉，连名称读音都很陌生，这更加要求形式设计人员了解展品和内容。

设计师还要熟悉展出环境，包括展厅的平面结构及面积、展厅的壁面结构及面积，展柜和展壁的高度、长度、深度及荷载量，展厅地面材料及设备、展厅自然采光及其构造、照明装置及线路配置等。设计师必须将建筑图纸与展厅建筑现场进行复测核对，纠正图纸不符实况之处，还要目测可资利用的旧设备（如展柜和座架、照明装置和衬布、屏风和地毯等），掌握其准确数量。

至于熟悉材料供应情况和工艺加工的技术条件，这是设计师平时就要关心的问题，应该说是一种职业习惯。只有时刻掌握市场供应材料的品种、规格、价格、质量寿命等具体行情，才能在设计过程中准确选择使用。对于场景、多媒体等科技手段，更应该深入了解，以便进行辅助设计。

在设计准备阶段最重要、难度最大的就是掌握陈列内容，对内容和意图的理解越充分、越深刻，越有助于设计构思。形式设计师在进行设计前最好不要急于动手设计，要仔细品读展览脚本，充分理解内容策划人员的意图，然后再进行设计构思。这需要内容策划人员尽可能提供完整详备的陈列展览脚本，同时还要依靠内容策划的提示，必要时内容策划人员要向形式设计人员详细解释大纲。因为科学类博物馆的展品价值往往着眼于科学内涵而非外观美，不应让缺乏科学知识的形式设计人员乱猜。有的博物馆让形式设计人员参与内容策划工作研讨，这有助于他们对陈列意图的理解。

2. 概念设计阶段

概念设计是陈列展览设计的一个核心概念，但并没有一个完整的定义可以框定概念设计的维度与广度。在陈列展览形式设计阶段，它是一种设计想法的探索。从最初的概念出发，可以进一步挖掘形式设计的风格，并逐渐将设计想法成形。这是设计师自我思维转变的过程，而如何激发这种思维模式至关重要。

陈列展览设计是一套满足陈列展览脚本需求的解决方案。提出一个概念，这个概念要服务于陈列脚本的诉求与展览空间环境的满足。所以在提出概念之前，详尽的调查必不可少。根据这个概念，延伸到设计方案的具体化，就是策略阶段。我们要依据地方自然环境、社会环境、人文元素、展览脚本内容、博物馆需求等提出设计特性。每个特性都有对应的设计手法，这些设计手法与方案的有机融合就决定了设计的深度与质量。

（1）概念设计的步骤。概念设计就是将文字计划具体化，从内容到形式，统一安排、统一平衡、统一色调，全面地进行布局。概念设计的构思往往是在准备阶段"三个熟悉"的过程中就逐渐孕育形成了。概念设计可以沿着由大到小、由粗到细的思路分为以下三个步骤：

1）进行总体布局规划，确定陈列展览的参观线路。这是一项把整个陈列的"量"和博物馆展厅可能提供的容纳量两者加以统一的工作，根据陈列主题结构和逻辑顺序，因地制宜地使用陈列空间。根据展厅建筑特点，决定陈列如何开头、如何结尾、如何分段，每个段落、每个展厅如何突出重点，还要考虑确定陈列展览的主线和副线等问题，从而制定适当的陈列参观线路。这个步骤的工作结果就是在展厅建筑平面图上对空间做出了轮廓性的段落划分与布局，其依据主要是展品的总量和陈列密度标准。

2）确定陈列展览的基本表现形式。根据陈列内容和展品的性质、特点，制订设备的排列计划。例如，绘画陈列需要用大量的墙面，珍贵的古代书画要用书画柜或大通柜，古代文物陈列要用玻璃橱柜加以保护，革命史陈列一般有较多文献和图片、手稿和文物，既要用立柜、中心柜，又要用桌柜与陈列版面相结合，等等。

3）确定陈列展览的整体艺术风格和气势。不同性质的博物馆对风格气势应有不同的要求。不同的陈列展览，要求也不一样，但每一个陈列展览都应根据展示内容和展品特点来制定相应的风格和气势。主要通过总体色调、设备的式样、采光照明方案以及装饰手法等反映出来。

（2）概念设计的全局观念。在概念设计阶段，设计师要有全局观念，展览前区、门厅、序厅等都应该做重点考虑，不能只看到主体展厅。

1）展览前区。展览前区指博物馆建筑的外部空间环境，有的馆前面是广场（如上海博物馆），有的是草坪（如南京博物院），等等。大凡专门设计的博物馆建筑都有附属的前区空间。展览前区是观众经过的第一个点，应该设法创造出某种气氛，使观众产生第一印象。

例如，美国波士顿儿童博物馆，其建筑利用了几十年前的一座旧码头仓库，他们在馆区内建了一座三层楼高的白色牛奶瓶形象的建筑，上面标写着"儿童博物馆"字样，意思是向儿童传播知识，就像儿童每天要喝牛奶一样重要。这种设计十分切题，在功能上不仅成为一个引人注目的馆标，而且夸张的手法又使前区富有生气。这里用的是一个特殊的标记，大牛奶瓶属于类比性图像符号，利用既写实又夸张的手法模拟环境，来塑造与儿童博物馆相应的场所感。

总之，前区可利用建筑、小品等来烘托主题，也可利用雕塑来创造参观气氛，这是一个大范围的造型。从前区空间开始，就应有一个展示性、示意性的造型，给人以入境感。

2）展览门厅。门厅是联系展厅与外部环境的过渡场所，是观众进入博物馆建筑内的第一个点，他们在这里集散，这里也是引导观众参观，开展咨询业务的地方。门厅除了这些功能，它作为一个场所，也是文化界和政界社交的场所。西方常在博物馆门厅举办招待会或酒会，因为他们感到这里是有文化、很体面的地方，所以有时博物馆的门厅很宽敞。门厅虽还不是陈列内容的开始，但观众在参观前后想询问的问题之多，不亚于陈列室。所以，门厅是集中开展咨询业务的理想场所。

一些专题博物馆往往把最显眼的藏品或新征集品放在门厅里展出，例如自然博物馆在门厅里放一具珍贵的恐龙化石或大象标本；民族学博物馆在门厅里陈放一件高大的印第安人图腾彩绘；纺织博物馆在门厅里放一件大型织机等，起到一种画龙点睛的作用，引发观众的求知欲望。

3）展览序厅。序厅是博物馆陈列展览的入口门面，是观众观看某个陈列展览的第一眼，起着至关重要的作用。序厅的设计要切题、简练、不落俗套，力争走前人没走过的路子，要有新鲜的吸引力。这些都有赖于设计者对主题思想的深刻理解，从中归纳出一种典型的视觉符号，做到画龙点睛。具体来说，设计要做到三点：一是序厅是破题，要一目了然地将展览脚本中的展览主题特色鲜明地突出；二是序厅要能够呈现空间特征，即力求体现地方的特色与历史文化，让观众在展览入口处对地域特色有所了解；三是序厅要尽量表现时间特征，让观众在进入整个展览参观前有时间轴线的初步概念。

（3）概念设计方案。通常来说，一套完整的概念设计方案包括平面布局图、参观动线、效果图及配套设计等部分。

1）平面布局图是陈列展览平面布置方案的一种简明图解形式，用以表示设施、设备、展品等的相对平面位置。环境不能创造人的行为，但它可以鼓励或限制人的行为。其实平面布局的目的就是设计师帮助观众规划空间，通过他们的行走更好地了解陈列展览。对于单体的艺术品或文物，根据其自身的体量需要有适合的观看距离和范围，尤其对于稍大体量的展品，应该多留一些空间，并给观众以充分的观赏时间。

2）参观动线是观众参观展览时的行走线路。一个合理的参观线路能使观众在舒适安逸的心理状态下品味展品。在常规情况下，参观线路由入口开始，保持一定的行走线路。

3）效果图是通过图片等传媒来表达陈列展览预期的目标效果，现在主要是通过计算机三维仿真软件技术来模拟真实环境的高仿真虚拟图片，其主要功能是将平面的图纸三维化、仿真化。有时在设计时，设计师会先手绘效果图，手绘效果图需要比较扎实的绘画功底，才能够将自己的设计图表现得栩栩如生。继而设计师会通过一些设计常用软件，如3DMax、Sketchup、Photoshop 等，配合一些制作效果软件来表现图形。

4）配套设计通常是为了陈列展览方案的完整性与完备性而做的包括展柜、灯光、讲解等初步意向。

概念方案是设计师表现总体设计意图的一种方式，也是提供给主管领导及有关方面审查陈列设计方案的一种形式。有时设计师要做出几种不同的设计方案，供选择和思考。从总体概念方案中容易发现一些较大的问题，如参观线路安排是否通畅、展品排列疏密度是否平衡、布局是否合理、环境中是否有不安全的因素、整个气氛是否与主题协调等，同时可以对经费投资总量进行初步的预算。总体概念设计的主要目的在于吸收各方面人员对总体设计的意见和看法。在取得各方面的认可或根据意见做出修改之后，总体概念设计工作即告结束，转入下一阶段的深化设计工作。

3. 深化设计阶段

简单地说，深化设计工作涉及多媒体设计、展板平面设计、柜内布展设计（展台、展架等）、艺术品（场景、雕塑等）、施工图绘制（施工图部分、电气部分）、系统集成设计等方面。

"设计"一词的本义，就是根据一定的目的和要求所形成的构思和意图，运用符号形象地表现为可视的内容。设计师在完成了上述各种图纸和表格的绘制工作之后，设计阶段的工作也就全部结束了，陈列工作将转入最后的施工作业阶段。

设计工作的结束并不意味着形式设计人员的工作完成，随着形式设计阶段向制作施工阶段的转移，设计人员则从案头为主的工作方式转为现场施工组织者的工作方式，并一直工作到施工完成为止。施工阶段的成品就是可以供人们参观的陈列展览。施工阶段是工作最繁忙、最紧张的时刻，体力和脑力消耗都很大，人最疲劳，但也最关键。在施工过程中，各工种人员提出的各种问题会蜂拥而来，设计师必须冷静而又耐心地思考、分析和解决各种问题，解难答疑。有时自己还要承担部分制作工作，尤其在小型馆，形式设计人员往往就是制作人员，要求设计师一专多能。

形式设计人员不仅要在造型设计方面发挥自己的专长，还要扮演施工工程指挥者的角色，牵涉到与馆内外各方面人员的关系，要求具备一定的组织管理能力，这方面的工作难度不亚于设计本身。

为了预先观看展览的效果，有的博物馆对于设计非常慎重，会先手工制作出展厅的缩比模型。

二、博物馆陈列展览的组织管理

陈列展览工作牵涉面极为广泛，不仅与馆内其他业务部门有着密切的业务关系，还牵涉到雇用馆外的展览设计公司协助工作，工序繁多，沟通复杂，因而组织管理就自然成为一个很重要的问题。

陈列展览工作属于一种必须由集体参与来完成的工作，要组成一个工作班子来完成工作，应该研究这套班子，究竟有哪些人员和部门参与陈列工作，明确各自的职责和相互关系。

通常都是由馆长或分管展览的副馆长挂帅，起到核心组织者的作用，协调各部门统一有序地开展工作。属于业务管理的决策、计划和人选是起步的工作内容。一个陈列展览总是从一个或几个人想举办某个陈列展览开始的，这通常是在讨论全馆年度工作计划时决定的。所谓人选，指博物馆馆长和部门负责人根据内容和形式设计人员的特长选择指定项目设计的主要承担者，因为擅长研究某类藏品的专业人员不一定在陈列展览部，要由馆长临时从其他部门抽调出来，协同陈列展览部进行内容策划；同样，形式设计人员也有各自的专长，也应结合个人优势指定形式设计的主要承担者，这样才有助于确保设计工作质量。

在确定了陈列展览工作人选后，被指定为内容策划主要承担者的专业人员即可着手工作，其内容包括：①撰写陈列主题结构大纲（相当于文学剧本）。②精选展品（相当于选演员）。③完成陈列展览脚本（相当于分镜头剧本）。内容策划人员在工作过程中要与形式设计的主要承担者保持联系，协同工作。一方面使自己的成品与形式设计工作衔接；另一方面也使形式设计人员尽早了解内容结构和意图，以便有充分的时间进行造型构思。④将陈列展览脚本给形式设计人员准备工作。通过项目负责人之间的相互协作，可使部门间的协作不致影响面太大，保证其他项目的工作正常开展。

在形式设计阶段，其主要内容有考虑概念设计方案、论证定稿、深化设计方案，这三项工作均与内容策划关系密切，须协调内容与形式的关系，内容策划人员应向形式设计人员"说戏"，解释内容策划意图。展览运作负责人应注意内容策划不成熟、不稳定时不能交给形式设计部门。"待征集"因素太多，则形式设计部门有权拒绝接受不成熟的计划。形式设计人员自身要做市场调查，对用料、光照设备等的供应渠道和价格行情有所了解。要用整体效果图、模型乃至实验的方法论证总体设计方案的合理性。

总体设计方案除了给自己和内容策划人员以及主管领导审阅以外，还要广泛征求有关部门的意见，即所谓论证定稿的环节。送给讲解导引部门，他们会提出线路通畅与否、相互干扰与否等问题；送给保卫部门，他们会提出报警器安装方便与否、探头角度是否被遮挡、材料是否易燃、安全门和安全通道如何、消防器材种类选择、展厅是否有展柜和板面造成的死角等问题；送给文物保护部门，他们会提出哪些展品须采取特殊保护措施，如照度限制，配置恒湿剂、防腐剂等。各部门从不同角度发现和指出问题（隐患），协调的办法就是由馆长出面组织各部门召开联席会议。

形式设计人员还要求保管部门的配合，因为目测展品是必需的，但又是很费事的，保管部门应按内容策划的要求将拟用展品提前集中在库内的某一处，以减少对库内正常工作的干扰。

在施工设计阶段，较多与事务管理部门发生业务联系，主要有：①筹措资金；②监督工程质量和进度；③备料和组织施工队；④编制经费使用计划，制定并公布工程日期表。通过协商使事务管理部门提前制订人员、物资和资金计划，以便及时安排用人、用车、占地等具体事项。

总之，陈列是否成功，在很大程度上取决于工作安排得是否合理，各馆应根据自身的条件认真总结，寻找规律，以使这一次工作比上一次工作做得更好，使这项不断反复的工作螺旋式上升地向前发展。

第三节 博物馆陈列展览评价体系的构建

一、博物馆陈列展览评价体系的建设目的

展览评价应根据博物馆展览的本质属性及自身规律，根据各类博物馆的特点和规律，提炼和制定出作为一个好展览的核心指标，并且严格按照指标由政府机关、社会团体、博物馆专业人员或第三方机构，通过特定的评价程序，对展览内容、形式、服务等方面进行

客观、公正的评估。

为了加强对我国博物馆陈列展览的管理，不断提高我国博物馆陈列展览的质量和水平，推进陈列展览的规范化和指标化管理，我国博物馆亟待研究和制定一套比较规范科学的、为业界认可的展览评价指标体系。具体而言，其目的在于：

（1）为博物馆陈列展览质量评价提供一个基本标准，引导和鼓励博物馆在陈列展览建设上达到公认的基本标准，促进我国博物馆陈列展览质量和水平的提升。

（2）为博物馆主管部门进行陈列展览建设质量评价提供一个考核标准，满足相关部门对博物馆陈列展览质量管理的需要，以便对博物馆陈列展览质量和水平进行全面、系统的考核、监督、纠错和激励提供依据。

（3）满足博物馆界同行观察、评价的需要，为全国各类博物馆进行陈列展览建设理念、经验和技术的讨论和观察提供一个交流平台，促进我国博物馆陈列展览整体水平的提高。

（4）为"全国博物馆十大精品陈列展览"评选提供客观的评价标准，增强评选的合理性、科学性、公正性和信誉度。

（5）满足博物馆陈列展览工程验收和自评的需要，为各个博物馆陈列展览工程的竣工验收和自评提供考核标准。

二、陈列展览评价指标体系设计的指导思想

任何系统评价都有其评价的目标（指标）和内容，这些目标和内容的提出又取决于总的评价思想和原则。展览评价思想和原则是陈列展览评价指标体系设计的基本指导思想。

（一）以知识信息传播和观众受教育意义的绩效为评价核心

博物馆是非正规教育机构，教育不仅是博物馆对社会的责任，而且是其首要任务。陈列展览是博物馆开展观众教育的主要形式和手段。做好博物馆的陈列展览，不仅是博物馆的社会使命，而且直接决定着博物馆发挥的社会效益。现代博物馆应该也必须秉持"全民教育和终身教育"的理念，针对不同的观众规划不同的陈列展览教育活动，提供给观众多元化的观点、思想和丰富的知识、信息及学习体验，其终极目的是为了达到陈列展览教育活动效益的最大化。

博物馆陈列展览不是普通建筑装饰工程，而是一项面向大众的知识、信息和文化传播工程，强调陈列展览的思想性、科学性和艺术性。因此，其评价机制不同于普通建筑装饰质量管理指标体系，不是强调材料和设备的品质、性能和规格，以及施工和安装的流程、工艺和质量，而是一个基于定性分析的强调以知识信息传播效益和观众受教育意义为绩效

考核标准的评价指标体系。

（二）以专家视角评价博物馆陈列展览

从博物馆专家的视角看，博物馆陈列展览的宗旨是进行文化知识传播，旨在传递给受众以信息、知识和文化，起到影响观众观念、思想和行为的作用。并且，博物馆陈列展览是一项集成学术、文化、思想、创意和技术的活动。只有具有思想知识内涵、文化学术概念并符合当代人审美情趣的陈列展览，才是成功的博物馆陈列展览。博物馆陈列展览必须有明确的传播目的，必须是一种视觉和感性艺术，除了实物性、直观性、形象性外，其展品展项必须符合博物馆的核心特征——"知识性和教育性""科学性和真实性""趣味性和娱乐性"。

（三）以观众视角评价博物馆陈列展览

博物馆陈列展览主要是为普通大众设计的，是一种面向普通大众的知识、信息、文化的传播媒介。评价一个陈列展览的优劣，主要看它在鼓励观众参与和学习方面所取得的成绩，主要看这一展览是否给予每个公众积极、有益地参观博物馆的机会，是否符合或满足普通观众的认知、兴趣和需要，是否达到影响观众认识和行为的目的，是否提供给他们对其生活有特别意义的展示。

（四）陈列展览评价指标体系为总结性效果评估而非形成性评估

一般将陈列展览评估分为形成性评估和总结性评估两种形式。形成性评估是一个陈列展览筹建的组成部分，是在整个陈列展览由策划到实施完成的过程中进行的；而总结性评估是衡量一个陈列展览计划执行的结果，是在陈列展览全部制作完成之后进行的。所谓总结性评估是对陈列展览效果的评估，是指对其社会效益和经济效益的评估，如陈列展览为受众提供的知识量、陈列展览带来的社会影响等。

（五）叙事型主题性展览评价的原则

博物馆的陈列展览看似丰富多样，但归根结底只有两类陈列展览——以审美为导向的文物艺术品展览与叙事型主题性展览。由于以审美为导向的文物艺术品展览相对比较简单，主要强调文物艺术品本身之美，其策划、设计与制作主要是照明设计和环境氛围，较少辅助展品，所以本陈列展览评价指标体系主要针对有明确传播目的、有主题思想统领、有严密逻辑结构的叙事型主题性博物馆陈列展览——历史陈列展览、自然生态展览、科学技术展览、人物和事件陈列展览等。

（六）评价指标体系强调突出关键性指标原则

考核博物馆陈列展览效果的指标很多，显然，面面俱到、不分主次就会影响评价标准的实际执行力和导向。我们强调以知识信息传播和观众受教育意义的绩效为陈列展览的评价核心。由此出发，从众多反映陈列展览绩效的相对独立的、可以定量或行为化的指标中提取主导性的指标作为关键绩效的指标，再通过关键性指标构成标准的主体框架。

三、博物馆陈列展览评价体系的构成项目

根据博物馆展览评价指标体系的评价思想和原则以及系统评价学的理论和方法，博物馆陈列展览评价体系主要由三大系统构成：陈列展览内容策划设计、陈列展览形式设计与制作、展览宣传推广和服务。另外附设一项"观众反映"评价指标系统，该系统可以作为附属系统，既可供评审专家在前三项系统评价的基础上到现场进行测评，也可以作为博物馆自评使用。

同时，系统评价要从明确评价目标（指标）开始，通过评价指标来达到系统评价的目的。评价指标指的是评价的条目和要求，是一系列用来评价陈列展览的规范，如果陈列展览要为观众提供良好学习机会的话，这项指标必须在陈列展览中呈现。为了使陈列展览评价体系具有实际执行力，必须提炼和确定出那些反映陈列展览效果的相对独立的、可以定量或行为化的指标。

除了陈列展览评价指标体系由多个子系统及其众多评价指标构成外，每个子系统及其众多评价指标因其价值不同而有主次之分。为了使评价指标体系真实反映陈列展览的优劣效果以及具有导向作用，必须根据子系统或指标的价值分别确立不等的权重。

博物馆陈列展览是一项面向大众的思想与观点、知识与信息、文化与艺术、价值与情感的传播工程，其目的和宗旨是进行知识普及和文化传播，满足服务公众教育的需要。一个没有思想知识内涵、不能起到知识普及和发挥公共教育作用的博物馆陈列展览，纵然其表现形式如何花哨，那它一定不是一个合格的博物馆陈列展览。因此，陈列展览内容是博物馆陈列展览的核心，是展览的目的。

陈列展览的形式表现是对陈列展览内容的物化，是对内容的准确、完整和生动的表达。虽然陈列展览传播的观点和思想、信息和知识是理性的，但作为一种视觉和感性艺术，其表现的形式应该是感性的。即一个好的博物馆陈列展览，不仅要有思想知识内涵、文化学术概念，还要符合现代人的审美需求。只有具有较高艺术水准、有引人入胜的感观效果的陈列展览，才能吸引观众参观。因此，形式表现是陈列展览的手段。

四、博物馆陈列展览评价体系的主要内容

（一）博物馆陈列展览的内容评价

1. 陈列展览内容的评价指标

（1）陈列展览的选题意义，即陈列展览的题目和内容。陈列展览好比是提供给观众的"产品"，"产品"要有意义和思想性，要让观众感兴趣，就必须根据观众的需求来思考陈列展览的选题和内容。只有符合和满足观众需求的陈列展览，才是观众喜欢的陈列展览，才能取得理想的效果；反之，陈列展览也不会取得成功。

（2）陈列展览的思想性。思想性是评价博物馆陈列展览的重要原则。博物馆陈列展览必须坚持正确的舆论导向，遵循党和国家的方针政策，体现"以科学的理论武装人，以正确的舆论引导人，以高尚的精神塑造人，以优秀的作品鼓舞人"的宣传精神。

（3）陈列展览的科学性。科学性是博物馆陈列展览的前提。博物馆陈列展览不同于娱乐类商业陈列展览，其宗旨是传播思想、文化和知识，因此所提出的观念、观点、思想都必须是建立在科学研究基础上的，其展示的材料必须是科学的、真实的，辅助展品的创作必须符合科学性、真实性的原则。

（4）陈列展览的知识性。知识性是博物馆陈列展览的核心。陈列展览是一项面对大众的文化、知识、信息传播媒介，必须传达给观众观点和思想、知识和信息、文化和艺术等。没有知识性的陈列展览必定不是合格的博物馆陈列展览。

（5）陈列展览传播目的。博物馆展览是一种观点、思想、知识和信息的传播，任何展览都必须明确自己的传播目的，即展览想告诉观众什么。传播目的是陈列展览的灵魂，是博物馆展览策划、设计和表现的出发点和归宿，展览内容策划和形式表现设计必须以传播目的为导向，传播目的应贯穿于展览策划设计和表现的全过程。

（6）陈列展览主题结构演绎。主题是陈列展览的灵魂，主题提炼愈充分，陈列展览的思想性和教育意义就愈强，主题统领和贯穿于整个陈列展览的全过程。陈列展览的主题结构类似一部小说和电影的故事线，其演绎包括故事线的策划和点、线、面的规划，以及部分、单元和组的上下左右逻辑清晰度；主题结构演绎直接关系到观众参观的效果和陈列展览信息传播的有效性。

（7）陈列展览重点亮点规划。展览需要"作秀"，需要有"秀"的支撑。所谓"秀"即展览各部分或单元的重点内容，或展览传播的重要知识点和信息点。一个成功的展览，离不开展览"秀"的支撑。在展览文本策划中，我们要认真研究并选准每部分或单元的重要内容及其重要知识点、信息点，并且合理地做出规划。

（8）陈列展览的展示素材。陈列展览的展示素材包括两个方面：一是文物标本；二是故事情节素材。博物馆陈列展览主要是依靠实物"说话"的，通过实物揭示事物的本质，体现陈列展览的主题思想，实物是陈列展览的"主角"。实物展品的质量直接影响到陈列展览传播的质量，要选择那些最能揭示主题、最具典型性、最有外在表现力的实物做展品。同时，陈列展览要强调那些感人的故事性、情节性材料，那些见人见物见精神的素材。

（9）陈列展览的展品组合。展品组合类似电影的一个个分镜头。展品组合的要素包括文字说明、实物、图片、声像资料、辅助展品，它们之间必须是相互关联和呼应的，共同揭示一个主题。展品组合愈恰当巧妙，愈能传播陈列展览的信息。

（10）陈列展览的文字编写。陈列展览文字编写是陈列展览的重要组成部分，包括各级版面文字、辅助展品创作文字和背景信息文字。其中，前言、部分、单元、组和小组以及重点展品说明文字尤其重要，它们是展览重要的传播媒介，直接关系到观众对展览的阅读理解和参观效果。

2. 陈列展览内容子系统单项指标评价标准

（1）"陈列展览选题意义"评价标准如下：

1）选题新颖，富有创意。

2）反映本馆、本地或本领域的特点或优势。

3）契合观众的兴趣与需求。

（2）"陈列展览的思想性"评价标准如下：

1）符合正确的舆论导向，体现"以科学的理论武装人，以正确的舆论引导人，以高尚的精神塑造人，以优秀的作品鼓舞人"的精神。

2）体现时代精神，贴近生活、贴近社会、贴近群众。

3）具有较高的思想水平。

（3）"陈列展览的科学性"评价标准如下：

1）提出的观点、思想、知识和信息正确真实。

2）展示材料（文物标本）真实可靠。

3）辅助展品制作有学术支撑。

（4）"陈列展览的知识性"评价标准如下：

1）有文化学术概念，有思想知识内涵。

2）对观众有教育意义，让观众得到学识与经验、知识与信息、情感与价值上的满足和收获。

3）对观众产生观念和行为上的影响，能提升观众思考，影响观众的观点和思想，甚至实现超越，转变信念与态度，并且采取行动。

（5）"陈列展览传播目的"评价标准如下：

1）陈列展览有明确的总的传播目的。

2）以传播目的为导向系统组织、规划展览内容。

3）各部分、单元和组的传播目的明确，并且统一和服从于展览总的传播目的。

（6）"陈列展览主题结构演绎"评价标准如下：

1）陈列展览主题提炼充分，思想性和教育意义强。

2）陈列展览主题逻辑结构（故事线）策划演绎巧妙。

3）部分、单元和组的上下左右逻辑关系清晰，点、线、面规划合理。

（7）"重点亮点规划"评价标准如下：

1）各部分或单元重要内容选择准确，规划合理。

2）重要知识点和信息点选择准确，规划合理。

3）展览内容的重点亮点突出。

（8）"陈列展览展示素材"评价标准如下：

1）展示素材（文物标本）历史、科学、艺术价值高。

2）展示素材能揭示主题或说明问题，具有典型性和代表性，外在表现力强。

3）展示素材具有情节性和故事性，见人见物见精神。

（9）"陈列展览展品组合"评价标准如下：

1）图文版面、实物、声像资料和辅助展品相互关联呼应，共同表现一个主题或说明一个问题。

2）展品组合巧妙，层次清晰，知识信息传达力强。

3）展品组合主次分明、重点突出。

（10）"陈列展览文字编写"评价标准如下：

1）陈列展览文本文字（版面文字、辅助展品创作文字）编写齐全、规范。

2）版面文字（前言、部分、单元、组和小组以及重点展品说明文字）可读、精练、有感染力。

3）背景信息文字（多媒体检索文字）准确、可靠、完整。

（二）博物馆陈列展览的形式设计与制作评价

1. 形式设计与制作的评价指标

（1）空间规划。空间规划是指在对博物馆展陈空间结构、陈列展览内容和参展展品分析研究的基础上，科学合理地划分各单元内容的平面布局和面积分配，包括点、线、面布局规划以及陈列展览的走向和观众参观动线。

（2）重点亮点。在对陈列展览传播目的、陈列展览主题和内容分析的基础上，准确理解和把握陈列展览各部分和单元的重点和亮点。陈列展览要突出重点和亮点，重点和亮点就是陈列展览的重要知识点和信息点，是陈列展览的"秀"。

（3）图文版面。图文版面是陈列展览的重要组成部分，是陈列展览信息传达的主要媒介，图文版面设计主要包括陈列展览的版面说明文字、图片、图表等的信息组团和视觉审美两个方面。

（4）辅助艺术。辅助艺术是指陈列展览中作为辅助表现手段的二维和三维辅助艺术品，如壁画、油画、国画、半景画、全景画、场景、雕塑、蜡像、模型、沙盘、景箱、场景等。辅助艺术品对陈列展览主题和内容的表述、信息的阐释和艺术感染力的营造具有重要作用。

（5）科技装置。科技装置是指陈列展览中作为辅助表现手段的科技信息装置，包括多媒体、动画、互动装置、虚拟现实、幻影成像、影像处理、音效、影院、情景剧场、视频投影、实验装置等。通过这些高科技辅助系统，能使展示手段突破传统的文字图片加说明的做法，强化陈列展览信息的传播和交流，增强陈列展览的参与性、交互性和趣味性。

（6）展品组合。展品组合是指在同一主题下文物标本、图片、声像资料和辅助展品的集合组团。展品组合越合理巧妙，信息层次安排越清晰，越能起到传播陈列展览信息和知识的作用，越便于观众接受陈列展览传递的信息。

（7）展示家具。展示家具是指陈列展览用的展柜、展具、展板、支架等，展示家具对文物展品的保护和展示效果具有重要作用。

（8）照明设计。照明设计是指陈列展览中使用的照明工具及其作用。博物馆陈列展览中的照明设计有三方面的作用：一是文物保护；二是艺术表现；三是环境和氛围营造。

（9）人文关怀。陈列展览的人文关怀是指陈列展览的人性化设计，包括对陈列展览的人体工程学、陈列展览标志系统、绿色环保和安全等方面的考虑和安排。

（10）环境氛围。陈列展览的环境氛围是指展厅的环境和氛围设计和营造，其作用主要体现在两个方面：一是为观众营造一种舒适、温馨、引人入胜和富有艺术感染力的参观环境；二是起到烘托展示内容的作用，与建筑空间、陈列展览内容完美结合，相互呼应，相得益彰。

2. 形式设计与制作子系统单项指标评价标准

（1）"空间规划"评价标准如下：

1）陈列展览内容体系——点、线、面的布局清晰合理，传播信息点清楚。

2）依据重要和次要程度，合理分配各部分或单元的面积和平面布局，做到重点突出，布局得当，分割有致。

3）依据重要和次要程度，合理分配各部分或单元属下内容的面积和平面布局。

4）陈列展览的走向和观众参观动线规划科学合理，做到展线流畅，通透绵延，富有节奏感。

（2）"重点亮点"评价标准如下：

1）能准确地把握住陈列展览各部分或单元的重点和亮点（重要知识点和信息点），并进行重点表现。

2）针对重点和亮点的具体情况，选用最适宜、有效的展示手段和表现方式，不为"秀"而秀。

3）形式表现能准确、完整、生动地表现陈列展览的重点和亮点，表现手段不仅信息和知识传达力强，还有吸引力。

（3）"图文版面"评价标准如下：

1）符合"图文版面信息传达第一"的原则，图文版面中文字、图片、图表等的组合、布局、体量合理，主次分明，重点突出，满足信息传达和内容传播的需要。

2）符合"图文版面审美传达"的原则，版面中各要素在形态、构图、色彩、光效等方面的设计达到优美的视觉效果，满足观众的审美需求。

3）各级（一级、二级和三级）看板的规格和风格整齐统一，标志清晰，有助于观众熟悉陈列展览的内容体系及其层次。

（4）"辅助艺术"评价标准如下：

1）传播目的明确，艺术表现元素与表现内容要高度吻合，信息阐释和传播力强，能准确和完整地表达展示的内容。

2）辅助艺术品要创意新颖，避免雷同，构图巧妙，艺术表现的逻辑清晰程度高，制作工艺先进，艺术感染力强。

3）辅助艺术品的创作要符合真实性和科学性原则，有学术支撑，有依据地进行再现和还原，保证历史或事实的真实性。

（5）"科技装置"评价标准如下：

1）传播目的明确，信息阐释、传播和交流能力强，能准确和完整地表达展示的内容。

2）参与性、交互性、趣味性强，操作简便，设备和性能稳定，容易维护，有技术和安全的保障。

3）科技装置所表现的内容要符合真实性和科学性原则，有学术支撑。

（6）"展品组合"评价标准如下：

1）文物标本、图片、声像资料和造型艺术的集合组团要相互呼应，能有效表现陈列展览的内容和传播的信息。

2）展品组合中各要素在位置、体量、色彩上的安排主次分明，重点突出。

3）展品组合的信息层次清晰，便于观众参观和接收信息。

（7）"展示设备"评价标准如下：

1）展示设备（通柜、独立柜、斜柜及其玻璃）的设计和型号规格选用合理。

2）展示设备的造型及其尺度比例合适，满足展示效果。

3）展示设备的开启方便，便于展品更换和清洁。

4）展示设备的技术可靠，符合环保和文物保护的要求。

（8）"照明设计"评价标准如下：

1）采用专业照明，光源、灯具的品牌、型号、性能和质量选用合理。

2）灯具的数量和布点合理。

3）照明设计满足文物保护、艺术表现效果和眩光控制的要求。

4）符合国家博物馆照明设计相关规范。

（9）"人文关怀"评价标准如下：

1）展线长短、展项高度和视角、展品密度、光线明暗度等满足人体工程学的基本要求，符合人体体验舒适度。

2）休息设施安排周到，陈列展览标志系统指示科学合理，具有较强的观众导向能力。

3）天、地、墙基础装饰设计及其材料符合绿色、环保和安全标准。

（10）"环境氛围"评价标准如下：

1）陈列展览具有浓郁鲜明的文化氛围和独特的艺术风格。

2）建筑空间与陈列展览内容完美结合，相互呼应，相得益彰。

3）能为观众创造一个舒适温馨、引人入胜和富有艺术感染力的参观环境。

（三）博物馆陈列展览推广与服务子系统评价

1. 推广与服务子系统的评价指标

（1）宣传推广。博物馆要利用大众媒体和其他宣传手段，积极主动地宣传陈列展览。同时，还要加强公关工作，积极与社会各界联系，特别是与大中小学、旅行社和社区联系，积极争取和吸引观众前来参观陈列展览。

（2）观众接待。热情接待观众是增强博物馆陈列展览吸引力的一个重要方面。观众好比是博物馆的客人，只有热情亲切地接待观众，才能吸引更多观众参观陈列展览。观众接待工作的好坏直接影响博物馆陈列展览的参观人数和参观效果。

（3）导引讲解。导引讲解是博物馆陈列展览教育活动的一个重要组成部分，其重要性

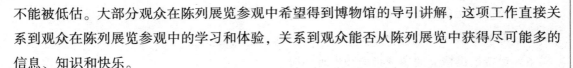

不能被低估。大部分观众在陈列展览参观中希望得到博物馆的导引讲解，这项工作直接关系到观众在陈列展览参观中的学习和体验，关系到观众能否从陈列展览中获得尽可能多的信息、知识和快乐。

（4）延伸教育。陈列展览固然是博物馆主要的教育方式，但仅此是不够的。现代博物馆经营越来越重视围绕或配合陈列展览开展一系列延伸和拓展服务，以提高博物馆陈列展览的效益并提供给观众更丰富的知识和信息，推动博物馆实现教育功能最大化。

（5）生活服务。参观陈列展览的观众成分复杂，有老年人、残疾人、携儿带女的父母、背负行李的游客等，他们往往有种种生活上的不便；另外，观众除了参观陈列展览外，往往有各种生活上的需要。因此，为了方便观众的各种生活需求，博物馆应该为观众提供生活便利，这也是博物馆陈列展览教育活动必不可少的组成部分。

（6）文化产品。为了满足观众的文化需求，博物馆精心设计和开发了一系列具有本馆特色、文化个性和艺术品位的文化产品，包括礼品、图册、书签、纪念章、贺卡等，这不仅可给观众以美好的记忆和回味，也是陈列展览教育活动的重要延伸部分。通过一系列文化产品和服务，使博物馆真正融入人民群众的生活。

（7）观众研究。重视对观众的研究。为了更好地服务观众，博物馆开展了专门的观众调查工作，了解观众的兴趣和需要，以便更好地满足观众各方面的需要。

2. 陈列展览推广与服务子系统单项指标评价标准

（1）"宣传推广"评价标准如下：

1）有具体的陈列展览宣传推广计划。

2）利用大众媒体以及其他宣传手段，积极主动地宣传陈列展览。

3）积极与社会各界联系，特别是与大中小学、旅行社和社区联系，积极争取和吸引观众参观陈列展览。

4）策划、设计和制作系列陈列展览宣传资料。

（2）"观众接待"评价标准如下：

1）有具体的观众接待计划和接待人员守则。

2）有经过规范化培训上岗的接待人员，统一的制服和胸卡。

3）有接待观众的专门设施，包括接待室和咨询台等。

4）设立清晰的有中、英等多语种的标志系统和温馨提示牌。

（3）"导引讲解"评价标准如下：

1）有专门的陈列展览讲解稿和讲解员手册。

2）有经过培训上岗的讲解员队伍。

3）提供中、英、日等语种的陪同导引讲解。

4）为特殊观众提供个性化的导引讲解。

5）配备多语种的语音导览设备。

6）免费提供精美的参观指南和参观手册。

（4）"延伸教育"评价标准如下：

1）围绕和配合陈列展览，开展示范表演、探索活动、视听欣赏、动手做、研习活动。

2）围绕和配合陈列展览，开展一系列专题讲座、学术会议。

3）围绕和配合陈列展览，开展有奖竞赛、夏令营、户外考察等。

4）围绕和配合陈列展览，为专业观众开放库房、实验室、研究室等。

5）围绕和配合陈列展览，出借复制品、录像、藏品等资料。

6）举办流动陈列展览。

（5）"生活服务"评价标准如下：

1）有专门的观众生活服务实施计划和方案。

2）生活设施齐全完善，包括休息室、饮食、商店、包裹寄存、残疾人车和专用道、育婴室、自动电梯、中英日韩等多语种的广播求助系统等。

3）生活服务周到细心，饮食和商品价格合理。

（6）"文化产品"评价标准如下：

1）有专门配合陈列展览的文化产品开发方案。

2）精心设计和开发具有本馆特色、艺术品位的文化产品，包括礼品、图册、书签、纪念章、贺卡等。

3）文化产品差异化，定价差异化，价格合理，满足不同观众的需求。

4）提供文化产品包装、邮寄等服务。

（7）"观众研究"评价标准如下：

1）有认真制订的针对展览的观众调查方案。

2）由陈列展览博物馆或委托专门机构开展观众调查工作，了解观众的兴趣和需要。

3）有观众反馈机制，搜集观众对展览以及博物馆其他工作的意见。

（四）博物馆"观众反映"的评价

1. "观众反映"子系统的评价指标

（1）舒适度。一个优秀的陈列展览会带给观众身、心两方面的舒适感。高舒适度将带来其他积极的经验，相反则不然。

（2）吸引度。一个优秀的陈列展览对观众来说是有吸引力的，它吸引观众提高注意力，吸引观众是通向他们发现陈列展览传播意义的第一步。

（3）提升度。一个优秀的陈列展览应当提供给观众众多机会去感受成功以及丰富他们的学识，帮助观众获取有意义的经验。

（4）有意义程度。一个优秀的陈列展览应该为观众提供认知和情感上的体验，让观众发现他们在认知和情感上发生了短暂甚至长期的改变。

2."观众反映"子系统单项指标评价标准

（1）"舒适度"评价标准如下：

1）设置路线标示系统和内容导览系统。

2）有方便的地方以供休憩。

3）照明、温度及音响水平是恰当的。

4）一切都保存、运转、维护良好。

5）符合人体工程学，陈列展览内容可以被轻松地理解、浏览及使用。

6）陈列展览鼓励观众自行安排参观体验活动。

7）观众能明确感受陈列展览的宗旨及观点。

8）陈列展览能面向不同文化背景、经济阶层、教育程度及年龄层次的人。

（2）"吸引度"评价标准如下：

1）物理环境看上去有趣并激发观众探索。

2）展品吸引观众的注意，并使他们放慢脚步观看，花时间参与许多内容并产生互动。

3）展品是有趣味的，具挑战性的，好玩的，引起好奇心的，能对生理心理产生刺激的。

4）展品组合鼓励促进交际行为（观众交流），展品鼓励观众同他人朗读讨论展品资料。

5）陈列展览能让观众体验各式各样的展示形式（例如图形、文字、实物、视听资料、计算机、复制品、模型），达到多重感官体验，包括视觉、听觉、运动觉、触觉等。

6）无论观众先前的知识程度或兴趣如何，都有感兴趣的参观活动可参与。

（3）"提升度"评价标准如下：

1）陈列展览体量不是很大，参观活动"刚好足够"。

2）陈列展览具有挑战性或复合的陈列展览体验，使观众在理解信息后能促进观众产生学习的信心与动力，继续参观过程。

3）展览具有逻辑性，通过巧妙的编排使观众容易接受和理解。

4）陈列展览中不同部分的信息、观点是相辅相成、彼此加强的。

5）展品信息基于展品本身，是展品信息原本的展现。

（4）"有意义程度"评价标准如下：

1）无论观众知识水平或动机有何差异，陈列展览的观点及实物与其经历相关，易被接受。

2）陈列展览表明其内容是有价值的，材料是及时的、重要的并与观众的价值观产生共鸣。

3）陈列展览内容触及人们普遍关注的，且不回避深层次的、具争议的问题。

4）陈列展览不仅给予观众获得知识和信息的方式和方法，还起到了提升观众思考、改变观众认识、影响观众态度和行为的作用。

第四章 博物馆文物保护技术研究

第一节 博物馆铁质文物保护技术

一、铁质文物清洗除锈

清洗是指使用物理或化学方法去除文物上妨碍展示、研究或保存的附着物，如土垢、有机无机污染物及之前保护与修复残留附着物。除锈通常指去除铁器的疏松锈层，除锈程度将直接影响脱盐和封护剂的使用效率。对于一些妨碍展示、研究或保存的表面附着物，一般情况下应清洗去除。需要注意的是，清洗是不可逆操作，在对一些附着物清洗前，需要了解其是否具有考古或保护研究的价值。如包裹织物的残留、剑鞘残留物等，应予以保留；对于一些可以反映埋藏环境和腐蚀化学过程的附着物，也应保留。如果必须清洗，则应该将去除的附着物放入有标签的小玻璃瓶中，与保护处理档案一起保存，以便于日后的研究。

在对铁质文物进行清洗除锈之前，了解文物的现状与保存历史是非常重要的，可通过调阅文物保存处理档案和利用仪器分析，了解文物所经历的人工干预方式和过程、表面附着物性质和文物整体结构状态等信息，为清洗除锈方案的制订提供依据。如果铁质文物结构强度较大，矿化程度较轻，则可以整体浸泡或者超声波加速浸泡清洗；结构松散或者已经丧失了大部分力学性能的铁器，则不适合整体清洗，如确需进行，则应在结构加固后采用温和方式进行。

（一）清洗除锈的方法

1. 机械法

机械法是指利用物理摩擦接触原理，采用手工或电动工具等，清除铁质文物表面的附着物及疏松锈蚀物。手工除锈比较方便、灵活，需要设备少，特别适用于含沉积物较多、锈层较厚的出水铁质文物的现场除锈。常用的工具有榔头、小锤、凿子、铲刀、钢丝刷。小型电动设备包括小型角磨机、小型电钻、刻字机等，这些工具轻巧、灵活、便捷，可适用于各种小件铁质文物的清洗除锈要求，同时可以有针对性地去除大型铁质文物边角处的附着物和锈蚀物，效率较手工大大提高。实际操作中，手工与电动经常联合使用。使用机械清除需要严格控制力度，对于表面有金、银饰等较为珍贵的铁质文物，应由有经验的人员在放大灯或显微镜下操作。

2. 喷砂法

喷砂法是通过喷砂机将一定尺寸的砂砾喷射到生锈的铁质文物表面，通过砂砾与锈蚀层的物理碰撞摩擦，来将锈层剥离。主要设备有干式喷砂机、湿式喷砂机等，分为开放式和密闭式两种。开放式喷砂机虽然机械程度高，除锈质量好，但使用的磨料一般不能回收，对环境造成的污染比较严重。密闭式（箱式）喷砂机和循环回收式喷砂机除了具有开放式喷砂机的优点外，还具有磨料自动完成回收分选功能，使用成本低，喷砂时无粉尘、利于环保、清洁耗气量小、气压可以任意调节等。喷砂效果主要由喷砂介质（磨料）决定，磨料分为效果强烈的金属磨料和效果柔和的树脂磨料。

在铁质文物除锈中，磨料和设备的选择非常重要，需要根据铁质文物的材质及具体的腐蚀程度来决定。目前使用在铁质文物除锈上的磨料主要有石英砂、刚玉砂、塑料砂、玻璃珠、核桃皮粉末等，颗粒有粗、中、细之分。设备主要有密闭式（箱式）喷砂机、小型喷砂机、用于精确操作的专业喷砂机，喷砂压力范围在 4~6MPa，喷嘴尺寸可在 4~10mm 内变更。操作者可根据器物的大小及锈蚀状况，选择不同的喷砂设备、磨料种类与颗粒度，调换不同的喷砂压力与不同尺寸的喷嘴，以控制喷砂气流，从而达到较好的除锈效果。

3. 化学法

化学试剂法即采用溶剂或乳液等与铁锈发生化学反应来溶解金属表面的锈蚀层，从而达到清洗除锈的目的。此方法一般需要对表面进行多次处理，清洗周期长，在铁质文物保护处理中是普遍采用的方法。目前用于铁质文物清洗除锈的化学试剂很多，主要包括柠檬酸、草酸、磷酸、EDTA 二钠盐等。在实际操作中，应根据器物的材质、腐蚀程度、表面硬结物及原埋藏环境的不同，选用不同的化学除锈剂。使用化学除锈剂除锈后，均须用蒸馏水反复清洗，以防止药物残留在器物上，然后配合使用小型机械或电动工具，除去铁器上的锈蚀。

（1）煤油。可去除金属表面附着的油腻和污物，并可软化铁锈。但要注意的是，煤油渗入后较难置换出来，会加深铁质文物的表观颜色。

（2）柠檬酸。可溶解铁的锈垢。柠檬酸铁的溶解度小，如果在柠檬酸清洗液中加入氨水，调节 pH 至 3.5～4.5，生成柠檬酸单铵，可以和铁离子生成柠檬酸亚铁和柠檬酸铁的配合物，对铁的氧化物具有很高的溶解度。常用浓度为 5%～10%（质量比），其毒性较小，但其浓溶液会刺激黏膜。

（3）草酸。草酸对铁锈具有很好的溶解能力，主要用于清除铁的氧化物。铁的氧化物的溶解作用除了与其酸性有一定的关系外，更重要的是其螯合作用。部分草酸盐是难溶于水的，因此，不能用硬水配制草酸清洗液，应使用纯净水，为 5%～10%（质量比），有毒，而且其酸性对皮肤和黏膜有刺激和腐蚀作用。

（4）正磷酸。具有较强的络合能力，与铁的氧化物生成可溶性的络合物。正磷酸对铁基体的腐蚀作用较小，常用浓度为 10%，无毒性，有一定的刺激性。

（5）EDTA 二钠盐。具有较强的络合能力，与铁的氢氧化物生成可溶性的络合物。EDTA 二钠盐对铁基体有一定的侵蚀作用，常用浓度为 2%～5%（质量比）。常使用氢氧化钠将其 pH 值调至 8～10，无毒性，但有一定的刺激性。

将脱脂棉涂敷锈蚀处，并将配制好的清洗除锈溶液滴于脱脂棉上，使其完全浸润。待锈蚀软化后，去掉脱脂棉，配合使用手术刀、牙钩或小型电动工具除去锈蚀物，最后用蒸馏水反复清洗，直到药液完全去除。需要掌握涂敷时间，避免药液长时间作用对文物基体造成伤害。

4. 超声波法

超声波清洗是利用超声波在液体中的空化作用。在超声波作用下，液体分子时而受拉，时而受压，形成一个个微小的空腔（激发或细小气泡，直径 50～500 微米，并被清洗液蒸气充满），即所谓的空化泡。由于空化泡的内外压力相差很在大，待空化泡破裂时，会产生局部液体冲击波（压力可达几百个大气玉）。在此压力作用下，黏附在金属表面的各类污垢会被剥离。与此同时，在超声场作用下，清洗液的脉动和搅拌加剧，溶解和乳化加速，从而加速了清洗进程。使用超声波清洗铁质文物时，应注意文物本体的力学结构是否稳定，矿化严重和结构疏松的文物不适合进行超声波清洗。进行水溶液超声波清洗时，可使用氢氧化钠等碱性物质将 pH 值调至碱性，以减缓铁器的腐蚀。质地较好的小件铁质文物，较适宜采用超声波清洗方法。

5. 蒸气清洗

蒸气清洗基本原理是水在完全密封的蒸汽机加热炉缸中被加热成蒸气，在加热过程中，缸内压力会相应渐渐提高，喷射出的饱和蒸气温度可高达 180℃。利用饱和蒸气高温及外加高压，清洗零件表面的油渍污物，并将其汽化蒸发。在高温高压作用下的饱和蒸气，能在被清洗表面有效作用半径内自动捕捉和溶解微小的油渍物颗粒，并将其汽化蒸发。同时，过饱和蒸气可以有效切入任何细小的孔洞和裂缝，剥离并且去除其中的污渍和残留物。过饱和蒸气清洗具有操作方便与绿色环保的特点。使用时应注意蒸气清洗机的出口压力，喷头与被清洗文物必须保持合适的距离，可采取先远后近的方式进行清洗。

6. 激光清洗法

目前工业生产中主要采用干式和蒸气式（湿式）激光清洗方法。干式清洗是将激光直接照射在被清洗物体表面，使污染物吸收激光能量后迅速升温，进而产生一系列物理效应，最终使污染物与基体脱离，同时不会对基体产生损伤。蒸气式激光清洗是在被清洗物的表面喷洒或涂敷一层薄薄的液体，在激光照射下产生蒸气，使得污染微粒在蒸气的作用下脱离基体，达到清洗的目的。激光清洗因其自身的优点而在许多领域中逐步取代传统的清洗工艺。例如激光清洗具有无研磨和非接触性，可消除机械作用力对清洗物体的伤害；激光清洗具有选择性，根据器物的锈蚀程度来控制清洗强度，同时不损伤基体，有利于环境保护。早在 20 年前，英国就用红宝石脉冲激光成功清洗了大理石雕刻上的风化壳层。激光清洗技术已应用于石质文物、青铜、油画、陶瓷、象牙文物、纺织品、木质彩绘清洗等方面，其中在石质文物上应用最为先进和成熟。

目前，激光技术在文物清洗中常用蒸气式激光清洗，以及用激光使污物松散后，再用非腐蚀性的化学方法去污两种方法。利用激光进行清洗时，激光器的选择极为重要，目前激光器的种类比较多，如 CO_2 激光器、Nd：YAG 激光器和准分子激光器等。在文物清洗中，常用 Nd：YAG 激光器，以中等脉冲宽度（$50\sim110\mu s$）工作。

（二）清洗除锈的步骤

1. 清洗除锈的方案

制订清洗除锈方案，通常包括下列步骤：

（1）调查器物收藏前的环境，如文物的埋藏环境和水下环境。

（2）仔细观测器物的原始状态，并拍照记录，测量器物尺寸。

（3）判断铁质文物材质，分析附着物与锈蚀产物，评估器物残损及腐蚀状况，绘制器物病害图。

（4）可使用 X 射线探伤等方法了解铁质文物的结构稳定性和矿化程度。

（5）综合上述情况，选择适宜的清洗除锈方法。

2. 除锈的保护原则

锈蚀去除程度主要依靠分析检测数据和文物保护工作者的经验来确定。根据工作经验，对于铁质文物的除锈处理，总结以下类型的除锈保护经验：

（1）对于已完全矿化的铁器，为了展览需要，可只去除表面的硬结物及疏松锈蚀，或带锈保护。

（2）对于出土铁器，可选择手动、小型电动除锈工具或喷砂机。

（3）对于出水大型铁器（如铁炮、铁锚），因其体积较大而且表面附着一层较厚的海洋沉积物，先采用手工方法除去大块沉积物，之后选用喷砂机除锈。磨料适合选择目数稍大的刚玉砂料，并结合角磨机进行边角部位的除锈。

（4）对于室外保存的大型铁器，表面锈蚀物较少，可选择手提式喷砂机除锈，磨料适合选用树脂或塑料砂。

（5）对于表面有纹饰或嵌金银类的铁器，锈层较薄，宜采用化学与机械相结合的方法去除锈蚀物。

（三）清洗除锈的工具和材料

第一，常用工具。常用工具有软（硬）毛刷、脱脂棉、棉签、竹刀、竹扦、手术刀和放大镜等。一般遵循由软到硬、由轻到重的原则。使用硬质工具如手术刀时，应在放大镜辅助下进行。其他工具有微型电磨、手持式刻字机、角磨机和超声波清洗器等，以及密闭式喷砂机、环保喷砂机、手提喷砂机与微型喷砂机。此外还有牙钩、镊子、卷尺、温湿度记录仪、照相机、小型五金工具包、喷水壶、烧杯、量筒、滴瓶等。

第二，常用材料。常用材料有护目镜、手套、帽子、口罩、工作服、脱脂棉、取样袋、标签，以及分析纯柠檬酸、草酸、正磷酸、六偏磷酸钠、EDTA 二钠盐等试剂，还有蒸馏水（或纯净水）、乙醇、丙酮、煤油、表面活性剂等。

二、铁质文物脱盐

（一）铁质文物脱盐的方法

铁质文物中氯的存在是其不稳定的重要原因之一，特别是海洋出水铁质文物。与陆地保存铁质文物的表面沉积物不同，海洋出水铁质文物表面覆盖一层非常坚硬的主要由碳酸钙组成的沉积物，Fe^{3+}、Fe^{2+} 及 H^+ 等离子可迁移进入沉积物中，同时海水中的氯离子等可迁移进入器物内，一些海洋出水铁质文物含有约 12% 的氯。氯离子能够阻止钢铁表面生成的活性 $\gamma\text{-FeOOH}$ 向非活性 $\alpha\text{-FeOOH}$ 转变，并且破坏钢铁钝化膜的形成；氯离子能够加速点蚀、应力腐蚀、晶间腐蚀和缝隙腐蚀等局部腐蚀。因此，去除铁质文物内的氯化物等有害盐对保持铁器的稳定性具有重要作用，铁器脱盐实质上主要是脱除氯化物。

在铁质文物脱盐前，应该充分了解器物矿化程度及有害盐含量。根据文物自身的状况选择脱盐方法。如果是完全矿化铁器，因在环境控制情形下不会发生进一步腐蚀，脱盐已无必要。

目前铁器的脱盐方法主要有索氏提取法、碱液浸泡法、碱性亚硫酸盐还原法、电解还原法等，可根据器物的大小、腐蚀程度及有害盐含量选择合适的脱盐方法。

1. 索氏提取法

索氏提取法脱盐过程为：将器物置于容器内，容器底部用玻璃棉衬垫。蒸馏瓶内装满蒸馏水，蒸馏水经加热后汽化，通过上部冷凝器回流进入提取器内，这样可以保证容器内蒸馏水处于无氯状态。待容器内蒸馏水到达虹吸管高度时，水溶液将通过虹吸管进入蒸馏瓶内，开始下一个循环，一次循环大约需要 3 小时。瓶内蒸馏水应多于容器内的蒸馏水，以保证蒸馏瓶内有足够的水形成水蒸气。整个脱盐过程需要将纯的氮气通入蒸馏瓶内，以保证水溶液处于无氧状态，防止锈蚀产生。在清洗处理过程中，可随时从玻璃活塞处收集水溶液，以监测氯含量。该方法适合处理小件或易碎铁器。对于易碎器物，应将其装入尼龙袋内，以避免产生碎片。对于刚出水尚未氧化的铁器，由于未形成 $\beta-FeOOH$，使用索氏提取法效果会更好。该方法也适用于表面饰有锡、银等金属或表面覆盖有机物的铁器。

2. 碱液浸泡法

碱液浸泡法无需特殊装置，因此应用较为广泛。碱液浸泡法主要有两种方法：

（1）NaOH 水溶液浸泡法。将去除表面浮锈和污垢的器物放在适当容器中，用足以浸没器物的 NaOH（2%w/w，0.5mol/L）水溶液浸泡。NaOH 溶液体积至少是器物体积的 5 倍，定期监测清洗液中氯离子浓度，根据需要更换 NaOH 溶液，直到清洗液中的氯离子基本去除。之后，将器物完全浸泡于蒸馏水（或去离子水）中，以除去多余的 NaOH，浸泡时间应在 4 周以上。浸泡初期，NaOH 水溶液的 pH 值保持在 10 以上，该条件下不易腐蚀铁器本身。更换蒸馏水（或去离子水）后，此时因水溶液 pH 值下降，需要在溶液中加入一定量的缓蚀剂，应尽量选择无毒无害的缓蚀剂，如硅酸钠、钼酸钠等。

（2）LiOH 甲醇溶液浸泡法。一般情况下，LiOH 甲醇溶液吸取氯化物的速率要比 NaOH 慢，但用 LiOH 法处理后的器物，其氯化物更易去除，器物更易干燥。另外，LiOH 法对有机物（如木制品和丝织品）没有损坏。需要注意的是，大件器物碱液浸泡后的废水须用酸液中和，才可排放。

3. 碱性亚硫酸盐还原法

将器物置于装有 0.5mol/LNaOH+0.5mol/LNa$_2$SO$_3$溶液的合适容器内，容器必须密闭，之后将溶液缓慢加热到 60℃~90℃，并在此温度下保持一段时间，根据溶液中氯离子的含量决定更换溶液或判断浸泡结束时间。碱性亚硫酸盐可以阻止二价铁向三价铁转化，这样不会有新锈蚀物沉积在已经形成的腐蚀产物孔洞内，有助于氯离子扩散。碱性亚硫酸盐法必须使用密闭容器，因为大气中的氧气会与溶液中的 SO_3^{2-} 反应生成 SO_4^{2-} 而使溶液失去还原能力。碱性亚硫酸盐不仅能增大铁器腐蚀产物中氯离子的排出速度，还能使铸铁石墨区坚固化。碱性亚硫酸盐还原法更适用于处理小型器物，因为可加热的大型容器造价较高。用碱性亚硫酸盐还原法处理出土铁器比处理海水打捞铁器效果要好。

4. 电化学还原法

以待处理器物做阴极，不锈钢或碳钢做阳极，外接直流电源，选择合适电压或者电流密度清洗，其作用过程类似碱性亚硫酸盐还原法。

首先去除器物表面大块腐蚀层，之后将器物置于电解槽中部，周围留有足够空间（器物至电解槽周边距离以 20~80cm 为佳）以放置阳极板。对于体积较小的器物，最好在电解槽中部上方固定一根杆，用于悬挂；对于体积较大器物，最好置于特定支架上。将阳极板牢牢固定，避免其移动而接触到阴极（被处理器物）。直流电源正极与阳极相连，负极连接被处理器物。电化学还原法脱盐一般采用恒电流法，锻铁的最佳电解条件为 150A/6V，铸铁为 20A/3V，电解液为 2%~5%NaOH 溶液，或 5%~8%Na_2CO_3水溶液。电解液体积应超过器物最高点 10cm 左右。采用恒电流法脱氯时，为了保证电流能均匀分布到整个器物表面，需要准确测量铁质文物的表面积，这一点比较难实现。在处理比较大铁器如铁炮时，电极须沿着长度方向在几个区域与基体接触。

根据溶液中氯离子含量决定更换溶液或者判断电化学处理过程结束，将电解液全部移走，之后进行简单清洗。整个清洗过程必须尽快完成，以避免腐蚀再度发生。随后在烘箱中至少烘 24 小时，或者在红外光下烘干。

注意事项：

（1）选择不易被电解液侵蚀的材料为电解槽，不宜选用塑料制品，因为在外接电流作用下，塑料易于变脆。

（2）电化学还原法主要应用于海洋出水铁质文物，而且只适用于有金属基体的铸铁或生铁。

5. 等离子体还原法

大英博物馆实验室于 1979 年最先开始使用等离子法。1990 年后，瑞士国家博物馆对等离子体处理方法展开研究。他们用 27.12MHz、4kW 发电机来产生氢等离子体。首先，将铁器固定在一个大的反应管中部玻璃板上，氢和氧混合压力保持在 20~90Pa，反应温度设置在 140℃以下（可用液体温度计等测定），发现铁器在显微结构上并未发生改变。这种方法可以减少一些锈蚀微裂纹，唯一的缺点是低温氢等离子体不能带走氯离子。处理之后，水洗器物可以很容易带走氯离子，例如使用碱性亚硫酸盐，可以作为第二步脱盐过程。第三步是用三氧化二铝（直径 37μm）或者直径不超过 50μm 的玻璃珠对铁器做机械处理。第四步在上述基础上，再次对样品使用碱性亚硫酸盐处理。

（二）铁质文物的脱盐步骤与原则

由于铁质文物埋藏（出水）环境不同和制作材质各异，其腐蚀类型、腐蚀程度与盐含量也有差异。

1. 铁质文物的脱盐步骤

铁质文物的脱盐处理通常包括下列步骤：

（1）首先判断铁质文物材质。

（2）调查器物收藏前的环境，如文物出土环境、水下环境。

（3）测量器物尺寸，计算其体积。

（4）分析器物有害盐含量，评估器物腐蚀状况，判断器物是否需要脱盐。

（5）考虑处理器物时的实际情况，如作业场地、气候、人员、经费等。

（6）综合考虑以上因素，选择适宜的脱盐清洗材料及工艺，并征求专家意见。

2. 铁质文物的脱盐原则

铁质文物脱盐可参考以下原则：

（1）已完全矿化的铁器，无须脱盐。

（2）对于小型铁器，可采用碱液浸泡法或者碱性亚硫酸盐还原法。

（3）对于出水大型铁器（如铁炮、铁锚），可采取电化学还原法脱盐。

（4）对于表面有纹饰以及嵌金银类的铁器，可采用较温和的 LiOH 甲醇溶液浸泡脱盐。

（5）对于易碎小件铁器，宜采用索氏提取法脱盐。

（三）铁质文物脱盐的设备、工具和材料

铁质文物脱盐的设备与工具主要包括：①盛装铁器的容器，最好采用不易腐蚀的材料，如玻璃器皿、塑料制品等；②索氏提取器，可加热的不锈钢容器，如水浴锅；③分析天平；④称量瓶、药匙、玻璃棒；⑤烧杯与容量瓶；⑥搅拌机；⑦小型五金工具。此外还有酸度计、温湿度记录仪、医用注射器、喷水壶、照相机等。

铁质文物脱盐的常用材料，主要包括胶手套、帽子、口罩，标签，pH 试纸，医用乙醇、脱脂棉，取样袋，卷尺，分析纯 $NaOH$、Na_2SO_3 蒸馏水（或纯净水），工业用酸。

三、铁质文物缓蚀

缓蚀剂是一种少量添加即能阻止金属腐蚀或减缓金属腐蚀速度的物质，是铁质文物保护技术的重要环节。缓蚀剂是一种当其以适当浓度和形式存在于介质中时，可以防止或延

缓金属腐蚀的化学物质或复合物。缓蚀剂种类繁多,根据其在介质中对金属电化学腐蚀过程影响可分为阳极型、阴极型和混合型。根据其在金属表面成膜特征可分为氧化膜型、沉淀膜型和吸附膜型。

由于铁质文物致密锈蚀中的 Fe(Ⅱ)和 Fe(Ⅲ)存在空轨道,容易接受电子,可与带孤对电子基团产生吸附。因此良好缓蚀体系中应具孤对电子的基团,在缓蚀体系中充当主剂,对金属铁和带锈铁器保护效果较好。缓蚀处理仅适用于仍存在金属基体的铁质文物。

铁质文物主要在库房保存或展厅中陈列,其腐蚀特征主要为大气腐蚀。大气腐蚀是铁质文物在大气中由于氧、水分及其他介质作用所引起的腐蚀行为。要使铁质文物长期保持稳定,对其缓蚀处理非常必要。

(一)铁质文物缓蚀剂的选择原则

在筛选和研发铁质文物缓蚀剂时,一般需遵循以下原则:

第一,文物保护原则。筛选、复配、改性铁质文物缓蚀剂时,除考虑缓蚀效果,所选材料必须严格遵守"最小干预""可再处理"和"不改变文物原状"的文物保护原则。

第二,环境友好原则。随着公众环保意识日益增强,一些效果良好的传统缓蚀剂已达不到防腐与环保的双重标准,一些高效缓蚀剂已弃之不用,开发性能良好的环境友好型缓蚀剂已成为主要研究方向。

第三,优良缓蚀效果。由于文物的特殊性,不可能频繁开展维护,因此,长效性是铁质文物缓蚀剂筛选和研发的主要指标。

(二)铁质文物缓蚀的处理工艺与要点

1. 缓蚀处理工艺

常用的缓蚀处理工艺主要有刷涂、喷涂、涂敷等。

(1)刷涂。刷涂是缓蚀工艺实施普遍采用的方法。其优点是工具简单,节省用料,受场地限制较少,渗透性较好;缺点是工作效率较低,缓蚀成膜质量受文物形制和操作者影响较大。

注意事项:刷子在使用前先去除脱落的刷毛,然后用溶解缓蚀剂所用溶剂润湿;避免取料过多造成回流现象;缓蚀剂一般须刷涂两遍以上,第二遍应与第一遍刷涂方向垂直,力求缓蚀形成的膜层厚度均匀一致。

(2)喷涂。喷涂是利用喷枪或高压柱塞泵等将缓蚀剂加压,喷出后形成雾化气流作用于文物表面。该法工效较高,膜层均匀,成膜质量受文物形制和操作者影响较小。

注意事项：喷涂时应采用先上下后左右或者先左右后上下的纵横喷涂方法；喷涂与文物表面应维持在同一水平距离上，防止喷枪高距离或弧形挥动。

（3）涂敷。涂敷是利用无酸性纸浆吸附缓蚀剂后均匀贴附在文物表面，并定期更换，最终使缓蚀剂在文物表面形成致密膜。其优点是可使文物在较长时间内处于缓蚀成膜状态，成膜效果较好，既解决了大型铁器无法浸泡预膜的难点，又解决了刷涂、喷涂等方法成膜不均的缺陷，尤其适用于成膜速度较慢的缓蚀剂。缺点是操作时间较长。

注意事项：纸浆须选用无酸性纸浆，更换周期为 24~48 小时；由于缓蚀剂的类型不同，涂敷时间也不等，一般为 7~10 天。

2. 缓蚀处理要点

（1）缓蚀工艺实施过程中，需要对文物进行遮蔽，避免大风、雨、尘等的影响。

（2）缓蚀工艺操作者须着工作服、戴口罩，根据缓蚀剂类型，必要时配备防毒面具，并且保证操作场地通风良好。

（3）缓蚀工艺实施完毕后，用热风机将缓蚀部位干燥，根据缓蚀剂类型不同，一般控制干燥温度低于 50℃；待热干燥后，再在常温下干燥一天，或借助设备常温干燥 0.5~1 小时，使缓蚀部位彻底干燥。[①]

（4）缓蚀期间的保护。文物缓蚀干燥后，应在 2 天内封护处理，在此期间，应避免尖锐物体或酸类液体损失缓蚀部位膜层。如遇下雨或其他天气因素暂时无法实施封护时，应对缓蚀部位遮蔽或覆盖，防止沾染尘土和水汽，影响缓蚀膜层附着力。待实施封护条件成熟时，需对缓蚀部位再次干燥，方可封护。

四、铁质文物加固修复

铁质文物因腐蚀或外力导致生锈、膨胀、龟裂、破碎及缺损等，有时需要加固与修复以增强其强度和结构稳定性。

（一）铁质文物加固修复的设备与材料

1. 铁质文物加固修复的设备

铁质文物保护修复操作应有相应的专业设备，如吸尘设备、清洗槽和工作台等，工作台需要有稳定支撑性能和良好的集尘性能，应有升降式旋转操作部分，可使较为沉重的文物 360°旋转而无须搬动。国内已有企业生产专业性文物保护工作台。

---

① 国家文物局博物馆与社会文物司：《博物馆铁质文物保护技术手册》，文物出版社 2011 年版，第 8-62 页。

2. 铁质文物加固修复的材料

铁质文物加固修复常用的材料有聚乙烯醇缩丁醛、三甲树脂、乙酸乙烯酯、环氧树脂、502 胶合剂、速成钢、微晶石蜡等。

（1）聚乙烯醇缩丁醛（polyvinyl Butyral，PVB）。密度为 $1.07g/cm^3$；折射率为 1.488（20℃）；吸水率不大于 4%；软化温度为 60℃~65℃；无毒、无臭、无腐蚀性；100℃以后发生热分解，在 200℃~240℃时几乎分解完全。溶于甲醇、丁醇、丙酮、甲乙酮、环己酮、二氯甲烷、氯仿、乙酸甲酯、乙酸乙酯、乙酸丁酯等。具有优良柔软性、耐寒性、耐冲击、耐紫外辐照和挠曲性，有较高透明性，可用于铁质文物加固。

（2）三甲树脂。三甲树脂即甲基丙烯酸甲酯（MMA）、甲基丙烯酸丁酯（BMA）和甲基丙烯酸（MA）的共聚体。溶于甲苯、丙酮等。一般制成品含固体量为 50%，颜色淡黄或白色。三甲树脂丙酮溶液性能稳定、渗透性强、透明度好、耐老化。

（3）乙酸乙烯酯。也称聚乙酸乙烯酯，简称 PVA、PVAc，是一种弹性聚合物。聚合物部分或全部水解用于制备聚乙烯醇。聚醋酸乙烯酯在水中为乳剂形式，为木材常用胶，称作白胶水（白胶浆），也广泛用于黏合其他材料。由于有较好柔韧性，可极大减少黏结时产生的内应力，因此适合松脆文物加固，但抗水性和抗溶剂性较差。

（4）502 胶合剂。又称氰基丙烯酸酯黏合剂，主要成分为 α-氰基丙烯酸乙酯，是单组分瞬干胶黏剂。其优点是无须加压加热在室温下数秒钟至数分钟即可固化，24 小时后强度达到最大值，配合使用其他黏合剂，可以避免所黏结文物在固化过程中错位。其柔韧性、耐热性、耐潮性和耐碱性较差，单独使用不适合文物黏结。

（5）环氧树脂。参见封护材料部分。环氧树脂对各种金属材料有良好黏结，但难以去除。文物保护中常用型号有 AAA 胶、瑞士金钱胶和安特固胶。对于薄胎金属文物、损坏比较严重的金属文物、一级金属文物应该慎用。

（6）速成钢。速成钢是同芯双组分环氧胶棒，固化迅速，黏结力优异，固化后强度高、硬度好，不收缩，可钻、锯、锉光、喷漆和机械加工。它是一种加强型修补剂，可填充与黏结钢、铁、铝等金属材料上漏孔、裂纹、砂眼、缺陷、断裂等。使用时切下所需用量，将胶体内芯与外皮两种不同材料用手快速糅合成一色（1~2 分钟），糅合后胶体会快速发生反应，发热柔软，将其压实或粘牢到修补处，常温下 3~5 分钟胶体开始固化，10 分钟左右可硬化。固化时间随环境温度不同而变化，温度越高，固化越快。

（二）铁质文物的加固方法

大多数文物锈蚀严重，有相当数量铁器已经部分腐蚀或完全腐蚀，丧失了部分或全部力学强度，因此需要加固以提高其强度。金属文物加固一般使用加固剂溶液对疏松部位渗透，使分散裂开的微小部分和结构重新成为稳定整体。

1. 加固原则

加固是一项补救性操作，由于加固与可再处理性矛盾，所以，加固强度不用来评判效果好坏，而采用"适度"原则。在满足后续保护操作、保存或展示情况下，应选用适当强度加固剂。

加固剂的一般要求是：无腐蚀性；对铁质文物有良好附着力；溶液固含量一定的情况下，黏度应较小；材料收缩率较低，材料膨胀系数应尽可能接近铁质材料；有可再处理性；操作工艺简便。

2. 加固操作

铁质文物的加固方法按照操作环境可分为常压加固和减压加固。

（1）常压加固。常压加固指在开放环境下滴加、涂刷和浸泡加固剂，操作简便，但渗透效果有限。应根据渗透加固深度，选用合适的溶剂溶解加固剂。表面加固可使用挥发速率较快的溶剂；一定深度加固时，应使用挥发速度较低的溶剂。为了增加渗透效果，可以使用低浓度再高浓度的加固方法。

体积较小铁器，可用微晶石蜡渗透加固。在容器中加热微晶石蜡使其熔化，将预处理铁器浸入，此时铁器上会有大量气泡逸出，待气泡消失后取出铁器，除去表面多余石蜡。

（2）减压加固。与常压加固相比较，减压渗透加固可取得较好的加固深度。减压加固的方法为：将文物放置于密闭真空容器中；抽真空并保持一段时间（约4小时）；通过管道向真空容器中加入加固剂溶液，浸没文物，维持真空度一段时间（约4小时）；恢复常压，保持文物浸没一段时间（约8小时）；除去多余加固液，取出文物干燥或消光处理。

3. 加固要点

（1）为使加固液充分渗入文物孔隙内，在保证加固强度情况下，溶液黏度应尽可能低，聚合物溶液浓度一般在5%以下。

（2）考虑到加固剂固化时体积收缩率、固化后膨胀系数和可再次处理等，加固剂应尽可能使用挥发黏结型聚合物，避免使用环氧树脂等交联固化型加固剂。

（3）应注意加固过程中加固剂的"反迁"现象。"反迁"是指加固剂溶液渗入多孔文物内部后，在有机溶剂挥发时将部分加固剂带出并在文物表面富集的现象。可以采用低浓度多次加固和降低溶剂挥发速度来减小"反迁"现象。

（三）铁质文物的修复方法

修复的目的是使破碎或残缺铁器恢复其结构稳定性或原貌，便于展览陈列和科学研究。我国铁质文物修复主要为拼接和修补。

1. 拼接

可使用黏结或加芯子钻接方法拼接。

黏结即使用黏合剂黏结拼接对象，如果拼接截面积较小但负荷力较大时，则可使用钻接方法。钻接的具体操作为：①先在断口铁基体处锉出新茬口（如铁器矿化程度较大则省略）；②在断口两侧对应中心打孔，孔深度根据器身长度而定，器身越长，孔洞相对越深；③两侧打好孔后，根据孔洞深度选择一段铜芯子（或铁芯子），用树脂胶将两侧孔洞填满，放入芯子，并在断面涂胶然后对粘。需要注意的是，打孔时两侧孔洞一定要对正，避免错位不能对接；芯子直径一定要小于孔洞直径，以便对粘时断面位置进行调整。

2. 修补

某些铁质文物残缺处需要补配，方法包括：①使用速成钢调和矿物颜料在器物上捏出残缺部分；②使用石膏和胶泥等材料加工出残缺部分模型，翻制模具，使用黏合剂调和矿物颜料灌注出残缺部分，与器物黏结；③残缺部分较大时，需加入金属粉或滑石粉等填充材料，必要时加铺玻璃纤维布，以增强其韧性。

第二节 博物馆纺织品文物保护技术

一、考古现场保护

（一）考古现场纺织品的提取方案

考古现场情况复杂，条件简陋，在不同地区，由于地理环境与地质条件的不同，文物的埋藏环境也各不相同。土壤的腐蚀能力与土壤的通气性（含氧量）、含水量、温度、电阻率、可溶性盐类种类与数量、pH 值、古代纺织品与微生物的存在等因素有关。出土文物的腐蚀类型与腐蚀程度也不相同，出土的古代纺织品强度可能会有很大差别，当制订出土纺织品提取方案时，应充分考虑上述因素。总之，考古现场出土纺织品的提取，没有一成不变的固定模式或方法，必须根据现场的实际情况，具体问题具体解决。

制订现场文物科技保护方案通常包括下列步骤：

第一，评估埋藏条件——密闭性如何、埋藏环境水理特性等。

第二，推测埋藏文物种类及保存状况。

第三，确定可能采取的保护修复技术。

第四，选择适宜的保护修复材料。

第五，制定完善的现场保护技术路线。此外还应考虑现场文物保护的环境控制条件，以防文物出土后遭到损害。

方案制订之前，必须在现场进行小块提取试验，并对试验结果进行评估，然后制订提取方案。提取方案包括提取的方法和材料，提取过程中环境条件的控制，如温湿度、光照、氧含量等，同时还要考虑提取过程和提取后的防褪色、现场临时保管措施。

考古现场一旦发现纺织品，首先不能轻易举动。先观察其状况，并完成照相、绘图等资料收集工作。如果碰上数量大且难以揭取的，可考虑搬回室内处理，但搬动也要顾及棺内是否有水的存在，因为水的晃动会给脆弱的纺织品带来极大的危险。必须在现场处理的，有条件可在现场搭一个简易工棚，以防止太阳的直射和大风的吹刮。下面论述三种类型的现场保护经验：

第一种是西北干燥地区的墓葬，凡保存较好的丝绸均有相当好的强度，颜色也鲜艳。但墓中纺织品与尸体粘连处多半腐损或脆化，倘若直接去揭取丝绸，就会造成破损。处理方法是用塑料布把有纺织品的部分罩盖起来，里面放入加湿器，让其小环境加湿，待纺织品受潮回软后，再进行提取。另有一种情形，人骨大多早已散架，一般处理，只要先清除人骨等杂物，再层层揭除衣服即可。

第二种是墓葬比较潮湿，是用青膏泥将棺椁上下四周厚筑密封层，又用木炭在内吸附气体。出土时，纺织品整个都是潮湿的，甚至整个尸体都浸泡在棺液中，由于长期水蚀，早已变得毫无强度可言，只是看上去完好，实际上已如一堆散沙，稍有不慎，便会顷刻化成泥浆。要取出如此朽败脆弱的丝绸，并保持它们的结构、外观不变，恢复一定的强度，从饱水到干燥和稳定下来，这个过程是文物存亡得失的关键。出水时漂浮水中的织物，可用纱网托捞起取，放室内避光吹凉，缓缓干燥，把握时机。在将干未干时，分期分层剥取，据情况平展或卷展，动作要轻如浮云，丝绸切不可受到拉伸和挤压，方可获得干后最好的质量，丝织物还会保有其光泽和柔韧性，揭展也较容易。倘若服装被压而难以脱卸下来，勉强拉伸和挤压，势必会使织物结构发生变化，使之失去原有的光泽和弹性。可考虑的首选方法是把织物沿缝线拆开。如果不行，只能采取在不明显的位置进行切割。这是一种很有争议的举动，是需要经过专家论证后才能实行的。如果实物较多，情况复杂，可把整箱整堆的织物妥善取回室内再进行清理。如果仅存一些碎片，亦不可轻易舍弃，即使炭化或者烧成灰的残片，也应尽量收集起来。

第三种是华北黄土地带，这一地区墓葬封闭很难严密，往往随着大气候而时干时湿，有的也进水，有的还透点儿气。这种情况下织物的保存情况最差，丝绸遗物多已朽败，有的高度炭化，保存质量不一。有时看到的织物结构完好，其实酥烂不堪，起取难度甚大，触手旋即塌落，形同灰烬，简直无从下手。即使这种情况也不是毫无办法可想，在取得照相、测量、绘图和判明一些结构上的问题之后，要避免震动，用整体装箱起吊的办法运回室内。假如是衣服，要弄清其形制、领、袖、缘的构造与尺寸，以及全体的造型轮廓。保持清洁，在室内平衡湿度，使它内外比较一致。利用这段时间，选取一些残片试作揭开、展平处理。对于这些织物，除较平整者可用纸卷展放托取外，褶皱复杂的多无法分离起取。小片、平片可以裱托保护，褶皱的成件衣服尚无理想的处置办法，应在今后的工作中不断摸索经验。

对黏附于棺材板上的薄质纱罗，用湿强度好的纸张，薄薄地均匀地刷上糨糊，贴在织物上。略干后，揭取下来。再用揭裱字画的方法去纸后，装裱保存。对平放在棺上的帛画，因质地酥脆，如果不加衬垫保护的话，则很容易出现撕裂等危险，可采用把宣纸卷在细木杆上，一端衬入纺织品下面，缓慢地卷放，尺幅大的话，纸下面再衬入塑料纸。将帛画托入预先做好的匣中，安全运回室内，随后装裱。

总之，纺织品的现场提取是一件十分辛苦的工作，需要工作人员有十分的谨慎和耐心，更需要采取科学的方法来完成。

考古现场出土纺织品提取后，应立即运往实验室，进行后续处理，实验室的后续处理越及时，对后续的保护工作越有利。如不能及时运往实验室，则应采取临时保护措施，注意控制小环境条件，减少搬动次数，防叠压、防紫外光照射、防虫、防霉、防鼠咬等。

（二）考古现场发现纺织品的工具、设备与材料

在田野考古发掘过程中，无论是地下的埋藏环境，还是出土时的地上环境，文物所面临的损害都十分复杂。对考古现场出土的文物进行有效保护，可以最大限度地保留出土文物本身带有的各项信息。因此，在考古现场的文物保护，其主要任务就是在文物出土的过程中，在保留出土文物资料的完整性和不影响后续保护处理以及考古研究的前提下，尽可能地减少环境对出土文物的影响。采取及时有效的措施，对出土文物进行稳定性处理，使发掘出土的文物在出土现场得到妥善的保护。由此可见，将文物的物质实体、人文信息及历史遗迹完整保存下来，就是考古现场文物保护的主要目的。

考古现场文物保护是整个文物保护处理工作的第一步，它的成功与否直接影响着以后的文物保护工作。与实验室内文物保护条件相比，考古现场的工作条件比较简陋，加上必须与田野发掘配合进行，因此，目前很难对出土文物进行十分周全的保护。也就是说，田野考古发掘现场的保护工作是属于抢救性、临时性的工作，它要为今后的进一步保护奠定坚实的基础。目前阶段我们通常采取的工作步骤是科学地采集、安全地运输和妥善地保存。

考古现场出土纺织品的提取必须依据现场的实际情况，遵循文物保护原则，按照科学化的要求，因地制宜，尽可能将出土的古代纺织品实物及所包含的人文信息完整地采集。出土纺织品的机会十分难得，一定要准备充分，这些准备包括思想准备、基本工具、基本材料以及一定的人手。

1. 工具与设备

（1）不锈钢镊子和剪刀：用于揭取纺织品剪取材料。

（2）医用双头探针、针锥：用于纺织品局部的分离。

（3）放大镜、卷尺：对纺织品纹样进行局部观察，初步量定尺寸。

（4）绘图铅笔和橡皮：绘图使用。

（5）大小不同的自制竹起子：用于对纺织品的揭取分离。

（6）大小毛笔、大小毛刷：用于对纺织品的表面除尘和清洗。

（7）烧杯：盛装蒸馏水、酒精等溶剂。

（8）喷水壶：对纺织品和宣纸等材料进行还潮。

（9）洗耳球：除尘。

（10）照相机：现场拍摄用。

（11）小型五金工具包：辅助用品。

（12）温湿度记录仪：测量现场的温湿度。

（13）便携式酸度计和色度仪：测量棺液酸碱度和纺织品色度。

（14）盛装设备：用于包装盛放出土的纺织品，便于运输。

（15）取样袋：取样。

2. 材料

（1）胶手套、帽子、口罩：工作人员使用，起保护作用。

（2）白棉布、宣纸、塑料布（袋）：包裹衬垫纺织品。

（3）拷贝纸：描绘记录纺织品图案等。

（4）标签：标记用。

（5）医用酒精、脱脂棉：用于纺织品和现场及人员的消毒。

（6）pH 试纸：用于测量酸碱度。

（7）硝基纤维素：用于粘取纺织品。

（8）柠檬酸：用于软化纺织品与金属制品的粘连。

（9）丙酮：用于纺织品的清洗。

（10）广谱杀虫剂和防霉剂：用于纺织品的杀虫和防霉。

（11）临时加固材料：用于纺织品的现场提取。

（三）考古现场出土纺织品的提取方法

1. 揭取法

有些出土的纺织品紧密地贴在棺木等器物上，对于强度较好的纺织品，可用竹刀、牛角刀等柔性切割工具从纺织品的边缘轻轻地进行剥离。能够剥离开的，说明该纺织品可以揭取或者部分可以揭取；如果十分难剥离，则说明该纺织品已与棺木黏结得很牢固，难以在现场进行揭取。揭取应在半干半湿时进行。纺织品干燥时，可轻轻喷一些水雾，然后在其表面铺一层较厚的白棉纸或宣纸，使纸的一端与纺织品一端借助潮湿的水分粘在一起，用竹刀将该端纺织品轻轻剥离开来并且附在纸上，一边卷起纸张，一边用竹刀将黏结较牢的部分纺织品剥离开，直至整块纺织品揭取完毕。对黏附于棺椁上的强度较差的薄质织物，可用湿强度好的纸张，均匀刷上糨糊，贴于织物，略干后，揭取下来。金属器物上粘连的纺织品，常被金属锈包裹，粘连十分严重，可以尝试使用弱酸如5%柠檬酸或草酸溶液，溶解锈层，然后揭取。

2. 套箱法

非常脆弱的古代纺织品常需要进行整体提取，套箱法又称"箱取法"，是在田野考古发掘现场应用最广泛的一种方法。即将需要提取的遗存同周围的土分割开来，然后套上木箱，再在底部插入插板，使遗存剥离出来并整体提取，主要用于非常脆弱或复杂迹象文物的提取。

3. 托网法

托网法的工作方法是在需要起取的遗存下面，用细铁丝按照遗存的实际形状逐一插入，最后将这些铁丝编结在外围的粗铁丝上，形成网状，则可以托起需要起取的遗存。托网法的好处在于可以利用较小的缝隙插入承托物，由于铁丝具有良好的韧性，可以随形而曲，这样就可以尽量避免对下面或周边的遗存造成破坏。

4. 插板法

插板法又称"托板法"，是指在需要提取的遗存下插入薄板，而将欲提取的遗存放置于板上整体取出，以便回到室内做进一步的清理。插板法通常用于体积较小、重量较轻的遗存。可使用具有一定硬度和韧性的木质三合板或五合板、金属板或塑料（树脂）板等薄板的材质，作为插板。为了便于插入土中，最好将插板的前端制成比较锋利的刃状。

5. 冷冻切割法

冷冻切割法的基本原理是将被冻结物料直接与温度很低的液化气体或液态制冷剂接触，制成速冻体，使提取物连同土层形成强度高的冻结整体，然后进行切割、提取。使用的制冷剂有液氮、液态二氧化碳和氟利昂等。

6. 加固提取法

当纺织品严重炭化或严重饱水弱化时，一触即碎，此时可采用预加固的方法稍微加固，然后再使用上述方法提取。可根据情况使用2%的丝胶水溶液或1%~3%的B-72甲苯溶液。

纺织品揭取要掌握好揭取时的干湿程度。在饱水状态下，纺织品几乎没有机械强度，织物如烂泥状。另外，如果纺织品含水率过低，也不适于揭取，在湿度过低的情况下，纤维很脆，机械强度很差，纤维无弹性，不耐折压。这时揭取也会造成织物断裂，甚至成粉末状。因此在揭取出土织物时一定要掌握好干湿度，将织物用卷取的方法，按顺序由上而下进行揭取。穿在尸体身上的衣服，由外向内一层层地用卷取的方式进行揭取、展开。用卷取的方法是为了使织物受力均匀。在提取过程中，应该注意过于脆弱的纺织品不可以卷叠，防止纤维断裂，提取后放入干燥剂，以保持其原有的干燥环境，注意避光保存。

二、纺织品的分类与登录

（一）纺织品的分类与品种

1. 纺织品的分类

馆藏纺织品经过初步消毒灭菌后，就将进入分类登录程序。纺织品所采用的分类标准有很多，可以是年代、原料、生产工艺、外观形制及用途、保存情况等，其名目细碎，各有不同的特点，分类上互有交叉，达到的效果也不一样。

第一，按外观形制及用途进行分类。根据分类对象的外观形制及用途，纺织品可以分为织物和服饰品两大类别。织物是指呈片状、未经裁剪的织物，它既可以是一匹完整的匹料，也可以是织成的巾帕之类的对象，或是衣物等残破后的残片。服饰品包括两大类，即衣、裙、裤、鞋袜等服装，以及用于装饰的织绣品。

第二，按原料进行分类。纺织品使用的原料十分广泛，古代有蚕丝、羊毛、棉、麻等，而近代以来，其范围扩展更广，人造纤维、合成纤维，甚至竹纤维、蜘蛛丝纤维、碳纤维等纷纷被用于生产，其经纬线可以采用同种原料，也可以不同。因此，纺织品所采用的原料亦可成为一种分类标准，将其分为丝织物、毛织物、棉织物、交织织物等。

第三，按生产工艺进行分类。生产工艺也是常见的一种分类标准，在现代的织物概念中，纺织品可以分为梭织物、针织物和无纺织物三个大类。梭织物是指经纬线在织机上互相交织而成的织物；针织物今天专指由单独一组或多组纱线彼此成圈套连在一起而成的织物，有经编织物和纬编织物两种；无纺织物则是利用针刺或黏合等方法，将松散的纤维予以缝结或黏合的织物。

在中国古代，梭织物是最常见的纺织品种，而除梭织物和无纺织物（一般称为毡或纸）之外的所有织物，则被称为编织物。在此基础上，又有施以印染工艺的染缬品和施以刺绣技法的刺绣品。

第四，按年代进行分类。按年代分，纺织品可以分为用传统工艺纺织、印染的古代纺织品，以及用近现代纺织、印染工艺生产的近现代纺织品。

第五，适合于纺织品保护及保管的常用分类方法。在纺织品保护及保管的实际操作中，以上这些分类标准也是相互结合、相互交叉的，我们应该根据藏品的特点进行分类和登录。一般来说，首先根据年代标准进行分类，将纺织品分成古代和近现代两大部分；其次将每一部分按其外观形制及用途分为织物和服饰品两大类别；然后又根据其原料分为丝织物、毛织物、棉织物和交织织物等；最后根据其所使用的生产工艺进行分类。

2. 纺织品的品种

中国是一个传统的纺织大国，在漫长的历史中，先民们创造出了独具一格的工艺技术体系及不胜枚举的纺织品种，古代常见的纺织品工艺和品种主要有梭织物、染缬品和刺绣品三个大类。

（1）梭织物。梭织物是由经、纬线在织机上互相交织而成的织物，其最重要的因素是组织。古代常用的组织有五种：平纹、斜纹、缎纹、绞经和起绒，而根据其织造工艺，又可以分为单层织物和重织物两大类。

单层丝织物中最为简单的是绢，是对一般的、织物较为紧密、纤维较为适中的平纹类素织物的通称。其中丝线细、密度稀疏的平纹丝织物因其具有轻薄的外观，且有一定的透孔率，可称为"纱"。为了与使用绞纱组织织成的纱织物相区别，也可称为"平纹纱"。若其经纬线使用加捻的丝线，表面有谷粒状均匀分布的平纹素织物，则可称为"绉"。而单层棉织物、毛织物和麻织物都可称为"布"，具体又可分为棉布、麻布和毛布等。

平纹地上显花的丝织物一般称为"绮"。绮类织物多采用并丝织法织造，通常能形成两种不同的花部效果：一种是以规则斜纹显花，另一种是以不规则斜纹即浮长显花。

"绫"是以斜纹或变化斜纹为基础组织织造的丝织物。素绫一般通体以斜纹或变化斜纹组织织成。暗花绫则是通过经纬组织枚数、斜向、浮面其中的一个或多个要素的不同来显花，不同的因素越多，花地间的区别越大。采用不同的斜纹或斜纹变化组织为花地组织，但经纬异色的单层色织物，被称为二色绫。

"缎"是出现较迟的一个品种，以缎纹组织作为基础组织，不提花的单层缎纹织物称为素缎，提花的暗花缎大部分都是正反缎。而使用经纬线异色织成的单层提花缎织物，被称为闪缎。

纱罗织物由经线相互扭绞与纬线交织而成，我们把全部或局部使用两根经线相互绞转并且每一纬绞转一次的织物称为"纱"，而其余的均归入罗织物。其中不显花的称为素罗、素纱，以绞纱组织和平纹或其他组织等组织互为花地的提花织物，可分别称为暗花纱或暗花罗。

绒织物的特点是其织物表面布满绒毛或绒圈，其主要种类有属于素织物范畴的剪绒和起绒组织与其他组织互为花地的提花绒两大类。剪绒类织物中较为著名的有漳绒（素）、天鹅绒（素）等单面素绒，以及在素绒下机后、根据图案需要割破部分绒圈、已形成割毛绒和轮圈绒两种层次的雕花绒等。

缂丝也叫刻丝、克丝，是一种较为别致的单层织物，以通经断纬的方法织成，织制时以本色丝做经，彩色丝做纬，用小梭将各色纬线依画稿以平纹组织。

重织物多是熟织物，主要有两类，即花名织物和锦。花名织物是只有一组地经与地纬及若干种彩色纹纬构成的纬显花重织物，可根据地组织的不同，称为花绢、花纱、花绫、花罗等名。当纹纬以金线为主时，则称为织金绢或织金缎等；如果局部或全部采用挖梭工艺，则称为妆花绢或妆花缎等。

"锦"是一种多彩熟织物，较为厚重，图案变化较丰富，一般采用以两组或两组以上的经线和纬线交织形成的重组织提花，生产工艺较为复杂。其中平纹经锦是最早出现的锦，因采用平纹经重组织织造，以经线显花而得名。斜纹经锦亦以经线显花，多采用三枚斜纹经重组织。纬锦以纬线显花，根据基础组织的不同，可分为平纹纬锦、斜纹纬锦和缎纹纬锦三大类。特结锦使用两组经与数组纬交织，纬线起花，一组地经和地纬交织成的组织，另一组特结经，专门用作花纬的固结丝。

（2）染缬品。中国染缬产生的时间较长，工艺复杂，主要有直接印花和防染印花两大技术体系，具有凸印为先、印绘结合、防染印花为主、印受织抑的特点。

直接印花包括凸版印花、销金、拓印、刷印等方法。

早期的凸版直接印花，凸版形制较小，在使用时与盖印章极为相似，有时亦与手绘相结合。此后，发展出先将须拓之物模压在凸版上，然后在其凸纹处施以墨色或五彩的拓印法，以及在凸纹处刷以颜色的刷印法。

销金也是凸版印花工艺中的一种，在制作时，先在织物上用凸纹版印上黏合剂，然后贴上金箔，经过烘干或熨压，然后剔除多余金箔，以得到所需的图案。

防染印花则主要有绞缬、夹缬、蜡缬等。

绞缬又名撮缬、撮晕缬，民间亦称之为撮花，是泛指各种对染前织物进行缝绞、扎结等处理，以造成染液在织物处理部分不能染色或不等量渗透而得到防染印花效果的制品，其基本工艺方法主要有缝绞法、结绞法、绑绞法三个大类。

夹缬之名始见于唐代，是指用两块对称的雕花夹版夹住织物进行防染印花的织物，有时亦与其他工艺相结合，如在人物的嘴、眼、鼻等细节部分使用手绘。

蜡缬也称为蜡染，是一种利用蜡做防染剂进行印花的产品。在制作时，用手绘或者点蜡法将蜡在织物上描绘出图案，然后进行染色，得到防染印花效果的图案。由于蜡能迅速干燥的特性，蜡缬有时也与夹缬工艺结合使用，先在镂空版上印上蜡，然后去版，用蜡来防染印花，得到图案。另外，由于使用型版可以反复印蜡，这样得到的成品，一次染成，没有折痕。

（3）刺绣品。刺绣是一种用针引线在织物上穿绕形成图案的装饰方法。决定刺绣品种的因素很多，如色彩、材料、图案主题等，但其基础是针法，单独使用一种或结合使用若干种刺绣针法形成的产品被称为绣品。下面介绍几种较为常见的刺绣品种：

锁绣是我国最早出现的一个刺绣品种，凡运用锁针进行的绣作皆可称为锁绣，使用极为广泛。根据线圈的不同形态，有闭口锁绣、开口锁绣及双套锁绣之分。劈绣是外观具有紧密的锁绣效果的接针绣，是中国刺绣针法由锁绣演变为平绣之间的过渡状态。

平绣则是一种最为常见的绣品，此类绣品的色彩比较丰富，因常以多种颜色的丝线绣制而得名。其针法以直针为主，包括套针、抢针、掺针等。

在刺绣时将金线或银线平铺在绣底上，按所绣的形状盘旋填满图案，用丝线以短针钉住，一般两根金线或银线为一组钉一针，钉线间的距离在 3mm 左右，组与组之间钉线针迹相错，这样的绣法称为盘金绣或平金绣。

以平针绣出图案，然后使用钉金绣勾勒其轮廓，则称为压金彩绣，亦即史料所称的金线压绣、金条压绣，其使用的钉线金线或银线均可，常以两根为一组。

采用打籽针绣成的作品称为打籽绣，有满地打籽和露地打籽两种，也可根据绣线的粗细不同，分为粗打籽和细打籽两种。由于籽粒细小，其使用较为灵活，不仅可绣花蕊，亦可绣各种图案。

铺绒绣是用排列均匀的生丝做经线，每丝之间隔 1mm 左右，然后用丝绒线做纬线，进行编绣，常以绒线布满整个绣地，而以极细的生丝挑出图案。

纳绣也称为戳纱绣、穿纱绣，与铺绒绣的外观较为相似，但其刺绣工艺截然不同，是用彩色丝线在纱地上按图案的要求数格编绣，其绣线一般采用劈绒线，如绣品不露纱地，则具有织锦效果，故称为纳锦。如留有较多的纱地，绣品呈现类似妆花纱的效果，则称为纳纱。

（二）纺织品服装的登录项目

纺织品服装的登录项目主要包括纺织品服装的名称、数量、文物编号或登记号、级别、年代、色彩、出土时间及地点、捐赠人员或征集的人员、费用、地点等信息。

如果是纺织品，则主要包括所使用的原料、尺寸大小、图案题材，以及所采用的制作工艺，包括组织结构、染缬加工、刺绣针法等。

如果是服装，主要包括服装款式、尺寸大小、所用的纺织品种类、主要面料的原料、图案题材，以及所采用的制作工艺，包括组织结构、染缀加工、刺绣针法等。

如有铭文，则应该记录原文和方位。

流传、鉴定及修复记录。主要指纺织品服装在入藏前的流传、收藏情况，已定级的，应写明进行鉴定的时间及人员等情况。若该织物已经做过修复复制工作，则还应记录对其进行修复复制工作的单位或个人、修复复制工作的起止时间及其所采用的方案的概况。

保存状况的记录。主要指纺织品服装目前的保存情况，记录其破损或污损、是否有虫蛀及霉变等情况，并且注明观察其保存状况的具体日期。

图像记录。为了全面记录纺织品服装的现存情况，常可对其进行一些图像记录，主要包括拍照和绘图两种方法。一般来说，简单的织物只需拍摄其正面的照片，而服饰品及结构复杂的织物，则需要对其正、反面都进行拍摄。有图案的也须拍摄，一般拍摄大小应在一个图案循环以上。而一些暗花织物由于图案清晰度不够，则可使用绘图的方法记录，大小同样应在一个循环以上，要求如实详尽地记录。如果该件织物或服饰品采用了一些比较特别或复杂的组织结构或刺绣技法，则还需要拍摄其组织结构或刺绣技法的放大照片。

三、纺织品的清洗

并非所有的纺织品都适合清洗。一般而言，纺织品如果存在以下两种情况中的一种就视作不适合清洗：第一，清洗过程可能会破坏纤维结构或者造成染料流淌；第二，对一些极具文化价值和技术特点的纺织品，其污迹可以通过清洗除去，但清洗过程可能削弱其考古价值，使之丧失大量信息。因此，清洗的第一步是判断纺织品是否适合清洗。由于清洗会不可逆地改变纤维的外观，所以在清洗之前，必须对污迹和折痕进行仔细记录、全面检查、取样分析与科学评估，对清洗过程的得失利弊进行谨慎的权衡，当确信清洗过程不会造成有效信息的流失之后，才能进入清洗阶段。

（一）清洗的常用设备

在具体操作中，有两种水洗方法：一种是采用连续水流清洗，另一种则是在清洗槽内浸泡清洗。一般认为，前者适用于各种尺寸的纺织品，后者则适用于需要浸泡的纺织品的清洗。至于采用何种方法，可以根据具体清洗对象和工作条件来定。如果采用连续水流进行清洗，所需设备就比较简单，只需找到一块与纺织品尺寸相符的防水板即可，有机玻璃板是最佳选择。在采用连续水流清洗时，必须严格控制水流的方向，尽量避免扰动纺织品表面的脆弱区域，例如，当纺织品的经线缺失而纬线保留时，水流的方向应该尽量顺着纬线方向。

如果采用浸泡法对纺织品进行清洗，则清洗槽是最常用的清洗设备。出于安全和操作的考虑，清洗槽的尺寸不能过大，清洗槽的常规尺寸为120cm×180cm，高度在80cm左右，需要配备排水口。为了方便操作，可以设计为可调整角度。在清洗过程中，要严格控制清洗槽中的水量，尽可能少，避免纺织品在水的作用下自由地漂浮。

如果是临时使用，则可以根据纺织品的尺寸，用一块塑料薄膜，四周加上木头的边框，做成一个临时的清洗槽。或者用不锈钢管制成一个长方形框，尺寸大小依清洗文物而定，上绷尼龙网。简易的可用木头做框，再绷尼龙网，但木头框必须结实，不变形，网要绷紧。

低压操作台适用于纺织品、纸本等多孔透气平面文物，吸力可因不同文物的需要而调校，特别适用于易褪色纺织品的清洗和纺织品的局部处理。低压操作台利用真空泵，在其工作面（微孔不锈钢板）上产生大小可以调节的负压，以满足不同纺织品对于负压的需要。低压真空泵是该设备的核心部分，它通过负压作用，对纺织品产生负压清洗、平整和风干作用，并为精细修复工作提供了极其完善的平台。有机玻璃罩是低压操作台的另一重要部件，有机玻璃罩具有很高的透光度，可以直接观察罩内的工作情况。在罩壁上设有人工操作手臂，与有机玻璃罩相连。还有两个塑料软管，一个是通向超声波湿度发生器，一个是通向空气过滤器，与低压操作台构成一个封闭的空间。超声波湿度发生器所产生水雾，通过软管进入有机玻璃罩内。这种超声水雾能够对罩内的纺织品进行加湿处理和对表面起到荡拂作用。由荡拂作用产生的污浊水雾，通过排气管道抽入一个专门设计的空气过滤器，以保持清新干净的工作环境和防止二次污染。

（二）清洗的主要程序

1. 局部试验

清洗前要先进行局部试验，以判断清洗是否会造成不良后果（如纤维流失、褪色等），确定安全后方可进行大面积清洗。在清洗表面装饰纺织品（如刺绣、彩绘等）或有颜色的纺织品时，局部试验必不可少。局部试验应该选取纺织品上的隐蔽部位进行，常用的方法是在局部试验区域铺垫一张吸水性强的白纸（如滤纸、宣纸等），然后用脱脂棉球蘸取清洗溶剂放在纺织品上，一分钟后，看看白纸上是否有颜色，如果有颜色的痕迹，即表明此溶剂会造成纺织品褪色。在清洗过程中，可用5%的普通食盐溶液或2%~5%的醋酸溶液来固定颜色。

2. 表面清洗

先采用物理方法对纺织品进行表面清洗，如用博物馆专用吸尘器吸去隐藏在纺织品表面的灰尘、污物等。

3. 清洗前准备

清洗中的纺织品文物一般比较脆弱，因此必须为纺织品提供足够的支持与防护。常用的方法是先根据纺织品的尺寸，裁出相应大小的塑料薄膜，平铺在清洗槽或清洗台上，然后将纺织品平铺其上。必要时可以在纺织品表面加覆一层轻薄透明的尼龙网，避免清洗过程中直接触及纺织品，同时对清洗过程中的纺织品起到固定的作用。

4. 浸泡与漂洗

用去离子水充分浸润纺织品，水的高度以能够浸没纺织品为宜，浸泡时间一般控制在10分钟左右。在浸泡过程中，纤维在水的作用下会舒解开来，此时可以用手轻轻按压纺织品，尽可能抚平纺织品表面的皱折，理顺纤维，此时可以看到污迹在水的作用下会有所溶解。倾斜清洗台，将污水尽量排出，必要时可以使用毛巾或吸水纸将纺织品中的水分吸干。继续用水清洗，重复上述步骤，直至洗液变得干净时，吸干纺织品。配制适当浓度的洗涤溶液，均匀地倒在纺织品表面。此时可以使用软羊毛刷，在纺织品表面顺着经、纬线的方向轻轻地刷，切忌用力。如果纺织品比较厚实，则可以用海绵轻轻地按压纺织品表面。

10分钟后，将洗液排尽，用缓慢的水流漂洗纺织品。此时可以借助海绵或毛刷，尽可能地将污物和洗涤液漂洗干净。在漂洗过程中，水流必须缓慢流经纺织品表面，这样才能确保残留在纺织品内部的洗涤剂被新鲜水流充分置换出来。如果有必要，可以使水流静止，将纺织品浸泡数分钟，漂洗效果更佳。

清洗纺织品时，一般先洗污染比较严重的表面。表面清洗完毕后，需要将纺织品翻转，对另一面进行清洗。翻转方法是揭除覆盖在纺织品表面的尼龙网，换上一张塑料薄膜，这样一来，纺织品就被夹持在两张塑料薄膜之间。在塑料薄膜的帮助下，将重新覆盖一层尼龙网，开始对另一面进行清洗。

彻底漂洗后，需要将纺织品中残留的多余水分吸除。将吸水性强的白色毛巾或棉布平盖在纺织品上，用手轻轻按压，使多余的水分被吸除。使用过的毛巾和棉布必须清洗干净，方可重复使用。如果纺织品特别轻薄，也可以用相对轻薄的宣纸吸水。此时按压力度不可过大，否则纺织品的表面会丧失许多信息，尤其对于一些具有立体表面结构的纺织品，如起绒类织物，更需要谨慎。

5. 平整和干燥

在彻底漂洗干净、吸干多余水分之后，揭去尼龙网，在纺织品上覆盖一张塑料薄膜，在两层塑料薄膜的夹持下，将清洗好的纺织品从清洗区移至干燥区。用海绵吸除纺织品中残余的水分，此时纺织品中残留的水分已经不多了，必须尽快对之进行干燥平整。平整之后的纺织品进入干燥阶段。此时切记：干燥只能在室内阴干，不可在太阳下晒，也不可烘干。

一般的轻薄织物在室温条件下，隔夜即干。如果天气寒冷潮湿，或者纺织品过于厚实，就必须借助外部设施来加快干燥的进行，如开启空调或暖风机，将热风机开到最小挡，热风缓慢吹过潮湿的纺织品表面，带走大量水分。为了使干燥均匀，必须不断变换热风机的位置。考虑到温度过高会加速蛋白质和纤维素的老化，因此热风机只能开到最小挡。有些纺织品在清洗之前的色牢度测试中不会褪色，但是在将干未干的时候，染料极易出现流淌现象，因此必须尽快干燥。

（三）清洗方案的制订

纺织品的清洗与污迹的性质、织物纤维、保存状况等有密切的关系，应根据不同情况，采用不同的清洗方法。下面根据处理对象的具体情况，介绍清洗方案的大致思路。

1. 残片类

这类平面纺织品大多尺寸较小，清洗最为简单。如果残片的强度较好，色牢度较佳，则可以将之平铺在一个平面上，用连续水流进行清洗；如果残片已经非常糟朽，或者在水洗过程中会发生褪色现象，则应该考虑干洗。至于在干燥时，正面是朝上还是朝下，应该视具体情况而定。一般来说，纺织品在干燥过程中最好正面朝上，但是如果纺织品的背面有浮长（如妆花缎），那么必须正面朝下。在干燥过程中应该仔细理顺每根浮长，及时吸干浮长中残留的水分，否则在干燥过程中会出现水印。对于某些特别容易卷曲的残片，可以在表面加覆一层轻薄的尼龙网，然后在网的边缘处加以重物压实。避免直接在纺织品表面加覆重物压实，以免干燥不均匀。

2. 有表面装饰的纺织品

常见的具有表面装饰的纺织品为刺绣，在清洗这类纺织品的时候必须慎之又慎。这类纺织品的色牢度大多不佳，一般需要干洗，只有确定不会褪色后方能水洗。如果绣线中有金线或鸟类羽毛，此时千万不可冒险进行清洗，建议采用表面清洗。如果纺织品表面有彩绘，则要慎重选择清洗方法。至于是水洗还是干洗，则必须根据彩绘层中胶黏剂的溶解特性而定。如果胶黏剂为水溶性，则干洗；如果胶黏剂为脂溶性，则水洗。同时，在清洗过程中不可触及彩绘区域，否则彩绘层会脱落。当彩绘区域较大时，由于表面张力的不同，纺织品在清洗和干燥过程中会发生变形，为了将变形降低至最低程度，在干燥过程中加覆薄网，在四周用重物压实。

无论是干洗还是水洗，在清洗过程中，都必须对表面装饰区域提供足够的防护。在操作过程中，应该尽量避免摩擦、按压，否则会破坏表面信息。干燥的重点在于尽快，为了加速干燥的进行，可以用吸水性强的宣纸或软布吸除多余的水分，必要时可以采用电吹风加速干燥。

3. 厚重平面纺织品

地毯、壁挂等厚重平面纺织品大多为起绒组织，表面清洗是非常必要有效的先行步骤。如果有必要进行清洗，那么应该首先考虑干洗。如果水洗，则应该尽量避免使用洗涤剂，以免残留。干燥过程中要注意平整，否则会发生变形。

4. 复合材质纺织品

纺织品经常与木材、皮革复合在一起，在清洗这类纺织品时必须谨慎。当处理对象不是单纯的纺织品时，首先应该将之分离拆除，然后依照常规处理，处理完毕后再复原。在拆除之前，必须详细记录纺织品的位置和状况，为日后的复原留下依据。如果无法拆除，那么应该尽量采用表面清洗的方法进行处理。

（四）清洗方法的评估

古代纺织品清洗之后，应该进行效果评估，评估的内容包括宏观和微观两方面。宏观内容有污染物被清洗去除的程度、色彩的变化、纺织品手感、织物组织结构破坏情况。微观内容有蚕丝纤维形态变化、内部化学结构的改变与否、材料学性能的变化等。清洗过程带来的损伤必然存在，但必须对清洗的效果有一个科学的评估，确定合理的控制范围。

四、加固与修复

（一）加固

1. 夹持法加固

夹持法加固对织物本身不施加任何直接的物质，只是将它夹持起来，起到固定的作用。这是最为原始和简便的加固方法。只要夹持的表层采用透明的物质，夹持后的残片就可以直接用于陈列展览。[①]

（1）玻璃夹持法。最早的平面纺织品固定方法是用两块平玻璃将残片夹持，并用胶布或胶带在四周黏合。这一方法的确能达到固定目的，但是当温湿度发生变化时，相对密闭的内层就会产生结露，而一般的玻璃又是含石英玻璃，水分就会使玻璃中的碱分溶解出来

---

①国家文物局博物馆与社会文物司：《博物馆纺织品文物保护技术手册》，文物出版社 2009 年版，第 9—96 页。

而毁损残片。另外，人们需要用适当的黏合剂将纺织品固定在玻璃上，因为不粘在玻璃上的残片会在玻璃之间滑动。但粘得太牢，丝织物残片又会粘在玻璃上拿不下来，万一玻璃碎了，会连带损坏里面的纺织品。在用玻璃夹持残片时，一般应在背面衬入一块纱网。这样，织物至少有一面是与玻璃隔开的，剥离时会容易些。同时，纱网对纺织品的摩擦系数较大，残片不会在玻璃之间滑动。

（2）有机玻璃夹持。为避免玻璃的易碎性，纺织品残片也可以采用有机玻璃夹持。有机玻璃的原料是甲基丙烯酸甲酯，其特点为不易破碎。在其表面涂一层紫外线吸收剂覆盖膜后，还能遮挡92%~99%的紫外线，这是保存纺织品文物所不可少的性能。据日本JISK6714航空用有机玻璃试验，当厚度为6.35mm时，紫外线的透过率为50%以下。日本学者认为，无色聚丙烯酸酯塑料如果不加紫外线吸收剂，它在紫外线部分的分光透射率从250nm开始即能透过。加上通常的紫外线吸收剂后，波长在350nm以上的光线才能透过。但它不吸收可见光，可见光的透射率约93%（表面反射率为7%）。美国大都会博物馆使用的紫外线吸收型有机玻璃，是杜邦公司出品的UF3有机玻璃和罗姆汉斯公司出品的UF4有机玻璃，正面看无色或颜色很淡，能很好地透视丝织物，同时能防止紫外线引起的褪色现象。日本正仓院的丝织品残片的保存，是将防紫外线的有机玻璃夹片，做成大型的照相簿，装入密封的纸板箱或木箱里，置于冷暗处，用时随时都可翻阅，十分方便。但是这种保存方法不能看到反面。

马王堆出土的一些丝织品也采用了有机玻璃夹持的方法进行固定。在王好先生采用的夹持法中，一是考虑了丝织品本身的厚度，在夹持的边缘上垫入一定的架空物；二是为了确保丝织品不再滑动，采用局部点滴丝胶的方法，将丝织物与有机玻璃局部黏合；三是在有机玻璃边上再用有机玻璃液封口，确保夹封层内的空气等与外面隔绝，这样一定时间后，里面的环境基本上就稳定了。

（3）树脂膜夹持。随着高分子化学的发展，各种树脂（如醋酸乙烯纤维素、聚酯、聚乙烯、尼龙类透明薄膜）不断地应用于纺织品的加固。加固的方法有两种：一种是热压黏合，另一种是用溶液融化黏合。前一种更简便，就像照相店里的照片塑封。这种方法的优点是强度好、易操作，夹持后的残片可以直接手持进行观察研究。但在纺织品的尺寸上会有较大的限制。缺点是影响质感，织物表面有亮光，亦担心薄膜老化给织物带来危害。因此，主要适用于材料新、数量大的近现代纺织品。美国纽约时装技术学院（FIT）的时装博物馆中就采用了这一方法，简易而高效。

（4）卡纸夹持。卡纸是指介于纸板与纸张之间、质地好、挺括光滑、定量在250~400g/n之间的纸制品。卡纸夹持多用于平面的片状纺织文物，可以保护织物不受外界侵害，也可用于展示文物。而且卡纸夹持更为简易，可以是两张长纸相互胶连，做成一侧开口的卡纸夹，但一般情况下应有多层。

2. 装裱法加固

我国传统的托裱技术，不仅适用于书画的保护，也可应用于纺织品，如湖南马王堆汉墓出土的强度极弱的帛画、帛书以及一些残片和江苏连云港尹湾汉墓出土的缯绣，正是采用传统的托裱法进行保护的。这一方法既美观又牢固，便于张挂和保存，但只能适用于单面图案的织物。裱画大都是用生宣纸，宣纸的主要原料是檀树皮，它纤维长，性质柔软，拉力大，吸水性好，是裱画不可缺少的材料之一。用于纺织品修复的宣纸，可选用单宣、棉连和棉皮纸。

用装裱法来装裱加固纺织品，一般多用于平面纺织品。服装类等立体的纺织品如需要采用装裱法来加固，则首先应该将其按缝线拆开成平面，待托裱干燥平整后再缝合，这样处理通常会影响服装的外观和柔软度。托裱平面类纺织品的步骤如下：

（1）先把所托宣纸染制成比纺织品表面颜色略浅一些的颜色。将纺织品正面朝下，用排笔蘸水打潮，对好经纬线。对于残破的洞口，须理顺或修理干净，并用干净的毛巾吸去上面的水分，再一次对好经纬线。

（2）用浆刷（或排笔）蘸稀稠得宜的糨糊上浆，并排均匀，用针锥挑去排笔毛等杂物。

（3）把染好的色纸平铺在桌面上，喷上细小水花，对折闷润后打开，用一人抬一人刷的方法，把宣纸平刷在纺织品上。刷的过程中，不能使宣纸起皱或刷出破洞来。

（4）在四周宣纸多余部分拍浆，上墙抚平。对于残破严重的，可托完后先让其自然干燥，然后再洒些水花，拍浆上墙。也可以在托纸后再覆一层皮纸进行加固上墙，干燥后去掉皮纸。对于易掉色、不宜沾水过多的丝织品，可把纺织品正面朝下，在染色的宣纸上上浆，再把浆面朝上的宣纸抬到纺织品上，让纺织品吸收一部分潮气，然后翻身覆在纺织品上排实。

（5）托制好的纺织品可以进一步装裱成镜片或立轴，但一般建议原样托制即可。

3. 化学法加固

（1）化学加固的原则。

1）加固剂必须能够去除，也就是文物保护中所强调的"可逆性"或者"可重复性"。

2）加固剂应该尽量化学中性，如果不能够维持中性，必须具备稳定的化学性质和优异的抗老化性能。一旦老化也不会发生交联反应，不会渗入纤维内部。

3）在尽量不改变纺织品外观和柔软度的前提下，加固剂必须明显提高纺织品的抗撕裂强度和断裂强度。加固剂必须具有一定的强度，能够为糟朽丝织品提供一定的支持。

4）只有在洁净表面上，加固剂的黏结作用才能最大限度地发挥，因此，纺织品在接受加固剂处理之前，一般要经过水洗或化学溶剂清洗。

5）采用加固剂对纺织品进行局部加固时，必须理顺经纬线，以免纺织品发生变形。

6）使用热敏型加固剂时，必须严格控制加热温度，以免对纺织品本身或着色区域造成不必要的破坏。

7）尽量避免将加固剂直接施加在纺织品上。

8）加固剂能够对抗外界的环境变化，不易滋生虫霉。

（2）化学加固的适用范围。18世纪60年代之后的纺织品一般都经历了化学方法的处理，如化学染料染色、重金属盐增重、漂白等。随着时间的流逝，这些处理方法不同程度地加快了纺织品的降解，严重者已是一触即碎，根本无法承受针线的穿引，此时可以考虑采用化学加固。如果需要对胶黏剂的使用场合进行一个规则性的界定，那么彩绘纺织品和糟朽纺织品可以作为适用案例的典范。当然，在判断是否能够使用胶黏剂加固的问题上，纺织品保护师的专业素质、知识结构和个人喜好是非常重要的影响因素。

（3）化学加固剂的分类。加固剂的分类方法很多，按应用方法可以分为热固型、热熔型、室温固化型、压敏型等；按形态可以分为水溶型、水乳型、溶剂型和各种固态型等；按来源又可分为天然型和合成型。在天然型中，淀粉和动物胶是最常用的，其优点在于可逆性强，简单的水洗或酶处理即可去除。但是，这类加固剂老化之后会收缩、开裂、变硬、发脆，同时容易滋生霉菌。为了避免这些弊端，人们开始对天然聚合物进行修饰，其中最适合修饰的天然聚合物为纤维素，这主要是因为纤维素分子链上存在着三个自由的羟基，非常利于化学修饰。纺织品加固中常用的加固剂有甲基纤维素、纤维素甲醇、甲基纤维素钠盐。随着高分子技术的发展，人们开始将合成产物用于纺织品加固，其中包括硝化纤维素、多乙酸乙烯酯、聚乙烯醇、聚乙烯醇缩丁醛、聚丙烯酸酯等，这些加固剂的优点是比较柔软，但是老化问题不容忽视。

4. 丝网加固法加固

丝网和丝胶加固法采用真丝为材料，另以聚乙烯醇缩丁醛（PVB）和无水乙醇（或乙醇）按重量比配成3%~6%的透明无色胶液。制作丝网时，采用单根蚕丝，在车床刀架上装上金属丝制成的"Y"形"导丝嘴"（凡具丝杠者均可）或自制的绕网机上绕制加工。成品具有平纹织物的外观，密度可任意调整，但经纬不交织，系上下两层叠压胶结成形。由于聚乙烯醇缩丁醛具有热溶性和液溶性（如醇、酯、酮烷等有机溶剂多可溶解），利用这一特点，各种丝网成品均可以用热黏合或溶剂黏合法，贴到书画、丝绸等薄质文物上。一般是能够耐受热压作用的文物或不能耐受某种溶剂的文物，采用热黏合贴网加固（比如有相当强度的印刷字书、文件等）。反之，对于不能和不宜热压作用的书画、古丝绸等文物，则以溶贴法为宜。溶剂可用乙醇、丙酮等。

丝网有两种形式，为有膜丝网和无膜丝网。对于那些朽败过甚、整体连接力很差或者表层粉化、脆弱程度大的纺织品，则以有膜丝网做加固最为有利。膜网上的"膜"，主要是为了让丝网能携带稍多而又分布匀薄的黏合剂。这层可溶性膜在溶贴时，便渗入文物表层而消失，遂成为内加固剂，从而使文物的整体连接强度和表面强度有一定的提高。

桑蚕单丝网、聚乙烯醇缩丁醛对脆弱丝绸的加固技术具有很多优点：天然单根蚕丝被胶结成平整网格骨架，有稳定的形状和机械强度；PVB 黏结力强、光泽度低，用量少而有实效；正面蒙盖加固织物，基本不显痕迹，不影响文物的外观；比较耐老化，尤其是桑蚕丝，考古发现证明，它具有 2000~4000 年的耐久性；对文物无不良反应，并且在较长时间内仍可溶除更新。

5. 使用加固剂加固

采用化学加固处理纺织品需要精准度和精湛的工艺。其实，加固剂在文物保护领域的应用由来已久。也许在其他类别的文物保护过程中，会直接将加固剂施加到文物表面或需要修复的地方，但是在纺织品的修复过程中，应该尽量避免这样做。具体的操作方法是：先将加固剂稀释，然后选择一块合适的背衬织物，将之平铺在有特富龙涂层的玻璃纤维板上，将稀释后的加固剂喷涂或者平刷到背衬上，这样就可以利用最少的加固剂来获得最大的黏结力。制作好的背衬，表面已经涂覆了一层加固剂，然后将之平铺到需要加固的纺织品背面，进行加热使之软化，加热可以在专门的低压台上进行。软化之后的背衬，可以非常服帖地与加固对象吻合，就像热压成膜一样，从而使纺织品的整体强度得到大大提高。

如何去除施加于纺织品上的加固剂，一直是一个难题。人们之所以对加固剂的使用有种种顾虑，主要问题是加固剂是否具有真正意义上的可逆性或再处理性。一般来说，加固剂老化之后，物化性质发生变化，主要表现在溶解度的变化，也就是说，无法再完全溶解于原先使用的溶剂中，这样残留大大增加，引发纺织品的进一步老化。老化之后，加固剂一般会在纺织品表面形成一层致密的加固膜，可以通过机械方法将之剥离。如果加固剂为水溶性，则可以采用常规的水洗将之去除，当然，前提是纺织品的状况足够好，可以经受水洗。如果加固剂为天然型，如淀粉，则可以考虑采用合适的淀粉酶进行处理。

真正具有可逆性的加固剂是指那些成膜性能极佳，会在纺织品表面形成膜的类型，这样甚至不需借助溶剂，就可以把这层膜剥离下来，只有这种加固剂才是真正可逆的。但遗憾的是，这种真正可逆的加固剂往往加固性能不佳，因为它们只是停留在纤维表面，未能渗透进入纤维内部。

（二）修复

1. 文物修复的过程

采用任何一种修复方法对文物进行修复时，都应遵循一定的先后次序，即都有其各自的操作流程，这对于修复工作的顺利进行是非常重要的。纺织品文物修复的基本过程大致如下：

（1）检查与记录。将待修复的纺织品文物的现状拍照记录，并分析其原料、颜色及织造工艺。若此文物曾有过修复，也须记录在案。

（2）了解所修复文物将来的用途。弄清楚该文物是用于短期展览还是长期展览，是入库还是用于研究。

（3）确定修复方案。根据待修复的文物用途及其破损情况，初步确定修复方案。

（4）拆除以前的修复。若文物以前所做的修复已经失去保护文物的作用，需要拆除的话，则先要将其拆除，再进行新的修复。

（5）准备材料。准备修复所需的材料，并根据需要，对材料做相关的预处理。

（6）修复。按照修复方案修复文物，并记录修复过程中的关键步骤。

（7）做修复报告。文物修复好之后，须做一份详细的修复报告，存档以备后期查看。

2. 针线法修复方法

出土的丝织物经过消毒清洗处理后，主要分为残片和服饰。残片可采用丝网加固或玻璃夹封等保护措施。而对于残破的服饰，丝网和玻璃夹封存在一定的局限性，树脂加固、托裱等方法又不能使其复原。这时，可采用针线为主的加固修复方法，此方法是国际上最为常用的纺织品修复方法。

针线修复法是运用缝制服饰的针线技术来修复纺织品文物的一种方法。该方法通常在纺织品文物背后或表面加衬一层现代织物，通过针线，将两层或多层织物缝合，以起到加固文物破损部分或整体的作用。因此针线修复法是一种可再处理的方法，即修复部位的材料在将来必要时可以拆除，从而恢复文物的原状。但要注意的是，针线法修复只适用于清洗后具有一定强度、能够承受缝纫力度的纺织品。

（1）针线法修复所用的工具。

1）直缝针。直缝针的主体为圆柱形，细度较小，针体具有较好的柔韧性，修复时常用的规格为 7~12 号。直缝针主要用于绫、罗、纱、绢、缎、绸类等较薄织物的修复。

2）弯缝针。纺织品修复时所用的弯缝针为医用眼科手术缝针，针的主体为圆柱形，具有一定的弧度，基本呈半圆形。弯缝针主要用于较厚织物（如锦类）的修复，也可用于织物以坚硬的支撑物加固时（如锦盒等）的修复。

3）镊子。镊子在纺织品修复时的主要作用是：织物平整时理顺经纬线、夹取脱落或多余的纱线、协助穿针等。纺织品修复所用的镊子一般为医用不锈钢镊子，要求表面光滑，以免伤及纺织品文物。常用规格为 100mm、120mm 及 140mm 等，类型有尖嘴、扁嘴、弯嘴等。一般选用头部带牙纹的品种，以增强夹取时的摩擦力。

4）剪刀。用于纺织品文物修复的剪刀主要有两种类型：一种是用于裁剪大块的背衬材料的服装剪；另一种是针线修复时所用的医用眼部剪刀。剪裁面料的服装剪主要选用 8~12 号，只要方便操作即可。医用不锈钢剪轻巧锋利，用于剪断缝线或是织物上多余的纱线，所选用的规格主要为 10~14cm。

5）其他。其他用于修复时的辅助工具还有医用牙科探针等。

（2）针线法修复中常用的针法。在运用传统的物理工艺对纺织品进行修复和加固的过程中，常会用到手缝针法。修复时除了注意选择适当的背衬材料和缝线之外，缝线针法的运用也不容忽视。

在缝之前应注意的事项：确定缝针的位置，并且以尽可能少缝为原则。因为针线从织物上穿过，对文物必然造成一定的伤害，所以针线应尽量从织物纱线的缝隙当中穿过，以免刺破纺织品的经线或纬线。缝线不能拉得太紧，否则会对织物施加一定的压力，使其弯曲起皱，易使脆弱老化的纤维折断。

下面论述一些在针线缝合法修复文物时所经常用到的针法：

1）跑针（图 4-1①）。

第一，运针方法。从右向左缝，在位置 1 处将针插入织物反面，再从正面位置 2 处穿出。重复以上步骤，即为跑针。

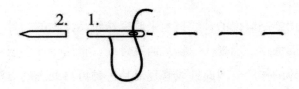

图 4-1　跑针

第二，针法特点。此针法在纺织品修复过程中使用率较高，一般用于两层或多层织物的缝合，单层或多层织物收皱打褶，衬料与面料的缝合等。跑针针法中的缝线施加于织物纱线的力较小，跑针纱线在受到外力产生位移时，不会被缝线死死地固定住，而是有一定的活动余量，这对脆弱纱线的保护是非常有利的。

---

①本节图片引自国家文物局博物馆与社会文物司：《博物馆纺织品文物保护技术手册》，文物出版社 2009 年版，第 9-96 页。

第三，主要用途。跑针主要用于缝合、拼接织物、加固、破洞和裂缝部位的修复、固定缝口、为破损处添加背衬织物等。

2）回针（图4-2）。

第一，运针方法。从右向左缝，在位置1将针穿出至织物正面，轻轻向右移动，并在位置2将针插入织物至反面，继续运针约一个针脚长至位置3，从正面出针。然后再返回至位置1，穿针至反面。如此反复，即为回针。

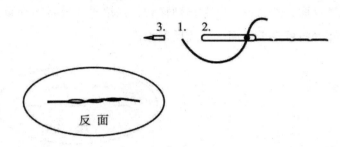

图4-2　回针

第二，针法特点。此针法的针脚互相连接，正面类似缝纫机机缝的针迹，反面针迹相互重叠，其线迹总长度为正面的两倍。回针针法的稳定性较好，被缝的织物较难产生滑动的现象。

第三，主要用途。回针主要用于两层织物的缝合、织物拼接、加固、破洞和裂缝的修复、固定缝口等。

3）铺针（图4-3）。

第一，运针方法。在位置1处将针引出至织物正面，沿经向或纬向方向移动缝针，使其跨越较长的针脚（针脚的长度视修复时实际所需长度而定），在位置2穿至反面。然后从反面将针在长线迹的一侧（位置3处）穿出至正面，使缝线压住长的线迹（与其垂直），在另一侧（位置4处）将针插入织物反面。按以上方法重复缝垂直的短针，以固定长的线迹。如果需要缝多排铺针，注意使每一排线迹的起点和终点错开，处于不同的位置。

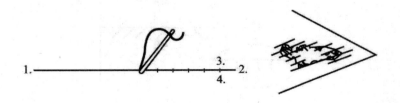

图4-3　铺针

第二，针法特点。该针法是修复纺织品破损和脆弱部位的较好的一种针法，广泛应用于纺织品文物的针线法修复中。铺针中缝线对于织物经纬线的作用力较为均匀，多排铺针的运用可较柔和稳定地保护所修复部位，与其余较完好的部位融为一体。

第三，主要用途。铺针主要用于裂缝的缝合、破洞和裂缝的修复、破损部位与背衬材料的缝合、将松散的纱线固定于背衬织物等。

4）鱼骨针（图4-4）。

第一，运针方法。从左向右缝，在位置1处将针穿至织物正面，向右上方运针，在位置2处将针插入织物反面，然后缝针向左稍稍移动，在位置3处将针穿至正面，继续向右下方移动，在位置4处将针穿至反面。如此反复操作。

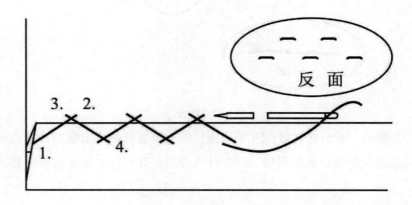

图4-4　鱼骨针

第二，针法特点。此针法用于纺织品修复时，正面的线迹较长，而反面线迹很短且稀疏。

第三，主要用途。鱼骨针主要用于卷边缝、加固、破损部位与背衬材料的缝合等。

5）交叉针（图4-5）。

第一，运针方法。从右向左缝，在位置1处将针拨出到织物正面，向左移动至织物的边缘位置2，从反面穿针至正面位置3处，使缝线包绕住织物。如此将所需缝的区域全部缝好，再从相反方向按上述方法缝制，使针脚相互交叉。

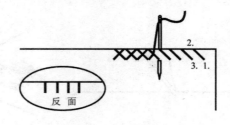

图4-5　交叉针

第二，针法特点。此针法用于固定织物边缘时，可将织物松散的纱线较好地固定。

第三，主要用途。交叉针主要用于修复固定织物边缘、修复固定经线等。

6）毛毡针（图4-6）。

第一，运针方法。从左向右缝，在位置1将针穿出至正面，向右移动，在位置2将针插入织物至反面，朝织物边缘的位置3方向运针，使缝线压在针下面后，将针引出。如此反复。

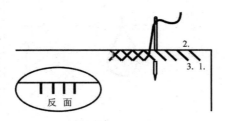

图4-6 毛毡针

第二，针法特点。此针法通常用于织物的边缘。

第三，主要用途。毛毡针主要用于衩口的固定、经线的固定、边缘的加固等。

7）带针（图4-7）。

第一，运针方法。在位置1处将针从反面穿出至正面，沿斜向使针从两片织物的缝隙中穿入，在另一块织物的位置2处由反面穿到正面，2的位置要高于1处。然后再返回到相对的织物，依次缝合。如此反复，缝线始终交替穿插于待修复裂缝的两片织物之间。

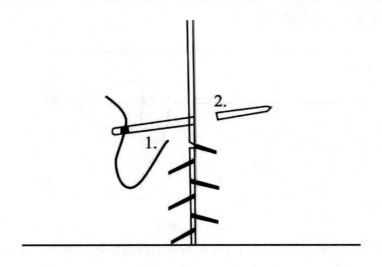

图4-7 带针

第二，针法特点。此针法正反两面针迹相同，类似机缝的平缝针，可将两块织物在同一平面对接。

第三，主要用途。带针主要用于裂缝缝合、拼接织物等。

8）桁缝针（图4-8）。

第一，运针方法。从右向左缝，在位置1处将针插入织物背面，再从位置2处引出至正面，每个针脚的长度均在半英寸以上。重复以上步骤。

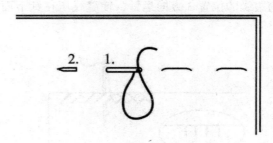

图4-8　桁缝针

第二，针法特点。桁缝针是一种临时固定织物的针法，主要用于两层或多层织物的缝合。该针法与跑针类似，只是针脚较跑针长。

第三，主要用途。桁缝针主要用于为破损处添加背衬织物、暂时缝合等。

9）缭针（图4-9）。

第一，运针方法。由右至左缝，从上层织物的位置1处将针穿至正面，轻轻向左移动缝针至下层织物的位置2处。穿过几根纱线后，由位置3处从反面穿出至正面。向上移至上层织物的位置4处，将针插入两层织物之间，移动至位置5处。从正面引出缝针，开始下一个循环。重复以上的步骤，即为缭针。

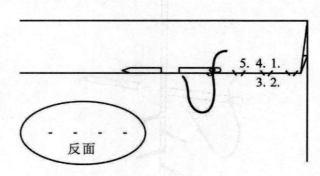

图4-9　缭针

第二，针法特点。由于该针法的缝线在折叠的两层织物间滑动，所以针迹几乎看不见。可用于织物卷边的固定或两块卷边织物的水平连接。

第三，主要用途。缭针主要用于拷边、连接织物等。

10）其他。除了以上所述的在纺织品修复中常用的针法外，还有部分偶尔需要用到的针法，如暗针、对角针、卷边针、包缝针、对接缝针等。

以上论述的修复针法是纺织品保护工作人员在长期的工作实践中积累所得。每一种针法的运针方法及用途并非一成不变，须根据所修复纺织品文物的实际情况（如破损状态、破损位置、修复方法等）灵活运用。也希望广大纺织品修复者能够不断地改进提高各种针法的应用性能，并且创新发展修复技法。

3. 修复的记录

（1）修复前的记录。纺织品文物在修复之前的状况对文物的修复和研究来说都是非常重要的，因此，在修复前应对文物进行仔细检查，并做好相应的记录。一般包括以下三个步骤：

第一，对接收到的文物拍照记录，包括纺织品的正面、反面、局部的破损或须拍照留底的特别之处。分析并记录纺织品的原料、颜色、尺寸及织造工艺，根据所掌握的情况，对文物的修复方案做出大致的判断。如需进行化学分析，则应请专业的分析师给予分析，从而为文物保护方法的实施提供帮助。

第二，检查文物曾经做过的修复，查阅与文物相关的历史资料和图片，必要时可请教相关的历史学家、艺术学家和以前的修复者。

第三，了解待修复文物将来的用途，是用于短期展览还是长期展览，是入库还是重新使用，因为这将关系到修复方案的确定。

以上所有结果都应记录在案，记录内容应包括织物正、反面和局部的照片，原料、制作工艺以及对文物现状的描述。如有必要，则画出织物纹样及病害图。

（2）修复过程中的记录。记录修复过程中每一步所采用的方法，必要时必须拍摄照片，以备将来查看之用。

（3）修复后的记录。文物完成修复后，应拍照记录其修复后的状态。

第三节　博物馆纸质文物保护技术

一、重视纸质文物本体保护技术

本体保护是指文物本身形态及各组成要素的保护。对绝大多数文物来说，本体保护是主要对象和根本目标。特别是要针对纸质文物受损的内部原因，采取措施对纸质文物本体进行保护，以延缓老化，避免受损。本体保护措施主要包括托裱法、脱酸法、加固法、字迹显示法等。

（一）托裱法

托裱法是我国应用广泛、行之有效的传统加固方法，一般可分为两种：①单面托裱，就是在有文字的背面进行裱托；②双面托裱，则适用于两面有文字的纸张。这两种托裱的工艺基本相同，所不同的是使用的托纸要求不同。双面托裱所用的纸，要求透明度高，加固后不会影响文字的阅读。而单面托裱，只要纸张质量上乘即可。托裱又分湿托和干托。其操作方法基本上相同，主要区别在于干托是把糨糊刷在托纸上，而湿托却是把糨糊刷在文件上。使用时应根据字迹的耐水程度来决定。

（二）脱酸法

由于纤维素的酸性降解是导致纸张老化的主要因素，脱酸也就理所当然成了保护纸质文物的主要方法。脱酸的一般做法是用碱来中和存在纸中的酸，并同时在纸中沉积一定量的碱，而这些碱又足够中和以后纸中可能产生的酸。酸性纸的耐折力低，当纸张的 pH 值低到 4~4.5 之间时，就变得相当脆弱；如果发现纸的 pH 值低于 5.6，就应当采取脱酸措施。常见的脱酸方法有液相脱酸法、无水溶液脱酸法、气相脱酸法等。

传统的水溶液脱酸法，尽管有一些缺点——水溶液对某些字迹、颜料会引起烘染或褪色，出现折皱、变形等现象，但是也有不少优点——既脱酸又去污，也能使纸张强度有一定程度的恢复。现郑州博物馆是用常见的洗画池来清洗纸质文物，河南博物院使用一种新型的洗画机，功能强大，很实用，可借鉴。

（三）加固法

当纸张老化到一定程度发生碎裂时，需要对其进行加固，把碎裂的部分黏合起来。纸张加固的方法主要有物理加固法、化学加固法和纸浆修补法。

物理加固法有两种，即保护剂加固法和丝网加固法。保护剂加固法是将保护剂涂抹在纸表面形成一层薄膜，起到加固作用；丝网加固法是在用蚕丝织成的网上喷以胶黏剂，在一定温度和压力下，使丝网和纸黏结在一起，起到加固作用。

化学加固法是用化学物品反应达到纸质文物加固的目的。主要有两种：一是派拉纶真空覆膜法（聚对亚苯基二甲基），可以涂敷到各种形状的表面，在盐雾、霉菌、潮湿、腐蚀性等恶劣环境中有很好的隔离防护功能。派拉纶真空覆膜法是当今世界上先进的文物保护技术之一，它能解决其他材料不能解决的文物保护问题。经派拉纶保护的文物，防水、防腐蚀性能优异，文物的寿命可延长千年以上。二是接枝共聚法，是把高分子链接到纤维素结构上，来连接损坏了的纤维素纤维。郑州博物馆大部分质地较为脆弱的近现代纸质文物均可以采取此方法。

此外，纸浆修补法是最常用的一种修补方法。它是纸浆作为纸张破损部位修补材料的一种方法，目前已得到广泛应用。这种方法可分为手工修补和机械修补两种，以机械修补为主，二者互补兼用。机械修补是通过纸浆修复机完成的。修复机不但可以修复破损文件，而且可以根据需要，制成各种类型纤维的纸，以满足手工修复的特殊需要。手工修复，价格非常贵，而且速度很慢。为提高速度，必须用机械修复的方法来帮助修复。

（四）字迹显示法

字迹也是纸质文物的一部分。如何使无法辨认的字迹显示和保护成为挽救纸质文物的一个重要问题。目前主要有物理法与化学法。

第一，物理法显示字迹。物理法又包括以下摄影法和数字图像处理技术。摄影法是较常用的一种方法，它利用字迹、纸张及污斑对不同波长的光产生不同的吸收、反射，从而在胶片上因感光不同而加大反差，使字迹显示。数字图像处理技术是利用电子计算机显示褪色字迹或图像的一种现代化修复技术，主要有三个步骤：数字化、计算机处理、显示。

第二，化学法恢复字迹。化学法恢复字迹是利用化学物质与褪色字迹、污斑等物质发生反应，在原件上恢复字迹。由于此法是化学物质直接与微量字迹材料起反应，因此，使用时必须要慎重。

二、增强保存环境的控制与监测

（一）保存环境控制

1. 温湿度控制

空气的温度和相对湿度是衡量文物库房气候环境的主要指标。它们在环境因素中，对文物的影响是最普遍、最直接的，二者相互影响，同时也直接或间接地影响其他环境因素。纸质文物最好的保存环境是在标准温湿度的范围内恒温恒湿，因此，现在文物保护行业都提倡对温湿度进行控制，使温湿度的变化在一定的范围内，即采取一些人为措施，使温湿度的变化趋于缓和，并让这种变化的幅度减小，不至于危害纸质文物的保存。

（1）恒温恒湿空调系统可以对纸质文物库房的温湿度进行有效调控。在有条件安装并确保正常运行的情况下，恒温恒湿空调系统是纸质文物库房的理想首选方案。

（2）使用吸湿剂降低湿度。吸湿剂按使用方式区分为固体和液体吸湿剂。固体吸湿剂常用的有硅胶、分子筛、活性炭、生石灰、BMC等。以变色硅胶和BMC调湿剂为佳，一般在文物柜、陈列柜内放置吸湿剂，调节柜内湿度，变色硅胶价格较贵，吸水饱和很快，烘干后可反复使用。该方法已经逐步被 BMC 湿度调节剂代替。BMC 具有较优异的调湿性能，能保持密闭小环境中相对湿度的稳定，为密闭小环境中的文物湿度调节和控制提供了一种新材料。

总之，纸质文物对温湿度的要求非常苛刻，通常温度要控制在 15℃~18℃，相对湿度在 55%~65% 之间。除了传统的调节方法外，还要辅助一定现代化空调机、除湿机、增湿机等恒温恒湿设备。

2. 光照控制

光对纸质文物的危害是客观存在的，而采取光源照明是观赏、研究藏品所必需的，纸质文物光照的控制和调节，主要表现在紫外线的防护。

在库房建筑方面，最好采用无窗结构。使用有窗户的库房时应采取措施，如采用百叶窗、遮阳板、挂厚窗帘，选用毛玻璃、吸热玻璃、夹层玻璃等措施，减少太阳的辐射热，不要让光线直接照射到文物上。也可采用具有紫外线过滤功能的玻璃，比如，含氧化铀和氧化钴玻璃的窗户；防紫外线窗帘，可用紫外线吸收剂。尽可能使用过滤紫外线的照明灯具，无紫外线灯以飞利浦公司生产的质量最佳。

纸质文物不仅要防紫外光，还要防日光和日光灯之类的灯光。将文物储存在匣、箱、柜中，避免曝光。尽量减少拍照或者复印，因为这些条件下含有一定的紫外光。切忌将书画放在日光下曝晒，要减少悬挂或展览，多加收藏。尽量减少珍贵纸质文物展览时间和照明时间，避免日光或灯光直射。

此外，文物不可避免地要进行展示、研究、交流等各种活动，博物馆展厅或陈列柜保护条件不如专门的文物库房。纸质文物整天放在光亮环境中，紫外线等不断照射，空气中污染的破坏，广大观众带来的尘埃、湿气、热量等都会侵害纸质文物的安全。实际工作中可采用的措施包括：①选用感应电源，人来灯亮，人走灯灭；②降低整个陈列室的总照度，即空间暗、展品亮；③展柜宜采用低温无紫外、无红外的发光二极管的暗藏灯光照明，避免自然光对文物的损坏。

3. 空气污染和灰尘控制

防止空气污染、降低对文物的危害程度，可以采取以下措施进行防护和改善：

（1）排除污染源。博物馆馆址的选择应在环境优美、空气新鲜、四周有园林绿地的地方。在博物馆附近，不得有污水坑；不得有工矿企业、饭店；不得设立停车场等。

（2）绿化环境。在博物馆周围种花、植树，不仅可以美化环境，还能够吸收空气中的有害气体，对空气中的尘污有明显的滞尘、过滤、吸附作用；另外还具有杀虫、灭菌、消除噪声、遮阴降温、降低风速、固定流沙的功能。

（3）空气的净化与过滤。空气中有害气体对纸的变质起加速作用，存放环境必须保持洁净，藏品库房应当适时通风、换气和除尘。最直接、最理想的办法是改善文物库房小环境，有效提高库房、陈列室门窗的密闭程度，对进入库房、陈列室的空气进行净化和过滤。可采取以下措施：

1）为了妥善地保护纸质文物，新入库的纸质文物、纸质文物保存箱、橱架、囊盒等入库的物品都必须进行全面的消毒和清洁，这样才能确保库内的纸质文物绝对安全。

2）可在纸质文物库房门内安装走道式的风淋，这样有利于阻隔外界的废气、尘土及害虫侵入库房，又可确保库房区的恒温恒湿。

3）对空气的净化主要是除去空气中的有害气体。如果要除去酸性气体，则可将空气通入碱性溶液中，或者与空气过滤器结合，在滤层中放入碱性物质，不仅能消除空气中的有害气体，还能阻止大气粉尘通过。最经济的方法是采用气相过滤，即利用一种或多种的干式化学介质（常用活性炭和活性氧化铝）来除去污染气体。按污染气体种类和浓度选择专用介质设计系统完成工作。

4. 虫害控制

治理虫害，首先要在"防"上下功夫。一旦发现虫害，就应积极采取措施进行治理，防止蔓延，二者不可偏废。虫害防治可分为以下方面：

（1）清洁卫生是一切防治的根本，是贯彻"以防为主，防治结合"的重要措施。

1）周围环境的清洁。博物馆周围的杂物、垃圾、污水、草木等是害虫滋生、繁殖的场地，害虫为了觅食或越冬寻求合适的生存条件，常会潜入室内，所以应保持博物馆周围环境的清洁。

2）存放文物柜、架的清洁。存放文物的橱柜、木架、囊盒等用材必须严格挑选，预先应进行高温处理，杀灭潜伏的虫害及虫卵。

3）文物自身的清洁。不管文物来自地下出土，还是民间流传，由于上面蒙有各种污垢和寄生虫卵，文物进入博物馆都须进行消毒、清洁处理，以防止将害虫带进库房。

4）控制适宜的温、湿度。一般温度保持在 14℃~18℃，相对湿度保持在 50%~65%，用这样的环境来抑制害虫在博物馆生长繁殖。

（2）我国传统的中药杀虫防虫的方法，在长期实践中积累了行之有效的经验，归纳起来大致包括杀青避虫、浸渍法、气味驱赶法和涂抹法。

（3）化学防治就是利用有毒的化学物质直接或间接地杀灭害虫。这种方法是利用化学物质来破坏害虫的生理机能，致使害虫中毒死亡。按其侵入虫体的途径又分为胃毒灭虫、接触灭虫和熏蒸灭虫三种，其中以熏蒸灭虫效果最佳，应用最广。每年春秋进行两次防治，春季在虫卵苏醒前放置樟脑精块，装入纸袋放入柜中。

（4）物理防治就是利用物理作用，使害虫致死或抑制其繁殖。主要有高温与低温杀虫、微波辐射杀虫和充氮、除氧灭虫。

5. 微生物控制

微生物种类多、数量大、分布广，繁殖速率高、转化快、适应能力强，只要环境条件适合就会迅速繁殖、旺盛生长。微生物的产生有相应的环境和生存条件，只要人为加以破坏，微生物就无法产生。

（1）物理防治法。

首先要保持书库、纸质文物的清洁卫生，人员进入书库必须更换衣服，库内使用空气净化过滤装置，以减少、阻止灰尘颗粒、霉菌孢子进入库内。

其次要控制书画库房适宜的温度、湿度，保持库内干燥通风是防止霉菌生长、发育的前提。一般认为温度控制在 18℃，相对湿度控制在 55%~60%，可抑制霉菌的生长和繁殖。

最后要除氧密封储藏。氧气是霉菌生长、发育的必要条件之一，将纸质文物收藏在无氧密封系统中，以抑制霉菌的正常呼吸作用，阻碍霉菌的生长发育。目前主要采取充氮或除氧剂等方法。

（2）防霉药物法。防霉药物对霉菌的生命活动有一定的影响，对霉菌的代谢起抑制作用，从而控制霉菌大量繁殖。对防霉剂的要求是：抗霉效力高，即低浓度就有抑菌和杀菌作用；毒性要小，对人无害，无副作用，对纸质文物的强度、色泽和耐久性无影响。目前用于纸质文物防治霉菌的药物有多种。

由于霉菌种类和处理对象不同，其应用方式也不同，常用的有以下五种：一是添加法。将防霉剂 PC、TBZ、NMF-1 等以一定的配比添加到糨糊或乳液涂料中，制成防霉糨糊或防霉涂料。二是喷涂法。将防霉剂邻苯基苯酚钠、霉敌等配制成有机溶液或水溶液进行喷洒。三是吸附法。将防霉剂香叶醇等先配制成溶液，然后选用无机徐放载体如硅胶粉，吸收香叶醇溶液制成片剂或粉剂，放在文物储藏柜中，使徐放挥发。四是涂布法。将防霉剂配制成涂料，涂刷在文物框架上。五是浸渍法。将一定规格白纸、牛皮纸浸泡在防霉剂溶液中，经干燥制成防霉纸，可用于纸质文物、图书、档案的包装或夹在其中。

（二）保存环境监测

监测、改善保存环境，不仅是纸质文物保护的有效方法，还具有可操作性强、应用面广的特点，是纸质文物预防性保护的重要内容。

1. 无线实时监测

对纸质文物库房环境参数进行无线实时监测，是采用无线传感网络技术作为实时、动态信息采集的手段，结合自动气象站技术、太阳能技术等来构建纸质文物库房的环境、气象动态监测系统，可以提供对纸质文物影响较大的一些环境参数，如库房环境的温湿度、降尘、光照度及紫外线辐射强度、风速等；同时将监测采集的数据通过无线方式传输到数据处理中心，中心通过一系列的数据挖掘技术对采集到的数据进行处理，并提供多种数据呈现方式，如图形、报表等，提供实时数据，根据用户预先设定的报警阈值进行及时预警，第一时间提醒相关人员采取必要的保护和调节措施，有效地提高了纸质文物保护的效率。并且建立大容量的"环境历史数据库"，有历史数据查询、分析功能，为进行纸质文物保护措施的制定提供科学依据。无线实时监测主要由传感器、中继和网关三部分组成。

物联网技术在纸质文物保护环境监测中同样能够得到应用。目前已经有针对博物馆文物、遗址区文物、考古挖掘现场等场所设计出了能够实现网络化、智能化实时监测的微环境参数监测系统，成果已应用于陕西历史博物馆、秦始皇帝陵博物院、敦煌博物院等多家国内大型博物馆。

2. 间接反应式监测

无线实时监测是通过各种不同的感应器分类别进行主动监测，而多种研究结论表明，环境中的各种因素具有相互协同作用，因此，全面、综合考虑各种环境因素作用的间接反应式监测会更全面、准确。在试片探头上特殊涂布铜、银和金，通过分析在探头上形成的不同腐蚀膜的种类和数量，可以得出被测环境中存在的、所有具腐蚀能力的污染物的一般种类和浓度水平，以评价被测各环境因素的破坏可能性。

三、促进纸质文物保护理念与管理的提升

（一）以预防性保护为主，预防性保护和抢救性保护相结合

根据保护所介入的时间、步骤和方式方法，文物保护通常可分为预防性保护和抢救性保护。文物保护专业学科中的"保护"一词，通常具有两方面的含义：一是控制环境，将藏品和标本的损害减到最小；二是抑制损害并使其处于稳定状态，以防止发生进一步损害。修复则是第二个步骤的延续，更多的是为陈列展示的目的。这两种含义其实分别是指预防性保护和抢救性保护。前者主要是先期介入，控制环境，减少文物损害，着重突出一个"防"字；后者则是文物受损后介入，抑制文物损害，防止损害进一步加深，着重突出一个"治"字。

文物预防性保护理念的提出，最早是于1930年在罗马召开的艺术品国际保护研讨会上。当时主要是针对文物保存环境，尤其是对温度、湿度的控制，至今这一概念已延伸至领导宏观决策、经费长期投入、博物馆选址、博物馆建筑和装修材料选择、博物馆库房，以及对具体文物保存展示所采取的恒温、恒湿、照明、防空气污染、防虫害等大、小环境

诸多方面。

由于纸质文物数量众多，且极易受损，故必须充分重视预防性保护，使纸质文物保存在较为适宜的环境中，尽可能防止损害的发生，把文物的受损控制在最小范围之内。当然，因为复杂的历史原因和现实因素，纸质文物的老化和损害是一个客观存在、难以避免的现象，针对受损文物，也要积极采取抢救性保护措施，否则文物的损害就会不断加剧。对纸质文物保护来说，预防性保护是事半功倍的办法，抢救性保护是万不得已的办法。二者缺一不可，相互补充，但应以预防性保护为主，两者有机结合。

（二）以技术保护为主，技术保护和科学管理并重

纸质文物保护是一项复杂工程，需要多种学科和多种技术的结合与应用。现代条件下，缺少保护技术，完整的文物保护就无从谈起。但是，无论多么完美的学科体系，多么先进的保护技术，都需要人来进行管理和操作。所以，既要充分重视文物保护技术的提升和应用，也要重视文物管理和技术操作的科学性与规范化。为此，需做好以下工作：

一是加大资金投入。资金是开展一切工作的保障。无论是添置保护设施设备，改善库房条件，还是装裱受损的纸质文物，没有相应的保护经费都难以实现。近年来，国家文物局、省文物局及各级地方财政都加大了对文化遗产保护工作的投入力度，使文博收藏单位的硬件设施、文物保护的环境条件得到了明显改善。①

二是提升保护技能。无论再好的库房条件和再齐全的设施设备，文物保护的真正实施都是由人来完成的。纸质文物因其特殊性质，更容易受损和更难以保护，保存条件和保存环境的要求较高，实施保护的技术难度较大，更需要有相对稳定的专业技术人员进行专门管理。面对大量亟待保护的纸质文物，行业发展迫切需要培养各层次所需人才，加强队伍建设至关重要。纸质文物保护的重要环节是，组织有关专家和专业技术人员持续性地开展相关方面的专业知识和专项技能培训，使文物保管员和相关管理人员尽可能全面而系统地掌握纸质文物保护的一些基础知识和基本理论，如纸质文物基本概况、中国古代字画保护基础知识、古籍版本的识别与定级、传统字画装裱技术、纸质文物的保护作用和管理、纸质文物的科技保护、馆藏纸质文物保护相关标准等。只有这样，相关的文物保护资金和相应的设施设备才能更有效地发挥作用。

三是加强专业技术人员引进和培养。在开展纸质文物保护专项业务培训的基础上，还要根据纸质文物保护的具体情况，有重点有针对性地引进、培养一些纸质文物保护、装裱、修复、复制以及科学实验、检测、数据分析、综合研究等方面的专业技术骨干与核心

---

①金慧. 郑州博物馆纸质文物保存保护调查研究［D］. 郑州：郑州大学，2015：29-40。

力量，加大纸质文物保护的队伍建设，以此带动纸质文物保护向专业化、科学化、规范化、系统化、规模化方向迈进，从而使纸质文物保护的整体状况有一个较大提升。必须不断提高相关方面的科技研究水平和创新能力，不断加大科学技术对纸质文物保护方面的支撑力度，使纸质文物保护方面的后劲持续增强。

四是积极开展纸质文物鉴定工作。文物的定级，不仅是对文物本身价值的认定，还涉及文物保护级别的高低。文物鉴定定级是一项庞大的系统工程，在定期或不定期对纸质文物进行及时鉴定定级的同时，也要逐步建立起相应的纸质文物鉴定标准、规范。

（三）发挥保护优势，传统技术与科技相结合

从保护材料、工具和主要技术的不同，文物保护又可分为传统保护方法和现代科技保护方法。前者主要凭实践经验和直观感觉，后者更看重实验数据和量化分析。二者各有偏重，各具特色，各有优劣，要相互结合，取长补短。

纸张是文明的重要载体。自古以来，我国劳动人民就探索出了多种多样的纸张保存方法和保护技术，为中华文明的世代传承和对外传播做出了重要贡献。如手工造纸的方法、书画托裱的方法、书籍拓片装订的方法、利用自然原料进行温湿度调节和害虫防治的方法等，均在纸质文物保护中发挥了重要作用，非常值得很好地进行整理、学习、继承、应用和弘扬。

现代科技的迅速发展，基本揭开了构成纸质文物老化和受损的秘密，也提供了物理学、化学、生物学、光学、统计学等丰富的学科理论和有效方法。但现代科技的不当应用和过分使用，也会给纸质文物带来无法挽回的损失。此外，现代科技的原料成本通常较高，应用原理和工艺技术较为复杂，也为其使用推广带来了一定程度的经济和技术障碍。

（四）以本体保护为根本，本体与再生性保护相结合

根据保护对象、保护重点和方法的不同，文物保护还可分为本体保护和再生性保护。

本体保护是指主要针对纸质文物二要素"纸张和颜料"而开展的文物保护。多数情况下，如果没有特别说明，那么文物保护通常指的都是文物的这种本体保护。然而，由于纸质文物一般具有丰富的文字和图案图画信息且极易受损的特征，再生性保护就有了广阔的用武之地。

再生性保护是将纸质文物的内容信息转换到新的载体上，只让复制件为用户利用，不仅可以保护原始文物，还可以扩大利用范围，特别是那些"以藏为主"的珍贵与重要文物。在选择转换方法时，必须考虑纸质文物内容信息的价值、利用对象及转换方法的特点，谨慎地加以选择。静电复印适合于用户复制文物信息，缩微摄影适合于大批损坏文物的抢救。模数转换，也即纸质文物数字化，是将纸质文物的内容信息转换为数字格式，以数字方式保存文

献的内容信息，将数字拷贝提供给用户，而原件以藏为主保存在适宜的环境中。

模数转换被认为是大量挽救纸质文物内容信息的一种十分可取的信息转换方式。这样不仅可以达到间接保护原始文物的目的，也有更多的功能，更便于利用。数字图像有缩放功能，便于用户更仔细、更清晰地研读纸质文物；有可编辑功能，使用户可以依据需求对纸质文物内容进行复制与剪辑，在虚拟环境下整合资源；可以更好地产生导航功能，更便于用户对纸质文物进行分析与检索；可以通过互联网提供利用，使范围更广、数量更多的人可以超越时空地利用馆藏文物。

模数转换必须遵循以下原则：①保护原件；②满足利用需求；③高保真度；④标准化；⑤有利于数字文献归档与长期保存；⑥不同的目的，具有不同的技术要求。扫描仪与数字相机都有模数转换能力，扫描仪对纸张有直接压力，对容易脆的纸质文物极不安全，使用数码相机更可取。数码相机需要额外的辅助光线，延长光照可能对水彩类纸质文物构成某些威胁。需要注意的是，在处理过程中慎用压缩技术，对于数字文献的归档存储不提倡压缩。

（五）以馆内力量为主，跨部门跨区域进行合作

由于纸质文物保护的对象（字画、碑帖、拓片、古籍、档案等）较多，所涉及的学科和技术领域（历史文化、工艺美术、结构材料、化学、物理学、生物学、仪器设备等）较广，其中图书馆系统和档案系统在古籍和档案的保护方面也有较为系统的方法，化学化工、生物科技、新材料新技术等也属于相对独立的学科，国际国内部分文物、研究机构在相关领域也已经取得了不少成果，不同的文物保护机构和科研单位也有自身的优势和特点。

因此，在现代信息社会，卓有成效地开展纸质文物保护，一定不能固守于部门和行业内部，在人才、技术、方法、信息、仪器设备、科学研究等方面必须加强同国内外相关部门、相关领域的交流与合作，充分借鉴现有的保护成果和经验，结合当地和各单位的实际情况，取长补短，优势互补，逐渐探索出一套具有自身特色的纸质文物保护体系与科学管理办法。

文物科技保护和研究，以其量化指标和科学化的理念越来越受到国内文物收藏和相关科研单位的重视，并日益成为体现文物博物馆综合实力高低的重要指标之一。加快文物科技保护基地的建设，是较快提升一个地区文物保护水平的重要手段，也是国际国内大规模开展文化遗产保护的重要方法。如今，中国国家博物馆、故宫博物院等都成立了专门机构，建立起了文物科技保护中心，配备了先进的仪器设备，吸收或培养了包括文物保护、化学、物理学、材料学、生物学等多学科的人才，开展了大量的文物保护基础研究和实践工作。

第五章 博物馆文物的保护与利用

第一节 博物馆文物藏品数字图像的版权保护

一、博物馆文物藏品数字图像的版权阐释

目前，数字图像版权是一个业界约定俗成的概括性称谓。在数字化的进程中，博物馆利用数字技术将实体藏品转化为数字作品，讨论博物馆藏品数字图像版权时必然先解决博物馆实体藏品的属性问题。按藏品性质分类，博物馆收藏了大量文物藏品和普通藏品。由于性质不同，博物馆行使普通藏品数字图像版权时将面临是否取得原版权人的合法授权、是否已过版权保护期等不同的版权归属问题，但文物藏品为历史古迹，基本不存在普通藏品的版权让渡问题。

版权保护期为作者生前及死后 50 年，之后作品进入公共版权领域。博物馆可以对其收藏的已过版权保护期的普通藏品行使数字图像版权；而对于未过版权保护期的普通藏品，博物馆应合法取得版权人的授权后行使数字图像版权。

利用国有资产设立的博物馆是国有博物馆，博物馆应完善法人治理结构，建立健全组织管理制度。因此，收藏国有文物的博物馆是合法的文化法人机构，不仅应履行相应的法人职责，更应承担相应的民事责任。因此，文物所属的博物馆行使具有独创性的文物藏品数字图像版权是合法合理的。

（一）博物馆文物藏品数字图像的版权主体

作品的著作权属于创作者，自作品创作完成之日起产生，著作权的保护不以发表为前提，不需要登记和审批。公民完成法人或其他组织工作任务所创作的作品是职务作品，职务作品的著作权归创作者享有。但创作者主要利用法人或者其他组织的物质条件完成创作活动的，创作者仅享有署名权，著作权的其他权利由法人或其他组织享有。

数字图像版权人是数字图像的创作者，包括自然人、法人或者其他组织。博物馆文物藏品数字化的进程中，根据具体实施情况的不同，博物馆文物藏品数字图像版权还涉及职务作品、委托作品的权利归属问题。我国各博物馆文物藏品数字图像作品主要是由博物馆工作人员，在其本职工作范围内利用博物馆的设备、材料等物质和技术条件对文物藏品进行数字化创作，取得博物馆文物藏品数字图像作品。此时，博物馆文物藏品数字图像的版权应由博物馆统一行使。

博物馆基于现有的数字技术、物质设备条件，在进行文物藏品数字化创作时，有时还与其他数字技术单位进行合作开发或者直接委托他人进行数字化建设。委托人和受托人可以通过合同对作品著作权的归属进行约定。此时博物馆可以通过签订权责明晰的合作协议，规定文物藏品数字图像作品版权的归属，便于博物馆行使文物藏品数字图像版权。例如，数字敦煌项目的数字图像版权主体是敦煌研究院，研究院对数字敦煌的图像作品进行版权管理。

（二）博物馆文物藏品数字图像的版权客体

著作权保护的客体是指著作权人创作的作品。作品是文学、艺术、科学领域内具有独创性并能以某种有形形式复制的智力性劳动成果，具体包括表达思想、意愿、情感的文字、图形、符号、绘画、雕塑、音乐、图像等人们可以感知的形式。

版权法保护的作品类型包括：以文字、数字或符号创作的文字作品；工程设计、产品设计图纸及其作品；计算机软件程序和有关文档以及其他法律规定的作品。

博物馆运用数字编辑、编码处理、图像压缩等数字技术，将文物藏品生成图像、音频、视频等形式的数字资源。博物馆的文物藏品数字图像是需要经过拼接、剪裁、修复等技术的处理，形成能表现文物藏品原始面貌的具有艺术性的数字图像。具备独创性和可复制性的博物馆文物藏品数字图像属于版权法所保护的作品。例如，数字敦煌项目团队运用先进的拍摄、扫描及后期处理等数字技术创作的石窟、壁画、彩塑、敦煌遗书数字图像，不仅符合法律规定的摄影作品应具有的独创性水平，更能满足我国法律对摄影作品独创性的要求，因此敦煌石窟、壁画、彩塑、敦煌遗书等数字图像属于法律保护的摄影作品。

（三）博物馆文物藏品数字图像的版权权利

通过互联网向公众传播作品属于著作权法规定的使用方式，版权人应当享有以该种方式使用作品或允许他人使用作品的权利，并享有由此获得报酬的权利。

数字图像版权的精神权利主要包括发表权、署名权、修改权和保护作品完整权。数字图像版权的财产权利主要包括复制权、传播权和演绎权等。其中财产权利是指数字版权人使用数字作品或许可他人使用而依法享有的经济利益性权利。在版权体系中，数字版权人通过控制数字作品的传播来实现其对版权经济利益的控制。

博物馆文物藏品数字图像是博物馆将馆藏实体文物、书面文献、图像资料进行数字化，重新编排整理，加工形成的具有艺术性、文学性及研究性的数字作品，并通过网络平台向公众传播。

博物馆作为国家授权管理文物藏品的法人机构具有版权人的资格，可以行使文物藏品数字图像的版权。文物藏品数字图像打破了时间和空间的局限，可以永久性保存博物馆文物的艺术信息，满足了社会公众游览、欣赏、研究的需求。

以数字敦煌图像的版权为例，数字敦煌图像作品版权的精神权利主要包括发表权、署名权、修改权和保护作品完整权。制作敦煌数字图像最根本的目的是记录和保存敦煌艺术，推动全世界范围内的艺术和文化研究。因此，敦煌项目图像的版权归中国所有，有权单独运用一切法律手段强制执行其对敦煌图像的知识产权，一旦发生双方无法通过持续讨论解决的矛盾，将指定由中国国际经济贸易仲裁委员会进行仲裁。

二、博物馆文物藏品数字图像的版权保护策略

（一）完善相关法律与措施

1. 完善相关法律

（1）规范相关法律。随着数字技术的日趋成熟，其影响范围已深入人们的日常生活、学习和工作中，建议对相关法律做出适当修改，以达到运用完善的顶层法律设计保护数字图像版权的目的，以及防止博物馆文物藏品数字图像版权受到非法侵害。

在立法方面，建议制定关于保护数字图像版权的法律法规，对数字作品的种类、特点等内容加以详细定义，具体应包括：版权人基于数字作品应享有的精神权利和财产权利、权利所保护的范围应因作品的表现形式不同而有所区别；在补充法律法规方面，建议进一步修订相关法律，对数字版权中关于合理使用的行为做出具体的法律界定，并建立明确数字版权合理使用行为的司法判断体系；针对博物馆的特殊性，建议制定相关法律的具体实施细则并针对地方特色制定相应的地方性法规，以切实解决博物馆保护文物藏品数字图像版权过程中遇到的难题。

（2）细化相关使用模式。博物馆文物藏品数字图像版权是一种具有很强社会公共属性的私权。充分保护博物馆文物藏品数字图像版权的精神权利和财产权利是平衡数字版权两种属性的前提。由于博物馆承担着传播文化、教育大众的责任，建议在补充保护博物馆文物藏品数字图像版权的法律实施细则时，应针对博物馆文物藏品数字图像使用者的不同属

性，制定不同的使用模式。

1）建议制定个人研究使用模式。个人基于学习、研究等目的，经博物馆的许可不需要付费方可使用文物藏品数字资源。这种使用模式体现了版权法中的"合理使用"制度，合理使用是在满足版权法规定的情况下，不必向版权人支付报酬，是基于正当目的而使用他人版权作品的合法行为。

2）使用模式是非营利性组织（包括学校、科研机构等）基于公益性的目的，在博物馆的合法授权下免费使用数字资源的模式。还有其他非基于学习、研究、公益性使用的模式。

总之，博物馆为了满足公众学习文博知识、研究欣赏文物藏品的需要，细化文物藏品数字图像的使用模式是其承担社会责任的表现。

另外，博物馆保护文物藏品数字图像版权，还应顾及弱势群体的利益。建议相关法律应针对弱势群体完善具体规定，建立弱势群体使用博物馆文物藏品数字图像作品的管理机制。制定具体实施细则时，应充分考虑各类人群的实际使用情况，通过建立版权费补偿制度平衡各类群体的利益。根据文物藏品数字作品的使用目的、使用主体不同，博物馆可以采取不同的收费标准，收取不同的版权费。这样既平衡了不同利益群体的关系，又有利于博物馆保护其数字作品的版权，实现数字图像作品版权的经济利益。

2. 完善技术措施

博物馆文物藏品数字图像的本质是运用计算机技术对实体文物进行数字化保护。技术措施是防止他人未经许可而进行非法复制、传播和接触其数字图像的综合技术手段。

通过对技术保护措施的合理使用和限制，将有利于维护博物馆保护文物藏品数字图像的版权与社会公共利益的平衡。目前博物馆保护文物藏品数字图像版权，比较常用的技术措施包括追踪系统、数字水印技术、数字签名等，本书建议增加数字版权管理系统和云计算两种数字技术方式，运用此两种技术将有利于博物馆实现传播文化、共享文物藏品信息的立馆宗旨。

（1）建立博物馆文物藏品数字版权管理系统。数字版权管理系统是对许可使用权限的管理，只有经过版权人的合法授权，才能获得相应的使用权限。其技术的核心是基于控制或抑制"未授权的复制与访问"行为。数字版权管理系统是目前运用最广泛、效果最佳的保护版权管理系统。

在数字产品的信息中增加事前标记识别符，利用识别符检测访问者是否为合法授权的用户，一旦确认是合法授权的用户，允许其访问并对访问者的轨迹和行为进行监视与管理。此项技术应用于博物馆文物藏品数字图像的管理中，将有利于博物馆对访问用户进行分类管理，保护文物藏品的数字图像版权。

（2）运用云计算技术保护文物藏品数字图像版权。以其强大的存储、交流功能，云计算技术已在商业、学术等领域崭露头角，同时此技术也给数字博物馆的建设带来了新的发展契机。

云计算的核心技术理念是将大量网络数据资源统一管理，构成一个数据资源池，便于向用户提供服务。利用云计算的优势，我们可以采取数字博物馆的混合云应用模式来实现各个博物馆之间的资源共享。在博物馆数字建设中，运用云计算技术建立数字博物馆自身专用数据云。用户运用博物馆数据云，可以不用安装专用的音频、视频播放软件和插件，轻松观看、学习文博知识。

另外，博物馆还可以利用云计算技术，将全国博物馆的文物藏品、图书文献等数字资料统一上传至博物馆公共数据云中，这样博物馆访问者可以通过 PC 电脑、笔记本电脑、手机和 iPad 等各种终端处理设备获取数据云所提供的数据信息，当一个博物馆专用数据资源云不能满足访问者需求，专用数据库将自动转换至公共数据库进行信息检索。这样有利于博物馆之间的资源共享和实现内部的数字资源版权保护功能。

（二）建立行业标准及管理模式

1. 建立行业标准

随着文物藏品数字图像技术的发展，全国各地博物馆数字化建设进展迅速，长期从事博物馆数字化研究的专业人士积累了大量的专业知识和实践经验，尤其在保护文物藏品数字图像版权方面。

全国各地博物馆通常有一套只适用于自身的数据规范和数字图像版权保护方式，包括描述文物藏品数字图像的基本信息目前仍没有统一的标准，对保护博物馆的数字图像版权极为不利。因此，亟须建立一套统一专业的博物馆文物藏品数字图像版权保护标准规范，形成一套精确表达、不易产生法律争议的术语体系，这将有利于博物馆针对具体文物藏品数字图像版权问题选择相应的法律途径。

2. 建立管理模式

（1）单馆管理模式。单馆管理模式便于博物馆自行管理其文物藏品数字图像版权，但不利于整个博物馆系统资源整合、信息共享，而且存在博物馆仅将部分文物藏品数字图像资源公开的现象。目前我国大多数博物馆采取单馆管理模式。

（2）集体管理模式。集体管理版权模式是一种新兴的版权管理模式，将博物馆文物藏品数字图像资料统一收纳于集体管理的平台中，由集体行业协会或组织对文物藏品数字图像资料进行统一管理。这一管理模式采取强制或自愿加入的原则，数字版权人可以通过签订授权协议委托集体行业协会或组织代为行使全部或部分的版权权利并履行相应义务。这样既可以有效整合全部博物馆数字资源，又方便用户大量使用博物馆文物藏品数字图像资料，但此种模式容易出现版权交易的垄断现象。

（3）知识共享管理模式。知识共享管理模式是基于知识共享组织制定的版权授权方式而产生的版权管理模式，此管理模式以"不保留任何权利，允许使用者自由地复制、改编和传播"为原则，对于促进博物馆文物藏品数字图像共享起到了示范作用，并可以推动博物馆实现其社会公益价值。根据我国的具体国情，建议博物馆可以先采取集体版权管理模式，慢慢过渡至知识共享管理模式。因为我国各地博物馆的属性多为行政事业单位的国有博物馆，拥有统一管理文物藏品数字图像版权的基础，并且博物馆的文物藏品为国家所有，集中管理更有利于长久有效地保护博物馆文物藏品及传播传统文化。

第二节　博物馆文物的防震保护与对策

一、博物馆文物的防震保护

（一）建筑的防震保护

当博物馆建筑在地震作用下产生破坏时，保管于其中的文物也会遭受破坏，因此，对博物馆采取防震保护措施是避免文物受损最有效的手段。

我国的博物馆建筑防震技术研究，过去多针对古建筑的抗震性能和抗震加固技术等方面，仅少数博物馆在新建或改造过程中使用了建筑结构防震措施。

以云南省博物馆建筑为例，云南省博物馆新馆于 2008 年 12 月开始施工，2014 年中完成主体建筑施工，2015 年 5 月 18 日正式对外开放。新馆位于昆明市官渡区广福路 6393号，占地 150 亩，建筑面积 6 万平方米，总高 37.2 米，地下两层，地上五层，从下到上分别为停车场、库房、文物保护修复室、展厅及办公区等。

云南省博物馆新馆整个建筑结构包括主体结构和附属结构。主体结构是博物馆主体建筑。附属结构包括汽车坡道（从室外地面到一层）、设备用房（地下一层）、绿化坡地等。

主体建筑外形呈正方体，平面呈回字形，四角分别设有荷花池水景及两个下沉式庭院广场，建筑外墙采用古铜色的金属穿孔板。内部中庭大堂四周则采用垂悬的穿孔铝板宽大吊幕，突出了大堂的空间整体感，同时吊幕通透性的特质实现了大堂与二、三层展区空间的互通。

因云南省博物馆新馆建筑结构抗震设防烈度高，建筑平面不规则，层高较高，跨度较大，荷载较重，为使馆内文物安全得到最大保障，在博物馆地下室顶板与地下一层楼板之间设置一层柔性隔震层，可以有效降低建筑结构的地震响应。隔震层由166个铅芯橡胶支座和普通橡胶支座组成，平面布置采用单支座和双支座结合的布置形式，荷载较大的柱底采用双支座，荷载较小的柱底采用单支座。主体结构与附属结构之间还设置了宽度为60厘米的抗震缓冲缝，使主体建筑能够承受的地震强度得到提高。

云南省博物馆新馆隔震结构在地震作用下表现出来的优越结构动力特性，对博物馆建筑保护结构和馆藏文物免受地震破坏非常有利。在8度设防和罕遇地震作用下结构未出现破坏，结构自振频率没有发生明显变化，隔震层支座滞回曲线饱满，具有良好的耗能能力。

（二）展柜（台）的防震保护

展柜（台）的防震保护是减轻文物震害的另一个重要手段。对展示文物的展柜（台）防震保护主要是在展柜（台）底座安装控制设备，该控制设备能在地震作用下起到一定的减隔震作用，从而达到减轻或避免展柜（台）上文物损毁的目的。

目前，展柜（台）隔震装置可以分为水平向隔震装置、竖向隔震装置、独立式平行连杆三维文物隔震装置、带限位保护系统三维文物隔震装置、磁力悬空三维文物隔震装置、平行连杆单摆式文物隔震装置、滑动摩擦摆式隔震装置。

近年来，我国对文物隔震技术有了一定的研究，如利用减隔震支座对浮放文物进行隔震是合理可行的；利用减隔震支座对佛像等结构物的减震效果，选择弹性隔震装置作为故宫雕塑馆文物的防震措施。

以云南省博物馆建筑为例，展柜可分为独立展柜和通柜。两类展柜一般均由基座骨架、展台、玻璃罩几部分组成。其中基座骨架采用灰色的钢架结构，直接固定于展厅地面的楼板上，具有相当的自重稳定性和抗撞击稳固性，能将其承受的压力转移到建筑物上。展台置于内部基座上，展台台面采用有机玻璃制成，展台上的底座采用亚克力板或木质底座，木质底座通常会绷一层亚麻布，文物则放于亚克力板或木质底座上。展柜玻璃罩上的玻璃则采用符合防盗标准的夹层玻璃。

展厅的天花板、墙壁、照明灯具、展柜的说明牌及展厅天花板及墙上的一些附加装饰物等，在地震作用下将会发生震动或者摇晃，对展柜及文物构成一定的安全隐患，有的甚至会损毁脱落砸坏展柜及文物。这类灾害在文物地震损毁中占有相当大的比例。所使用的展台及展柜重心较低，展示空间宽敞，展柜与展柜之间保持一定的宽度，防止在地震作用下，展柜发生滑移或倾倒，波及其他展柜。

另外，在地震发生时，浮放在展厅楼面上的展柜、文物展台、文物支架等，同样会发生震动或摇晃，甚至发生倾覆和损毁，会使放置于上面的文物也发生同样的震动或摇晃，并发生倾覆和损毁。

云南省博物馆在展柜安装时，将文物展台与展柜基座进行了固定，防止在地震作用下文物展台发生摇晃和倾覆。为了增加文物底座与展台台面的摩擦力，对大多数文物展台台面都绷了一层较粗的亚麻布，减少文物的滑动。展厅展柜所使用玻璃是较厚的夹层玻璃，部分珍贵文物的展柜玻璃使用的是低反射夹层玻璃，防止展柜玻璃在地震作用下碎裂造成柜内文物的损坏，尤其是对纺织品或书画等脆弱文物的划伤。另外，展柜内的挂钩及吊绳使用的是强度较大、不易变形的刚性挂钩及吊绳，防止挂钩变形及吊绳断裂而使文物坠落受损或是因大幅度摆动造成文物损坏。

（三） 文物自身防震保护研究

对文物自身的防震保护主要是利用文物自身的强度、刚度或柔性，采取一定的方法来抵抗地震作用下的破坏，以达到防震保护的目的。

以云南省博物馆建筑为例，展陈文物的摆放方式主要分为三种：①悬吊。悬吊放置是采用吊绳、棉线及挂钩将文物悬挂在展柜背板或展厅墙面上。云南省博物馆的书画文物及一些厚度较薄、质量较轻的文物通常采用悬吊放置形式。②浮放。浮放放置是直接将文物浮放于展台（展架）上，展台（展架）与文物之间不加任何固定措施。云南省博物馆对一些自身重量较重或者是比较规则的、较小的、不易发生倾倒的文物采用浮放形式。③固定放置。固定放置则是将文物放于展台（展架）上并采用一定的措施如绑、粘、卡等方法固定，这是云南省博物馆展陈文物最常用的一种摆放方式。

云南省博物馆的文物自身防震保护措施主要包括：

（1）胶粘法。胶粘法是使用具有一定黏性的胶黏剂或其他材料将文物底部固定在展台台面上，减轻文物的滑动，从而降低文物震害。胶粘法胶粘力强，黏结时胶无须涂满文物底部，只需在文物底部平均粘几点，就能达到黏固的效果。胶粘法易于操作，且不影响观赏的效果。但此方法对于质量较轻的文物效果较好，对质量较重的文物效果不是很理想，对表面粗糙、稀疏的文物因黏结牢固时不易取下，取下时易损伤文物。某些胶的化学性质不稳定，如果带有酸性，则会对某些文物产生腐蚀作用。

（2）降低重心法。降低重心法是通过采取一定的措施降低文物的重心，或改变文物陈列方式来增大文物与展台的接触面积以达到防震目的。云南省博物馆为减轻地震作用下文物的滑移，对于某些浮放于展台上的文物（如质地保存较好的陶罐），一般是将灌注沙子的袋子置于器物内部，以降低文物的重心，增大文物与展台的摩擦力。此方法对于胎体较薄或较脆弱、糟朽的文物则不适用。还有一种降低文物重心的方法则是通过采取改变陈列方式使文物产生倾覆危害的可能性减小，如将文物由竖向或斜向陈列改为平放，但这种陈列形式可能会影响观赏效果。

（3）内支法。内支法是根据文物内部形状及大小制作文物支架，文物支架的一端固定在展台底座上，然后将文物套在支架的另一端进行固定。内支法抗震效果较好，但应注意支架材料的选择及当支承力不足时将文物损坏。

（4）侧支法。侧支法是对于某些形状不规则、重心不稳的文物，通过利用支架或塑料卡对文物侧面进行拉接或提供支撑来减轻地震作用下文物的震害。支架或塑料卡的一端固定在展台座上，另一端对文物侧面进行拉接或支撑。地震发生时，文物虽然会产生摇晃，但由于与文物拉接的支架或塑料卡会产生一定的弹性减震力，能够减轻或避免文物产生倾覆或滑移。

（5）外支法。外支法是在文物外侧安装支架固定文物。外支法同内支法、侧支法原理类似，只是支撑位置不同。支架一端固定在展台上，另一端托住或支撑文物。

（6）卡固法。卡固法是在展台座上安装卡扣来固定文物底部的方法。卡扣通常采用有机玻璃或钢片制成，卡扣的形式则视各种器物的器形而定，也有用较长的螺丝钉卡住文物的，使其在地震时不会发生倾倒或移位。卡固法既要考虑文物的展览效果，又要防止文物在震动时跳起或跳起时将文物划出划痕。

（7）拴绑法。拴绑法是对于高宽比较大且重心不稳的文物，或者是某些悬挂展示的文物，采用质量轻、强度高的金属线或尼龙线等将文物拴在展台、展架及展柜上。拴绑法是利用金属线或尼龙线等材料的弹性减震作用，给文物提供一定的支撑力，使文物在地震作用下保持稳定状态，降低倾覆及滑移的危险。拴绑法的具体使用应根据文物大小及形状选择拴绑的位置、粗细和遍数，以达到最佳的展览效果。

（8）减震法。减震法是在文物底部、侧面垫以适当厚度的防滑垫和缓冲材料（如泡沫塑料、海绵、塑料胶圈等）。由于在地震作用下，防滑垫和缓冲材料能起到一定的摩擦及缓冲的作用，使文物产生滑移的可能性大大降低。

（9）旋挖法。旋挖法通常是在展架或展台上依照文物底部的形状及大小旋挖出凹槽，将器物底部放置在凹槽中固定，减少文物在地震摇晃过程中的移动。此种方法适用于小件器物及形状不规则的文物。

云南省博物馆的文物自身防震保护措施，在实际工作和应用中，这些方法是根据文物实际情况多种方法结合使用。

二、博物馆文物的防震策略

以云南省博物馆为例，对文物的防震保护提出以下策略：

（一）适当改进传统防震措施

在充分分析展陈文物各楼层文物防震安全性的基础上，博物馆的展陈文物防震应考虑传统防震措施。对本身无破损且高宽比较小的文物，可以直接通过传统防震措施对展陈文物进行保护。传统防震措施作为目前我国博物馆展陈文物防震预防性保护的主要技术手段，在一定程度上能够减轻或者避免地震对展陈文物的损坏，提高展陈文物的抗震性能，但对一些防震效果不佳或影响文物陈列效果的传统防震措施需进行改进。

传统防震措施所采用的材料的性质、使用数量、加固位置等都没有相应的参考标准。所采用的防震措施具体能抵抗几度地震，或者在不同烈度地震作用下的震害形式如何，尚未经过理论或实验论证。故面对强度较大的地震时，有些措施往往达不到较好的防震效果，不能满足文物防震安全的需求。

传统文物防震措施对单件的展陈文物有一定的防震作用，但是对多件或者组合文物、多层浮放文物及有镶嵌物的文物而言，则有一定的局限性。文物震害形式多种多样，地震作用的方向具有多维性，而传统的文物防震措施不能从整体角度减轻文物震害。

传统的文物防震措施偏向于文物与展台的固定连接，而没有考虑展台的损害。对展陈文物采取防震措施时，应根据实际情况对展陈文物的地震危害性进行分析或进行相关试验论证，在分析试验的基础上采取合适的文物传统防震措施或对现有的、不合理的文物传统防震措施加以改进。防震措施的使用应全面考虑地震的破坏作用，尽量避免破坏文物本身或影响文物陈列展览效果，确保展陈文物能达到预期的防震效果。

（二）采取展柜（台）的隔震技术

展陈文物传统防震措施仅限于文物与展柜（台）座的固定连接，当展柜（台）座被破坏时，文物不可避免要受到损伤。为了保证展柜（台）上的文物免受震害，应对一些不适合采用传统防震措施的展陈文物或者采取传统防震措施达不到良好防震效果的展陈文物采用展柜（台）隔震技术。

展柜（台）隔震技术是指在文物展柜底座或展台底座安装隔震装置，使得在地震作用下，隔震装置能发挥减隔震作用，达到减轻或避免展柜（台）上文物的震害。展柜（台）隔震是减轻文物震害的又一种重要手段。

文物展柜（台）隔震技术主要是通过隔震装置的基本周期错开地震波卓越周期来实现，使文物受到的地震力迅速减小，而不产生明显摇晃（或滑移）的状态。特别是对于自身胎体比较脆弱或有裂痕破损的文物，展柜（台）隔震技术相比传统防震措施加固文物要安全许多。

此外，隔震装置一般安装在文物展柜或展台底部，对展柜、展台及文物三者同时起到保护作用，隔震效果明显、使用较方便且不影响展示效果。目前已开发研制出的装置包括：①水平隔震装置。水平隔震装置包括滚轮式、滚珠式、滚轴式、滑块式、线性弹簧式、磁石式、SMA 丝弹簧式、恒力弹簧式、叠层橡胶式等不同类型文物隔震装置。②竖向隔震装置。竖向隔震装置则包括空气弹簧隔震装置、负刚度机构隔震装置、弹簧+线性导杆隔震装置、平行四边形链杆机构隔震装置、恒力弹簧隔震装置及扭簧隔震装置等。③三维隔震装置。三维隔震装置包括双线性弹簧-滚珠导杆隔震装置及弹簧-线性导杆隔震装置等。

故对有破损的、高宽比较大的、强度较差的、多层浮置的等防震安全隐患较大、地震易损的展陈文物，可通过"隔震+传统防震"相结合的方式进行防震。因云南省博物馆展厅多为通柜及独立展柜，对通柜可采用通柜整体隔震技术，即在通柜底部设置隔震装置，通过延长"展柜+文物"整体系统的自震周期，避开地震的峰值能量频带；对独立展柜则采用文物展柜隔震或展台隔震方案并辅以传统措施，即在文物展柜底部或展台底部设隔震装置，降低地震作用，以满足文物防震安全性能指标要求。

（三）建立展陈文物的防震管理

云南省博物馆应在本单位现有管理体系基础上，借鉴国内外博物馆在展陈文物防震方面的先进理念，建立具有本单位特点的博物馆展陈文物防震保护及风险评估管理体系，逐步探索展厅的防震管理、监测、分析、处理、优化、预案等一系列风险预控机制，提升云南省博物馆展陈文物预防性保护水平。

加强博物馆展陈文物防震研究，树立长期防震观念，把展陈文物的防震作为布展时的一项重要工作，切实可靠地保护文物安全。同时加强对博物馆员工的防震教育及防震安全演练，做到及时发现、及时解决问题。

第三节　博物馆文物藏品的利用

一、博物馆文物藏品的利用方法

（一）利用文物藏品进行陈列展示

博物馆的陈列展览是在展厅等空间内，以藏品为根本，以科学技术为手段，以现代设备为辅助，按照某个特定陈列主题、特定艺术形式进行排列组合，并以将藏品信息传递给观众为最终目的。文物藏品的陈列展示是吸引观众的首要原因，也是博物馆实现文化传播的主要媒介，是目前我国博物馆文物藏品利用的主要方式。

除在国内进行常设陈列、临时展览外，通过国家文物交流中心这个媒介我国博物馆文物藏品还多次到国外进行展出，增加了其他国家欣赏我国文物藏品与了解我国博物馆的机会。

当前我国博物馆陈列展览的理念是通过对文物藏品的研究找到联系，确定展览主题，以解释展品文化为线条，空间布局为载体，表现语言为手段，现代技术为辅助，将文物藏品的自我阐释与外在解释结合在一起，使文物藏品的展示既有思想性，又被赋予趣味性，共同创造出精品陈列展览。

1. 文物藏品的内在解读

每件文物藏品都有自己背后的故事，我们需要做的是在组织展陈之前通过科学研究尽可能发现它们的文化内涵，找寻情感线索，以此为依据来排列组合。策展人不需要对它们在意义、性质上进行判断，过多的解释是带有主观色彩的干扰。

文物藏品是地域文化的载体，反映出当地民族特点、历史特点等独特性。通过特色文物藏品反映地域文化的陈列展览是入选精品展览的重要条件。如回族博物馆，为呈现文物藏品的内涵与独特性，策划了回族专门史陈列展示，共分为包括"回族形成的历史"等在内的五个主题，优秀的策展理念向观众展示了回族珍贵的历史文化遗产，传递了回族文物的特色。又如湖南省博物馆拥有独特的马王堆文物资源，蜚声国内外，因此湖南省博物馆设计出以马王堆汉墓文物藏品为核心，以瓷器、青铜器、书画等其他常设展览为辅助的陈列展览。

展示内容将湖南省博物馆的特色资源优势与观众兴趣点结合在了一起，既有创新，又符合观众的需要，是博物馆陈列展示比较成功的案例之一。

河南博物院推出的"中原古代文明之光"展览，以河南省考古发现的文物为载体，让文物叙述自己的特色，将中原地区文明化进程以及中原在历史发展中的地位完整地呈现给观众。

2. 文物藏品的外在解读

特色文物藏品使陈列展览具有思想性，但距离成为精品展览还远远不够，还需要对文物藏品进行外在解释，包括空间布局与辅助展品、现代技术手段，使陈列展览具备趣味性。

博物馆建筑之内的陈列空间以占据空间的物体之间相互存在关系来确定，作为精品的陈列与展示能够让观众在参观中觉得舒适，不会觉得乏味，参观过程充满乐趣。在具体主题下，通过艺术构思，在展示空间之内进行全方位的艺术造型、色彩搭配、灯光照明等搭配设计，营造良好的展示氛围，塑造整体空间。在突出文物藏品的前提下，将文物藏品融入周围环境中，这样呈现在观众面前的就是立体的历史文化因素和流畅的时间线条，做到局部的物景融合。

辅助展品和现代技术手段以直观、趣味、新鲜的特点，给观众带来强大视听体验，由传统静态展示转变为动静结合。展板、地图、模型、沙盘、蜡像、壁画等辅助展品能够帮助还原和重现历史，使表达的信息更全面。博物馆的陈列要以它特有的语言与观众形成对话，这里"特有的语言"一方面指文物藏品的自我阐述；另一方面指需要辅助展品的协助。

近年来，越来越多的博物馆采用光纤、激光、全息照相、立体声、多媒体等技术，同时电子影像、大型影像、立体影像和虚拟影像等新技术也纷纷进入博物馆，以弥补传统展示方法的不足，增强文物藏品的趣味性。例如，2008 年上海世博会中国馆展示的《清明上河图》大放异彩，至今仍被传为佳话，画卷原本尺寸仅为长 528.7 厘米，宽 24.8 厘米，通过数字化技术处理，将原件放大，制作成了巨幅画面，配合动画、音效等手段，动静结合，创造出一种全新的艺术展示效果。

（二）利用文物藏品展开科学研究

1. 研究意义

（1）无论是基本陈列，还是专题性陈列、临时陈列，都离不开对这些文物藏品的深入研究，将文物藏品晋升为文物展品这一过程最重要的环节就是科学研究。文物藏品具有正经补史等作用，需要我们进行研究挖掘，以陈列展览的形式传递给观众。同时只有经过严谨的研究才会知道文物体系与特色，从而选定展览主题，并考察策展的可行性。博物馆举办陈列展览起码要保证传递给观众的知识是正确的，因此对文物藏品的单项研究为保障文物基本知识正确把好了第一道关口。

综合研究为提升陈列展览的趣味性做出了较大贡献，通过综合研究得知这些文物藏品背后相关联的社会信息，这些往往是最吸引观众的亮点。陈列展示如何选择适合的艺术手段与辅助展品等这些配合设施也需要建立在研究这一步之上，否则选择的展示形式不但无法锦上添花，反而会降低展示效果。

（2）对文物藏品的科学研究是藏品管理的重要前提。经过鉴定，辨别真伪与级别，根据每件文物藏品不同的特点进行分级分类管理以健全藏品档案的建设，方便日后调取文物藏品，并共享博物馆的文物资源信息。这不仅关系到一个博物馆自身的藏品利用，也关系到博物馆文物资源信息共享的进程。

（3）对文物藏品的科学研究是博物馆社会化的重要推动力。以前我们对于博物馆内的文物藏品多是从文物学、考古学角度进行研究与探讨，但是如今博物馆领域学科交叉盛行，对文物藏品的研究已经不单单局限在文物学、考古学范围，还涉及其他方方面面，这将促进博物馆社会化进程。博物馆研究人员现在已经从社会学、历史学、民族学、统计学等各方面学科对文物藏品进行综合研究，跨行业、跨区域合作，促进博物馆与社会更为密切地联系，以提升博物馆的知名度。

2. 文物藏品的单项与综合研究

（1）单项研究。单项研究包括：

1）内部信息的研究。内部信息的研究包括：①生产时间、生产工艺；②用途、使用者；③被废弃时间、被废弃原因；④对当时社会产生的生产、政治、社会、文化等方面的影响。相对外部特征研究而言，对文物藏品的内部信息研究属于一个更深的层面。

2）外部特征的描述。外部特征的描述包括器物的材质、纹饰、尺寸、重量、颜色、完整程度等方面，这是博物馆进行藏品登记、建立藏品档案的基础工作。

（2）综合研究。综合研究包括：

1）与文物藏品相关的内容研究。与文物藏品相关的内容研究主要是指获得该件文物藏品进入博物馆收藏之前的流传经历、拥有者情况、修复、保护等信息。

2）与文物藏品相关的群体研究就是对某组、某个类型、某个时代的文物或者出土于整个墓葬的文物进行比较，从而综合研究。

（三）利用文物藏品开发文化衍生产品

文化衍生产品是根据文物母体包含的知识、历史、信息、价值等，通过物化的方法，用不同形式与载体来表现特殊文化内涵的产品。开发文化衍生产品是目前国内博物馆界利用文物藏品的又一重要手段，能够带来可观的经济效益与社会效益。一方面，观众可以将文物藏品元素或信息带回家，满足观众需求，是博物馆教育功能的延伸；另一方面，可以帮助宣传博物馆，树立品牌形象，提供更多经费支持。开发文化衍生产品要以文化为根，立足文物藏品的文化内涵，实现创新性与文化性相结合。基于文物藏品这个母体衍生出来的文化衍生产品大致分为以下三类：

（1）出版品类。一般是根据博物馆内文物藏品撰写的期刊、书籍、导览手册、研究报告，以及拍摄录制的唱片、录像、电影与其他视听节目等。这类博物馆文化产品是最能反映馆内文物精品的载体，向各类观众提供了大量文献和声音、影像信息。

（2）复制及仿制品类。博物馆的复制品、仿制品是以文物藏品中的精品为蓝本，按照不同比例进行复制和仿制出来进行销售的产品。这类文化衍生产品售价一般较高，可以满足观众的高端消费需求。

（3）文化创意产品。博物馆开发文化创意产品是考虑消费者的需求，根据馆藏文物的文化内涵或文化主题的因素创造性地设计出的产品。这些产品与生活息息相关，既具有观赏性，又具有实用性。

湖南省博物馆、河南博物院、南京博物院、湖北省博物馆等纷纷设立博物馆商店，开发文化创意产品，获得了良好的品牌效应，在利用文物藏品的同时也对文物藏品进行了宣传。

目前我国博物馆开发创意文化产品主要有两种思路：①直接将文物藏品的纹饰、图案等印制在产品上，如杯子、衣服等；②对文物藏品的纹饰、图案、符号等因素进行组合设计，制成新的产品。如故宫博物院设计的"故宫娃娃"系列产品得到了消费者的青睐，获得广泛好评，无论是从皇帝、阿哥到大臣、侍卫等男性角色，还是从皇后、公主到宫女、嬷嬷等女性角色，"故宫娃娃"系列都设定有多种角色，消费者可根据对各角色的不同认识进行选择。消费者购买文化创意产品实际上是一次情感消费，他们带回家的不仅是产品实物，也是文化因素背后的故事与情感。

（四）利用文物藏品开发数字资源

社会信息化进程的加速，使数字博物馆应运而生。"数字"与"实体"相对，通过文物藏品数字化和利用文物藏品数字资源，我们利用文物藏品的方式又增加了一种。

经过近30年的发展，我国建立起越来越多的数字博物馆，文物藏品数字资源得到了多种形式的利用，这些成果离不开政府和博物馆界人士的支持。总的来说，利用文物藏品数字资源主要从以下两个方面入手：

1. 文物藏品的数据资源采集

文物藏品数据资源采集是实现数字化利用的基础性工作，采集文物藏品数据资源实际是将博物馆内文物藏品数字化的过程，采集的内容有文字、图像、声音、影像等，包括文物藏品的形状、外观、颜色、流传经历、研究信息等各方面。

采集的技术手段分为：①文本信息的采集；②通过扫描仪进行图像扫描和数字照相机输入组成的静态图像采集；③动态图像输入；④3D格式输入等。

例如，温州博物馆的文物藏品数字资源采集主要分为四种类型：①文本。文本数据使用人工录入，并利用新开发的工具转换馆藏管理系统中原有的数据。②图像。图像的采集是之前拍摄的数码相机照片和新拍摄的单反高清晰照片。③音频。音频的采集是以前录制的导览词和新录制的MP3格式数字音频。④视频。视频的采集是将历年积累下来的影像转成数字博物馆内容管理平台使用的低码流视频素材。

2. 文物藏品的资源应用系统

采集文物藏品资源数据是为了用现代化技术手段进行展示、管理与保护，开发出文物藏品资源应用系统。文物藏品资源应用系统包括文物藏品数字资源管理、博物馆网站建设、文物藏品数字资源展示。

（1）文物藏品数字资源管理。统一相关标准，各博物馆根据统一的规范展开培训，使博物馆内文物藏品数字资源管理走上正轨。藏品信息管理系统包括文物藏品的名称、数量、等级等数十项文本信息，还对影像信息、声音信息、图像信息等做出了明确的规范。这样不仅可以进行有效管理，还方便对文物藏品的研究与利用，由此可以达到对文物藏品的集中管理与监控，实现跨博物馆、跨区域的合作与共享。

（2）博物馆网站建设。博物馆网站作为新媒体手段，凭借不同于实体博物馆的优势，扩大了服务空间，延伸了服务时间。博物馆网站在展览上突破了实体博物馆对文物藏品安全以及占用空间的限制，在选择展示主题与组织陈列上具有了更大的灵活性。

博物馆网站的信息利用方式与实体博物馆相比更多样，可以将文物藏品数据资源以图片、影像等各种形式展示在网站上，使许多由于展示空间等因素限制而封存在库房内的文物藏品得到利用与展示。博物馆网站还是宣传与服务的重要窗口，观众在家即可得知博物馆的票务、路线等信息，了解近期举办的活动。

此外，博物馆网站还提供研究平台，向浏览网站的观众推荐相关书籍、展示研究成果、探讨学术问题等。如山东博物馆的网站划分为八大板块，这八个板块大致可归为鉴赏、研究、服务、体验四个部分。观众通过浏览网站可以对感兴趣的文物与信息进行查找，既可以及时获取博物馆最新动态，还可以对藏品进行鉴赏等。

（3）文物藏品数字资源展示。文物藏品数字资源展示分为虚拟展示与实地展示。虚拟展示是观众在网络上进行浏览的形式，实地展示是观众到博物馆中感受到的科技化展陈手段。虚拟展示将观众带入设计好的浏览路线中，在网络上实现互动。技术因素包括全三维虚拟场景、全维度立体仿真、数据测量、人机互动、动态化展示等。

二、博物馆文物藏品的利用创新

（一）科学收藏体系的构建

1. 树立长期发展意识，征集文物藏品

博物馆构建科学的收藏体系是一个动态过程，需要我们及时为未来征集文物藏品。近现代藏品就是未来的历史文物，今天我们所使用的部分器物、查阅的文献等就是明天博物馆的藏品，征集近现代藏品是博物馆"未来意识"的体现。近现代的藏品征集起来相对容易一些，这些藏品损坏程度低，社会上数量充足，征集空间广阔，不仅能够在文物藏品数量上做出贡献，还增加了博物馆与公众接触的机会，扩大了博物馆在社会上的影响力。

我国的博物馆，尤其是中小型博物馆要树立"为未来征集文物藏品"的意识，及时将有特色、有代表性的近现代藏品纳入博物馆收藏，因为只有保证文物藏品的数量充足、质量上乘，博物馆才能构建科学的文物藏品体系，并利用这些文物藏品开展活动。

2. 完善文物藏品的体系

为未来征集文物藏品在一定程度上为日后博物馆文物藏品的来源提供了保障，但还需要完善文物藏品体系，保证文物藏品的高质量。"高质量"是要求藏品能够完整、全面地反映某一个社会历史发展进程、社会生活场景、自然现象、科学技术和艺术风格，具有代表性和典型性，即一件物品可以体现多种文化因素或自然因素，同时要求该物品有相对稳定的质地和结构，能够更长久地被保存。

博物馆纳藏要有一定的标准才能更好地进行文物藏品利用，既要征集符合地域特色的藏品，又要终止收藏部分不适合的文物。新博物馆学的产生使我们更加关注博物馆收藏的"地域文化"，使各地博物馆的文物藏品更加体现地域特色。中小型博物馆在经费、文物藏品数量等条件上可能无法与大型博物馆相媲美，但是可以另辟蹊径，利用系列符合地域特色的文物藏品展示博物馆独一无二的内涵。

（1）馆内研究人员应该加强学术研究能力，对地域的历史文化进行提炼，构架出文物支撑构架的信息要点，增加博物馆征集文物藏品的针对性与科学性。

（2）根据地域文化特点，结合馆内短、中、长期工作计划，查找藏品体系中的空白和薄弱环节，制定适合本馆特点的目标，构建出拥有特色的文物藏品体系。高质量的博物馆收藏不仅要拥有地域特色，还要去其糟粕，取其精华。我国博物馆产生之初的收藏方针存在一定的偏差，以致我国现在许多博物馆沉淀了部分并不适合馆内收藏的文物。这些文物藏品与馆内其他文物藏品相比具有特殊性，无论是陈列展示还是科学研究，都难以形成体系，容易造成资源的浪费。建议博物馆以适当方式终止这些文物的收藏，结束保管权与使用权，通过向其他博物馆捐献、交换等方式，将其从文物藏品体系中剔除出去。采用拍卖、交换、捐赠等方式，适当地终止收藏某些馆内并不适合收藏或者暂时没有条件进行利用的文物藏品，一方面可以帮助博物馆筹措到更多资金；另一方面可以帮助这些文物藏品找到更适合它们的利用方式，物尽其用，使它们的价值得到最大限度的发挥。

由于终止收藏的处理形式如拍卖等问题涉及博物馆道德，可能在终止收藏的过程中还存在一些阻力。但是，博物馆出于正确目的主动终止收藏部分文物藏品本身是一个完善自己的过程，为我国博物馆构建并完善文物藏品体系提供了新启示。

（二） 实现文物的资源共享

20 世纪五六十年代，人们提出了资源共享的概念。博物馆文物资源的共享开始是在馆际进行，各博物馆之间为了弥补文物藏品资源的不足，和其他博物馆进行合作，利用临时展览或者巡展等形式展开文物共享。

馆与馆之间在文化环境上形成互动，相互影响，一级博物馆利用资源优势、研究优势等激发基层博物馆的活力，由单体博物馆联结成博物馆系统，发挥整体影响力。但是以展览为核心形式的馆际文物藏品共享距离实现文物资源共享的最终标准还相去甚远，还需要博物馆人士在馆际、公众之间推动文物藏品信息的共享。

1. 公布文物藏品的目录

依托博物院藏品的清查进行编目工作，不仅可以规范对文物藏品的命名，补充器物信息，明确各要素排列顺序，还需要对制作工艺、器形等统一要求。其中，故宫博物院公布文物藏品信息目录在国内博物馆中属于首例，为其他博物馆推动文物藏品信息共享做出了表率。既满足了大众研究的需求，又方便其他博物馆查询故宫博物院藏品信息以进行合作交流，同时使故宫博物院的藏品工作处于社会各界监督之下。查阅国际博物馆协会相关章程可以发现，博物馆公布文物藏品目录，保证公众的知情权，与国际博物馆协会的要求相契合。故宫博物院此举也意在推动其他博物馆效仿公布文物藏品目录，实现各馆文物藏品信息资源的整合。

国内博物馆公布文物藏品目录还任重而道远，这需要各博物馆界人士对馆内文物藏品的清查、管理工作做到谨慎仔细，全面编制目录信息，并将数据信息与实物、图片资料准确对接起来。如果我国其他博物馆也能够做到公布文物藏品目录，那么既可以拉近与公众距离，又可以实现对全国文物藏品的大范围利用，开创国内博物馆行业的新局面。

2. 共享文物藏品的信息资源

文物藏品是永久性信息源，具有信息载体的作用，文物藏品信息资源在馆际、公众之间的共享可以提供更全面、更广阔的利用空间。每个博物馆的文物藏品信息资源这些"子系统"，相互衔接成全国博物馆文物藏品信息资源的"系统库"，从而实现文物信息资源的共享。

文物藏品信息资源的共享需要建立在藏品管理工作标准化的基础上，实现标准化编目。许多博物馆藏品管理系统的开发设计并不是完全一致的，设计者一般以各博物馆的具体情况为基准来进行开发，导致目前我国博物馆的文物藏品信息相互衔接存在问题，数据交换有一定偏差，阻碍了共享与利用。解决方法包括：①需要国家文物局继续强化各地博物馆，尤其是基层博物馆对文物藏品的分类、编目、统计等管理工作，使文物藏品的管理实现规范化、统一化；②国家文物局需要开发出统一的藏品管理系统软件，并监督各级博物馆使用，在技术层面为信息共享提供保障。

在文物藏品管理工作达到标准化之后，各地博物馆在互联网纽带的作用下可以采用多种形式来实现信息资源共享，如充分利用博物馆网站、及时补充更新信息等。但由于博物馆网站展示的信息资源有限，利用此种形式共享的资源可能并不全面，这需要由国家文物部门组织形成一个全国范围的"博物馆文物藏品信息数据库"。这个数据库应该包括两个层面的内容：①安排各级博物馆按照统一编目和标准将文物藏品信息输入数据库中；②输入文物藏品目前已有的相关学术研究内容、文献检索等。

博物馆文物藏品信息数据库不仅对博物馆行业内开放，还要对全社会公众开放。如今一般博物馆藏品检索系统多是按名称、类别等要素来进行检索的，有些文物藏品无法被一次检索到，因此可以在这个数据库中建立多层次、全方位的检索体系，设置如颜色、尺寸、图片等多维度检索入口，让使用者实现简单并准确的检索。在可移动文物数据库中每件文物都会生成一个唯一的编号，并准备于此次可移动文物普查结束后将名录对公众开放，这为建立"博物馆文物藏品信息数据库"提供了丰富的信息与机会，只需要博物馆界人士针对博物馆内的文物藏品采取更为深入的工作即有机会完成。全国可移动文物普查为我国文物藏品的利用做了基本的摸底工作，在此基础上建立起来的博物馆文物藏品信息资源共享体系会更加完善，从而为我国博物馆文物藏品的利用提供更多平台。

（三）推动文物藏品的社会化

1. 开放文物的库房

由于文物藏品的特性，博物馆文物库房一直是博物馆管理工作的重要一环，也成为观众的"禁区"，甚至除文物保管部门之外的馆内其他工作人员也无法进入。

由于展示空间、经费、研究能力等原因，除了用于基本陈列与临时展览，大部分文物藏品被放入文物库房无法与观众、学者见面。

博物馆虽然拥有馆内文物藏品的优先研究权，但由于人员素质、研究能力等限制，部分文物一直得不到充分的研究。即便博物馆研究能力不足，也不愿意公布这部分文物的相关资料，造成了文物资源的垄断性与学术研究的不公平性。积极创造条件探索开放文物库房对于提高博物馆文物藏品利用水平，使公众获得更多机会接触文物藏品、了解库房管理具有现实意义。目前我国已有少数博物馆开始尝试开放文物库房。

目前开放文物库房只是少数博物馆开展的特定活动，在我国属于初步尝试阶段，需要我们逐渐摸索出既能惠及大众又能保证文物藏品安全的道路。

（1）博物馆需要加强开放文物藏品库房的基础工作——库房管理与安全保证。针对定期或长期开放文物库房建立起灵活有序的管理制度，使开放手续"简化"但不"简单"，同时加强库房内文物藏品的排架工作以便参观与迅速检索。实行全方位开放型管理，同时利用各种现代化技术来提高安全性能。

（2）可以尝试"由点到面"的开放过程，先面向保管部以外的工作人员，对博物馆有过贡献的人士、学者、研究人员等预约开放，使文物藏品得到更多的学术研究，博物馆可以利用这些成果造福社会公众。在验收面向部分公众开放的成果之后，再选择继续扩大开放对象，最后过渡到全方位对社会开放。

（3）由于库房与展厅陈列方式不同，文字性介绍和辅助展品较少，开放时要有保管部人员或研究人员陪同，向入库参观者介绍文物藏品内涵，并能及时记录下参观者反馈的意见。

（4）国家文物部门要尽快出台相关法律法规，制定统一标准，从政策层面上推动开放文物库房的进度。馆内工作人员要严格按照规定执行，协同合作，为开放库房贡献力量。

2. 建立多样化协会

创办会员制度，成立多样化协会是文物藏品社会化进程中的另一推动力。博物馆可以通过调查了解公众兴趣点，将兴趣点与馆内文物藏品相匹配，创办青铜器协会、玉器协会等不同种类的多样化协会。各协会分别招纳会员，根据会员需求与馆内资源定期邀请会员参加文物知识讲座，参观库房、实验室等活动，并举办酒会、慈善晚宴等。各协会主管人员需要对相关领域内容具有一定研究能力，并了解领域内学术、社会的最近动态，以此来把握活动方向。

在博物馆会员制度基础上创办多样化协会不仅可以帮助提高馆内文物藏品利用率，推动社会化，还增加了博物馆的亲和力与社会影响力，吸引普通大众了解博物馆。

（四）创造品牌并提供服务

我国公立博物馆资金来源大体分为三类：国家财政拨款、博物馆自营收入、社会捐赠收入，其中国家财政拨款占全部资金的2/3左右。美国、英国等西方发达国家的博物馆资金来源大体可以分为四类：社会捐赠、博物馆自营收入、政府投资、博物馆投资收入。

根据我国现实情况，社会捐赠在一段时间内还无法成为我国博物馆经费的主要来源，为缓解政府财政拨款比重降低的压力，我们应该在利用文物藏品时引入"市场化"概念，为博物馆营利，带来多元化资金。博物馆虽然不是以营利为目的的机构，但不一定是一个非营利的机构，因此利用文物藏品为博物馆营利并不违背博物馆的道德标准。

利用文物藏品创收需要做好充足的前期准备工作，需要博物馆进行大量的市场调查，对调查结果进行分析，确定博物馆的市场定位，对需要利用博物馆文物藏品的客户群体进行分类。针对市场调查确定的定位与客户种类，找到具有针对性的利用文物藏品创造资金的营利形式。

1. 打造文化创意品牌

根据地域文化特色、代表性文物藏品设计出文化创意精品，不仅生产单体产品，还要打造成多个系列。文化层次可以分为三个级别：有形的、物质的外在层次；行为的、风俗的中间层次；无形的、精神的内在层次。我们利用文物藏品设计文化创意精品要从现在复制、仿制、印制图案纹饰等外在层次深入内在层次，抓住馆内文物藏品的"核心精神"，将这种精神注入产品中，为博物馆打造文化品牌。在进行销售带来收入的同时，起到宣传作用，成为博物馆形象的代名词。

2. 提供针对性借调服务

我国博物馆可以吸收这些先进经验，在此基础上拓宽对象，向国内学校、文物研究单位、知名企业、其他文化事业单位等提供有偿借调馆内部分文物的服务，按文物情况、件数、出租时间等条件收取经费。但要注意以下三项：

（1）调查申请借调团体的信用、名誉情况，借调文物藏品的目的等，博物馆在审核通过之后与这些团体签署协议，团体缴纳保证金。

（2）由博物馆在运输和使用过程中提供安全技术支持并为文物藏品购买保险，保证文物藏品安全，另外还要对成功申请借调团本人员展开藏品管理技能培训。

（3）有偿借调服务结束之后，博物馆应及时督促团体归还文物藏品，为这些团体建立起信用记录并对社会公开，让社会公众监督这些团体使用、归还文物藏品的情况。

3. 拍卖馆内终止收藏的部分文物

我国拍卖终止收藏的文物前需要呈报给上级文物部门，由上级文物部门组织专家委员会对这些文物藏品进行鉴定，专家根据馆内的研究能力、藏品体系等条件给出该馆对此件文物藏品是否应该终止收藏的意见，最后再交由上级文物部门审核。

参加竞拍的成员应该限制在具有一定研究能力、拥有一定比例高素质人才等条件的研究单位、其他博物馆等范围之内，不能为获得拍卖资金而盲目选择竞拍者。博物馆拍卖终止收藏的文物既是出于获取一定资金来源的目的，也是为了让这些文物藏品得到更有效的利用，使其拥有配套藏品进行陈列展示或被深入发掘内在学术价值。但目前国内还没有开创此种做法的先例，所以还有待商榷。

总之，博物馆应利用博物馆内的文物藏品，激发企业和公众对参与博物馆活动的热情。

第六章 博物馆文物保护的创新发展与应用

第一节 博物馆文物保护标准体系的构建

文物保护标准体系的研究构建是关乎行业标准化工作科学有序开展的基础。近年来，我国文物保护标准体系研究面临一些瓶颈问题，有必要依据国家标准化基础理论，引入系统工程分析方法，将文物保护标准体系及其依存主体对象、文物体系和文物活动体系相联系；同时，针对文物行业的复杂性与文物基础理论研究的薄弱现状，尝试"自下而上"构建文物保护标准体系，并将之作为对"自上而下"构建方法的重要补充，从而为现阶段文物保护标准体系构建工作探索一套从理论到实践均比较合理、易行的方法。

文物保护标准化工作的开展既受益于国家标准化战略的实施，也是文物行业科技进步数十年发展的必然结果。但是，文物保护标准化工作的快速发展过程中也出现了各种各样的问题，这些问题制约并阻碍了标准化工作的开展，反映出文物工作者对标准化这一新领域的认识不足和知识欠缺；同时也使文物工作者逐渐意识到标准化工作有其自身的规律，需要进行一系列行业标准化的基础理论研究。其中，开展文物保护标准体系研究、构建文物保护标准体系框架无疑是至关重要的方面。

标准体系是一定范围内的标准按其内在联系形成的科学的有机整体，也可以说标准体系是一种由标准组成的系统。标准体系可以反映标准化工作的现状和行业的科学技术水平，同时也映射出行业的结构和运作状态。因此，宏观上建立标准体系能够系统地反映全局，从行业发展的战略高度明确工作方向和布局，直观地描绘出一定范围内标准化活动的发展蓝图；微观上建立标准体系有利于制订标准的制修订计划，加快标准的制修订速度，提高工作的系统性和协调性。

一、标准体系的构建意义分析

长期以来，虽然我国在重视标准制定和应用的同时逐渐加强了标准化基础理论研究，但至今尚未形成一门"标准学"。其根本原因是标准化的基础理论和科学的方法论尚不够完备，针对标准体系理论的研究更是薄弱的一环。现有国标对标准体系提出了基本的编制原则和要求，而对具体的标准体系构建的指导则仅限于企业标准体系而没有行业标准体系，因此，各行业均应根据各自的情况研究、构建本行业的标准体系。

不同的目标，可以编制出不同的标准体系表，并要求标准体系表包括标准体系结构图、标准明细表、标准统计表和编制说明。标准体系结构图可由总结构方框图和若干个子方框图组成。该标准中给出了"全国、行业、专业标准体系层次结构图"和"含多个行业产品的标准体系层次结构图"以及"序列结构图""板块结构图"等。标准体系由标准体系框架和标准体系表组成。按照不同的管理需求和分类视角，标准体系可以形成不同的框架结构。标准体系可以按照标准的性质用标准、产品标准、方法标准、管理标准和标准的级别（国家标准、行业标准）等去构建。可见，标准体系的构建可以通过不同的方式形成不同的框架结构，也可以根据不同的目标编制出不同的标准体系表。但标准体系是一定范围内的标准按其内在联系形成的科学的有机整体，因而标准体系应是客观的，其内部关系应是可探查的。

借鉴其他行业的标准体系和研究成果应是一条便捷之路。现在大多数行业的标准体系普遍采用三维结构：①专业领域或标准对象，指行业内细分的各个专业或标准对象；②工作类别或标准性质，指工作的表现形式或标准的性质分类；③标准类别，指标准的等级或层次。这种三维体系简洁清楚，方便标准体系的执行和维护操作，也便于指导行业发展。

此外，还有针对行业标准化整体工作而构建的六维体系，它是将标准体系和标准保障体系两个三维体系有机叠加联系到一起，将标准、标准的活动和执行标准的组织构成一个整体而形成的标准化体系。这种标准化体系结构更加复杂，其运行和维护也需要比较专业的标准化体系工程人员操作，因此，采用的行业较少。

从系统论的相互联系、有机整体观点出发，标准化系统工程不仅具有整体性（系统性）、综合性、有效性、动态性和社会性等基本特征，还有一项重要的特征即它的依存性。标准化系统工程的依存性来源于标准化的依存性。标准化既然是对重复性事物和概念做规定，并将其贯彻实施，则这些重复性事物和概念就成为规定标准的依存主体，标准化也势必围绕这些依存主体来进行活动，脱离开依存主体，标准化就变成无的放矢、无所适存了。任何标准化活动必有一个依存主体，这个依存主体就成为标准化系统工程的另一研究对象，即其依存主体对象。对文物保护标准化工作来说，文物保护标准化系统工程的依存主体对象就是文物和围绕文物开展的各种相关活动。

二、"自下而上"博物馆文物保护标准体系的构建

系统研究文物行业的构成、文物体系和文物活动体系，进而分析文物保护标准需求，以此构建庞大而复杂的文物保护行业标准体系的研究路线难度巨大，短期内无法实现，显然，这条"自上而下"的建构之路暂时不易走通。但是，标准本身是客观存在的，是可以从重复使用、反复使用的概念、事物和活动中提炼出来的，这些标准会形成缺少内部结构关系的标准集合；通过对标准间的关系进行梳理，逐渐形成局部子体系；再经过一段或相当长的时间渐次形成标准体系架构。

（一）"自下而上"标准体系的优势

（1）优先考虑建立局部子体系。一些学科建设比较成熟、各级机构遍布全国，具有诸多共同、重复的工作内容和流程，多年来积累了大量的实践经验和基础数据的专业领域，如考古、古建筑等，完全有可能率先建立起局部的标准子体系。

（2）"自下而上"的操作便于开展。这一方法只需建立小范围的底层的子体系，其范围边界相对清晰，标准数量相对较少，标准关系简单直接，易于子体系的定性，避开了子体系间的层级问题。

（3）文物体系的庞大、文物活动体系的繁杂和文物组织机构工作内容的重叠、交叉，使得文物保护标准的客观需求旺盛，文物保护标准的数量不断增加。文物保护标准体系框架的暂时缺失虽然会产生标准间的层级不清，但并不妨碍具体标准的制修订工作正常进行，而且可以从庞杂的个体标准中发现其规律。

（4）"自下而上"地构建文物保护标准体系也是符合标准化体系构建科学理论的。标准体系的层级理论强调了上层标准与下层标准内在联系的理论根据：上层标准的特性必须传递到下层标准，而从下层标准经过抽象总结提取出来的共性特征则可形成上层标准。

（二）"自下而上"标准体系的注意事项

（1）应将工作重心放在实际文物活动对标准的具体需求上，重视并明确标准的适用范围；应避免覆盖面的随意扩大，造成标准内容过度溢出，致使下层标准占位上层标准。

（2）应避免将局部经验和局部成果转化为某个标准的全部内容，形成标准的片面性，缩小了标准的适用范围；而未纳入标准的内容仍然有制定同种标准的需求，这导致标准抑或内容缺失，抑或需要重叠制定，两个标准实际对应标准体系的同一位置。

（3）避免急于求成，硬性从下层标准中总结、抽取上层标准。应遵循唯物辩证法的量变到质变的原则，当下层标准的数量达到一定量后，上层标准自然水到渠成。

（4）"自下而上"构建文物保护标准体系并不排斥"自上而下"的方法，事实上，两者的结合更能收到事半功倍的效果。

强调具体标准的编制质量和相互关系的梳理；同时，应重视文物保护标准化的基础科研，为构建文物保护标准体系进行知识积累，增强我国文物保护标准的整体实力和水平，为今后文物保护标准体系编制工作的稳步、健康发展打下坚实基础。

总之，标准体系构建工作要遵循科学性、系统性和计划性。标准应以科学、技术和经验的综合成果为基础，以获取最佳的共同效益为目的。对不同的专业和具体的标准子体系还应有更加实际、合理的目标，力求接近现实并获得最佳的标准体系结构关系。

构建文物保护行业标准体系，应做到全面成套、层次适当、划分清楚。标准体系表内的子体系或类别的划分，主要应按行业、专业或门类等标准化活动性质的同一性，而不宜按行政机构的管辖范围划分。

另外，还应考虑文物保护标准体系的成长发展问题，重视与国际标准的接轨，同时关注文物保护标准体系的反馈、优化工作。

第二节 博物馆文物数字化保护的新发展

一、博物馆文物数字互联的新趋势

面对网络空间日益旺盛的文化内容需求，文物数字化保护利用是大势所趋，我们要因势而谋、应势而动、顺势而为。文物数字互联是资源内生、赋能未来的增长极。

借助数字互联，新时代文物工作可以打破行业内外数据壁垒，通过文物资源的数字化建档、文物价值的可视化解读、文物内容的网络化传播、文物信息的智能化分发、文物服务的精准化供给，让不可再生的文物资源倍增为可永世流传的战略数据资源，让珍贵脆弱的文物本体转化为可深度利用的数据生产要素，以实现文物物质形态与数字形态的融合融通，夯实中华文脉赓续相传的资源根基。

文物数字互联是空间外拓、赋新发展的动力源。数字经济蓬勃发展、大数据战略持续推进、要素市场配置机制日臻完善，"数据蝶变""上云用数""数字赋能"等专有样态应运而生。产业数字化、数字产业化影响社会方方面面，带来的双向互动和战略选择，倒逼文物行业解放思想、转变观念，借助文物数字互联，打通文物与科技、文物与民生、文物与教育、文物与旅游等行业的深度融合渠道，拓展事业发展空间，服务国家战略大局，助力社会繁荣进步。

数字文博火热的背后，折射出强劲的社会需求、热切的人民期盼。文博系统须进一步贯彻以人民为中心的发展思想，活跃思维、拓展思路，主动适应数字化时代文物价值的展现方式和创造方向，以更生动深刻的文物内容传播、更精准智能的数字互联服务，从而满足人民群众日益增长的美好生活需求。

文物数字互联是美美与共、赋力文明的助推器。全球文化交流交融交锋从来没有像今天这样瞬息变化、难于掌控。互联网在虚拟网络空间将人类社会连接为命运共同体，成为信息时代文明交流互鉴的重要领域。

借助数字技术、信息技术、网络技术，文物对外交流合作可以不断拓展广度和深度，通过打造传播典型性、历史性、时代感突出的数字化产品，展现多彩多元的中华文明，传递友善友好的中国声音，与国际社会共享跨越时空、超越国度的人类宝贵遗产，为应对共同挑战、建设美好家园、构建人类命运共同体做出新贡献。

二、博物馆文物数字互联的新思路

文物事业将以改革创新为动力，以保护利用为导向，以数字互联为牵引，牢牢把握当前数字化建设重大机遇期，顺应新变化、开辟新路径、提升新能力，开创新时代文物事业发展新气象。

夯实数字基础，激发文物保护新动能。要健全登录制度，持续开展不可移动文物调查认定、馆藏文物鉴定定级，多种方式实施革命文物、民间收藏文物、流失海外文物专项资源调查，有效有力保护国家文物资源。要搭建数字平台，建设国家文物大数据，构建文物数字资源生产与监管体系，将不可再生的文物资源转化为永久保存、永续优化数字管理，提升文物治理新效能。各级文物部门要不辱使命，守土尽责，提高素质能力和依法管理水平，做新时代中华文化的继承者、创新者、传播者。要强化顶层设计，完善文物数字互联政策法规与标准规范，积极推进文博信息化纳入国家数字经济新蓝海、重大战略新基建。

此外，还要培养专门队伍，完善数字人才培养机制，发挥高校、科研机构作用，建设文物数字化专门研究机构或部门，保障文物数字互联可持续发展、高质量推进。要坚持问题导向，探索建立文物数字化专门工作体系，加强项目引导与经费保障，对接技术进步与行业需求，加快行业信息化建设与智能化管理，充分释放文物数字化发展潜能，有效提升文物治理现代化水平。

把握数字机遇，推进文物改革新发展。加强文物保护利用成果数字化转化，探索实施文化遗产云建设工程，集合先进科技新手段、丰富内容供给新样态、拓展话语表达新方式，为受众提供可视化呈现、互动化传播、沉浸化体验的文物信息产品及文物遗址、考古、建筑云展示。要加速推进智慧博物馆发展，将数字化广泛应用于征藏、保护、展陈、教育、传播等博物馆发展要素，逐步实现博物馆智慧服务、智慧保护、智慧管理，不断增强馆藏文物数字化保存、数字化展示、数字化传播。要创新文物价值传播推广体系，高质量实施中华文物全媒体传播计划，高标准推进网上展厅内容呈现与形式创新，讲清楚文化遗产蕴藏的历史传统和文化积淀，讲清楚中华民族独特的价值体系和精神追求，让文物成为民族认同、文化认同、国家认同的重要精神桥梁。

盘活数字资源，开启交流互鉴新篇章。共同构建亚洲命运共同体、人类命运共同体；扩大人文交流，加强互学互鉴。

构建中华文明标志体系，依托文物数字互联，推介国家文化地标和精神标志，有针对性地推出文物展示与旅游体验相融合的线上产品，对外展现中华文明延绵不断、多元一体、兼收并蓄的发展脉络，对内增强中华民族的自豪感、凝聚力。

构建文化遗产数字化网络平台，实施亚洲文化遗产保护行动、文化遗产伙伴行动，打造多语种数字互联文物展览精品，面向全球提供一站式浏览、检索、数据挖掘与展示服务，形成基于共享服务和对外传播的数字互联支撑体系，提升中华文化的国际影响力、传播力。

推进流失文物数字化回归，通过数字化、信息化等高技术手段，推动敦煌遗书等流散海外文物的数字化回归，实现优秀文化艺术资源在全球范围内的数字化共享。

第三节　博物馆文物保护中射线技术的创新应用

文物作为历史形象的物质载体，承载着中华文化和民族精神的传承。现代文物保护研究的核心就是不断利用最新、最先进的现代手段和科学方法实现对文物全方位、全系统、完整的了解和认识，从而制定合理与科学的保护措施，以最大限度地保持和保护文物的物质与文化内涵，延长文物的寿命。

每一项科学技术的进步与发展都推动了人类对自然界认识的进一步深入，同时也有力地促进了历史文物的保护和研究。现代射线技术的发展就是最为典型的范例。现代射线技术主要指基于X射线、Y射线、中子等基本粒子与物质的相互作用原理，对物质微观结构进行表征的波谱学技术和成像技术。射线技术以其无损、定量、实时的特点，经过几十年的发展，在文物保护与科学考古领域逐渐形成了比较完整和科学的保护研究体系，不仅为文物的保护和研究提供了重要方法和技术，还使文物研究从表观主观观察，发展成为从外部形貌分析到内部微观结构研究、具有定性和定量特征的全方位科学研究。

中国科学院高能物理研究所是我国高能物理与先进射线技术及射线应用的综合性研究

基地，是我国最早开展射线探测技术和射线应用研究的单位。早在 1984 年，龙泉窑古瓷的微量元素，采用中子活化分析技术分析，开创了国内用中子活化方法研究古陶瓷的先河。

1998 年，我国建立了比较系统的用于科学分析的古陶瓷标本库，运用多种先进的核分析技术和同步辐射技术，系统地开展了中国古陶瓷的原料来源、烧制工艺、产地溯源、断代和真伪鉴别研究，目前已经收集了我国历代典型名窑发掘出土的万余件古陶瓷标本。

下面针对核分析、同步辐射以及计算机断层成像（CT）等特点鲜明的现代射线技术，在对基本原理进行简单描述的基础上，就现代射线技术与文物保护、考古研究领域所做的一些工作进行简单的综述。

一、古陶瓷鉴别中核分析技术的应用

中子活化分析技术具有分析灵敏度高、准确度高、精确度好、需样量少等优点，非常适合于考古样品的成分分析和产地溯源研究。X 射线荧光分析技术是一种重要的元素成分分析方法，具有不破坏样品、可同时进行多元素分析等特点，特别适合于古陶瓷的无损分析研究，尤其适合极其珍贵的古陶瓷完整器物的分析鉴定。

（一）用于产地溯源

1995 年在西安附近的唐秋宫尚书李晦墓中出土了一批精美的唐三彩制品，其中的唐三彩俑使这个墓葬成为迄今为止有唐三彩俑的年代最早的纪年唐墓，对唐三彩俑起源的研究具有十分重要的参考价值。但是与多数墓葬出土的唐三彩一样，这批唐三彩器物烧制地点的认定仍没有定论。

为了研究李晦墓唐三彩的烧制地点和窑址，研究人员采用 X 射线荧光分析技术对李晦墓出土的唐三彩进行了微量元素分析，将分析结果与西安西郊机场窑址、铜川黄堡窑址、河南黄冶窑址的微量元素数据进行因子分析。因子分析结果表明，李晦墓唐三彩胎与铜川黄堡窑唐三彩胎的成分存在明显差异，与河南黄冶窑出土的唐三彩胎的成分接近。据此可以断定，李晦墓中的唐三彩是河南黄冶窑烧制的。

（二）用于年代区分

江西洪州窑是唐代六大青瓷名窑之一，研究其化学成分有助于人们了解洪州窑的选料和制作工艺及其兴衰发展史。采用中子活化分析方法对历代洪州窑古瓷胎的元素组成进行分析，并对其进行了分组。

洪州窑的瓷器大体上可以分为五组，分述如下：

（1）东汉晚期和东吴时期的样品。这时期是洪州窑青瓷的初创时期，无论是器物的外观还是胎的化学组成都与其他各期相去甚远。

（2）两晋和南朝的样品。这三期样品的胎色接近，大多为灰白色，化学组成也较接近。

（3）初唐和盛唐的样品。洪州窑瓷器的胎釉颜色从唐代开始由浅变深，发生了极大的改变，与之相对应的是其化学成分也有较大的变化。

（4）隋代的样品。隋代上承两晋南北朝，下启唐代，瓷器烧造处于过渡时期，在PCA图上居于第二组和第三组之间，且极为分散。

（5）晚唐五代时的样品。晚唐五代是洪州窑的衰落期，由于种种原因，其制瓷工艺急剧下滑，所烧制的瓷器比较粗糙。

（三）用于真伪鉴别

用于真伪鉴别，以唐三彩为例。唐三彩穿越千年时光，向世人再现它的风采，并成为收藏界和拍卖市场的宠儿。但是，随着制陶技艺的破译，现代唐三彩工艺品大量涌入市场，很多现代唐三彩经过做旧之后以高价卖给收藏者，给一些收藏者造成巨大的经济损失。

研究人员在北京和西安的古玩市场购买若干唐三彩仿品，利用 XRF 对其胎进行了分析，并与古代真品进行了对比。从元素分布散点图中可以看出，仿品与真品之间具有明显的界限。

（四）用于原料与工艺研究

在中国陶瓷史上，龙泉窑是生产青瓷的著名窑系，南宋时期龙泉青瓷的制作工艺已达到鼎盛，所以以往人们研究的热点多集中于宋元时期的龙泉青瓷上。

龙泉枫洞岩窑址发掘出土的刻龙纹和"官"字款的明代洪武（1368—1398）和永乐时期（1403—1424）的官瓷为系统研究龙泉官瓷提供了丰富的实物依据。人们采用 XRF 系统分析了明代洪武和永乐时期官瓷胎釉配方的年代特征，同时也对比分析了明代早期龙泉民用瓷的胎釉特点。龙泉明代官瓷胎和釉的化学成分含量数据都具有一定的离散性。在官瓷胎中，洪武时期胎料中的 K_2O、TiO_2 和 Fe_2O_3 含量平均值高于明代永乐时期，而 CaO 含量的变化规律则相反。

从 Fe 的数据可以看出，洪武和永乐时期制作所用胎泥原料中都加入了少量的紫金土，这样不仅可以增加瓷胎的强度，也可以增加胎的灰度。

洪武的胎料与永乐的存在差别，而永乐官瓷胎料与明早期民用瓷胎料接近。在官瓷釉中，洪武时期釉料中的各元素含量平均值与永乐时期相比并无明显差异，并且官瓷釉中的化学组成与民用瓷的相同。可见，明洪武和永乐时期烧制的官瓷使用了明代早期民用瓷的釉原料和烧制技术，官瓷釉料的配制和加工方法没有出现技术变更，保持了延续性。

二、古陶瓷鉴别中同步辐射技术应用

同步辐射提供的硬 X 射线具有亮度高、平行度高、相干性高、能谱宽等独特优点。基于同步辐射的实验手段包括衍射、谱学和成像三大类。

（一）SRX 相衬成像

SRX 相衬成像包括同轴相衬成像、干涉成像、衍射增强成像等多种方法。其中 SRX 同轴相衬成像实验可实现的空间分辨率高、适用的 X 射线能量范围广，是同步辐射光源上使用最广泛的 SRX 相衬成像方法。SRX 同轴相衬成像具有密度灵敏度高、穿透能力强、多尺度空间分辨率等优点。

SRX 相衬成像密度灵敏度远远高于传统硬 X 射线吸收衬度成像，其根本原因是，在硬 X 射线能区绝大部分元素的光学常数相位项比吸收项大几十到上千倍。因此，绝大部分样品的 SRX 相衬成像的对比度远远好于传统的硬 X 射线吸收衬度成像，但相位衬度成像需要高品质的硬 X 射线光源。兼备强穿透能力和高密度灵敏度这两大优点使得 SRX 同轴相衬成像在古生物化石、人类遗存和文物研究等相关领域的无损成像研究中具有独特优势，可以很好地应用于化石和人类遗存样品的高灵敏度、多尺度分辨、高精度 3D 无损成像。

（二）SRX 荧光成像

SRX 荧光具有截面大、非破坏性、本底小和选择性激发等优点。依探测方式的不同，X 射线荧光谱可分为能量色散谱方法和波长色散谱方法。能量色散谱方法的谱能量分辨率较低，适用于痕量元素组分定性/定量分析、元素 2D 成像等；波长色散谱方法的谱能量分辨率高，应用于痕量元素组分定性/定量分析、自旋/价态和电荷转移等研究。

近年来，随着同步辐射光源亮度的提高以及探测器性能的提高，同步辐射 XRF 的测量速度大幅度提升，每个谱达到 ms 量级，使得 2D 元素成像的像素数目可以越来越高，对较大样品完成元素成像的速度也越来越快。

（三）SRX 吸收谱成像

让入射 X 射线在待测元素吸收边附近做能量扫描，测量与光电吸收相关的 X 射线信号，可以获得 X 射线吸收谱（XAFS，包括 XANES 谱和 EXAFS 谱）。XAFS 谱对局域结构敏感，可给出吸收原子及配位原子的种类、间距、配位数、键角和无序度因子以及局域电子结构等信息。XAFS 方法有原子选择性，能够以亚原子分辨率提供目标原子周围的局域结构和化学状态信息。样品的状态可以是固体和溶液，也可以是气体；可以是晶体，也可以是非晶体等。

基于同步辐射光源的高亮度、好的准直性以及光源能量连续可调性等特点，共聚焦 XAFS 方法在国内外的同步辐射装置上被广泛采用。祭红亦称霁红，是一种高温铜红釉，明初创烧于景德镇御窑厂，因常用于祭祀，故名祭红。祭红釉色深沉安定，很符合明朝的审美意识，一经问世便得到王公贵族、文人雅士的喜爱与重视。以往的研究发现祭红的呈色元素为铜，呈色效果与釉层的结构和厚度相关。对呈色机制而言，呈色元素的价态、含量和近邻结构等更为重要，因此 XAFS 可以大显身手。

相关研究团队采用多种无损方法分析若干明宣德景德镇官窑祭红瓷器残片。显微观察表明，不同呈色区域表层都有相似的透明釉，其呈色差异主要取决于红色颜料层。成分分析显示，不同呈色样品的釉中着色剂 Cu 的含量基本相同。然而 X 射线吸收精细结构 EXAFS 分析发现，不同呈色样品中着色剂 Cu 的价态和近边结构有所不同。

釉色偏黑的样品中 Cu 的价态基本为 +1 价，而釉色偏红的样品中 Cu 的价态同时存在 +1 和 0 两种价态。总体说来，呈色好的样品单质金属铜特征峰明显，其红色鲜艳、均匀；而呈色差的样品，单质金属铜特征峰不明显，但一价铜的特征峰明显，其色调灰暗。因此，呈色剂 Cu 的氧化状态是祭红瓷器呈色的决定性因素。本研究对其他类似相关研究提供了很好的借鉴。

三、古陶瓷鉴别中 CT 技术应用

CT 技术利用物质对 X 射线衰减的差异，使用对物体进行不同角度扫描得到的投影数据，重建样品内部的结构图像，不受物体材料种类、形状、结构等因素的影响，成像更加直观、分辨率较高。在非破坏条件下，可以三维立体图像清晰、准确、直观地展示被检测物体的内部结构、组成、材质及缺损状况，被誉为当今较好的无损检测技术之一。

X 射线 CT 已经被广泛地应用于文物保护及考古领域。在这些领域，研究对象的材质、形状和尺寸是多样的。例如，文物的材质包含青铜器、铁器、陶瓷器、玉器、竹木漆器等；不同文物的形状变化也比较大，有很薄的字画、很小的珠子，也有大型的青铜器等；化石材质相对比较简单，但是其尺寸变化较大，有毫米级的昆虫化石，也有大型的恐龙骨化石，而且大部分的古生物化石受岩石的挤压呈现板状。因此，在文物保护及考古领域，需要各种专用的 CT 设备。

近年来，研制出了十余套 CT 设备系统，包括基于加速器的高能工业 CT 系统、通用型工业 CT 系统、高分辨率三维显微 CT 系统及板状物检测显微 CL 系统。

（一）古生物化石的 CT 成像

对于研究化石内部结构并建立三维模型的方法，早期使用磨片法，通过一层一层磨掉化石拍照获得化石内部结构，非常耗时，而且磨完后化石不复存在。CT 扫描技术是一种无损检测手段，可以对包埋在岩石中的古生物化石，或经技术处理后裸露的古生物化石进行内部器官和组织结构的观察，对化石本身没有任何损伤。

研制面向电力电子器件和生物化石应用的显微 CL，可以突破板状物微米分辨三维扫描技术。其中一台专用于板状生物化石检测的显微 CL 安装在古脊椎所实验室。

2012 年，古脊椎所研究团队用 CT 技术复原了东生鱼的颅腔以及相关的神经、血管等结构，结果不但填补了基干四足动物早期化石记录的空白，而且将四足动物支系的演化历史向前推了 1000 万年。

2013 年 9 月 25 日，英国《自然》杂志以头条文章在线报道了古脊椎所朱敏研究员领导的国际古生物学家团队在早期脊椎动物演化方面取得的最新进展。朱敏等人在中国云南省古老的志留纪地层中发现了一条保存完好的古鱼，并将其命名为初始全颌鱼。这条鱼虽然在其他方面都保持着盾皮鱼纲（最原始的有颌脊椎动物）的身体形态，但却已经演化出硬骨鱼纲（亦称硬骨脊椎动物，包括陆生脊椎动物和仍生活在水中的硬骨鱼类）的典型颌部结构和面部特征，是古生物学家梦寐以求的介于这两大类群之间的"缺失环节"，它在古生物学上的重要意义类似始祖鸟、游走鲸和南方古猿等耳熟能详的"过渡化石"。成果一经发表，迅速引起国际学术界与各大主流媒体的高度关注。

（二）陈璋圆壶的 CT 成像

陈璋圆壶（又名重金络壶）现藏于南京博物院，为 1982 年 2 月 10 日出土于盱眙南窑庄窖藏的三件国家级文物之一，是唯一一件集先秦金属工艺之大成、能反映重大历史事件、能体现泥范铸造工艺最高水平的现存青铜器，堪称国之瑰宝。陈璋圆壶残高为 24cm，口径 12.8cm，腹径 22.2cm，足径 13.8cm。长期受到 20kg 黄金的压力，长埋地下两千年，在双金属与应力腐蚀的作用下，腹下部镂空纹饰已有残损。2011 年 5 月由南京博物院、中国科技史学会传统工艺研究分会联合国内外青铜器研究专家和工艺制造专家对陈璋圆壶的修复和复原研究保护工作项目正式启动。

为了研究陈璋圆壶的内部结构之间的加工工艺，为文物的复原提供依据，2011 年在中国科学院高能物理研究所，使用 6MeV 加速器射线源 CT 系统，对陈璋圆壶进行无损检测。通过后期对 CT 图像进行的分析发现：壶颈部有一道规则的圆凸线，并且在凸出台阶的周边有溢出的铜液。这个特征告诉我们，壶颈和壶体是分开铸造的。铜箍有两圈，内箍是一个完整的圆形，壶体的盘龙网络与内箍连接，立兽和铺首都是直接镶接在内箍上，同时，外箍分为四段，由立兽连接外箍两端，而在两立兽中间镶接一铺首装饰。

总之，CT 技术和光学成像技术都比较成熟，CT 可以在无损的情况下得到样品的内部信息，光学成像可以得到样品表面的准确图像。但这两种成像技术的研究都是孤立的。将这两种成像方式融合，能得到物体更完备和逼真的信息。同样，将三维打印、虚拟现实、三维显示、远程数据共享结合起来可以极大地拓展我们的观测体验。

参考文献

［1］陈浩. 语言的编织：徐州博物馆陈列艺术漫谈［J］. 东南文化，2001（5）：79-81.

［2］陈林烽. 论博物馆建筑与展示陈列设计的一体化［J］. 美术大观，2019（7）：144-145.

［3］陈卓. 中国博物馆事业的发展与现状分析［J］. 文博学刊，2019（01）：57-67.

［4］崔大龙. 浅谈博物馆陈列设计主次关系的表现［J］. 文博，2013（3）：72-74.

［5］达娃. 分析我国博物馆文物藏品利用：以西藏博物馆为例［J］. 文物鉴定与鉴赏，2021（17）：162-164.

［6］单霁翔. 浅析博物馆陈列展览的学术性与趣味性［J］. 东南文化，2013（2）：6-13.

［7］党睿，张明宇，刘刚，等. 基于文物保护的博物馆展陈照明调查研究［J］. 照明工程学报，2013，24（3）：18-23.

［8］杜侃. 馆藏文物保护中数字建模技术应用研究［J］. 文物保护与考古科学，2011，23（1）：62-67.

［9］高丽. 文物保护标准体系的构建探讨［J］. 中国民族博览，2019（08）：231-232.

［10］葛家琪，马伯涛. 中国博物馆收藏文物一体化防震技术研究进展［J］. 中国博物馆，2021（01）：10-16+126.

［11］耿超. 博物馆学理论与实践［M］. 北京：科学出版社，2018：55-57.

［12］国家文物局博物馆与社会文物司. 博物馆纺织品文物保护技术手册［M］. 北京：文物出版社，2009.

［13］国家文物局博物馆与社会文物司. 博物馆铁质文物保护技术手册［M］. 北京：文物出版社，2011.

［14］何鉴. 浅谈博物馆的陈列艺术［J］. 四川文物，2001（1）：68-69.

［15］何流. 文物保护标准体系构建的探讨［J］. 东南文化, 2013 (03)：14-18.

［16］贺禧. 博物馆陈列空间的展示设计［J］. 建筑结构, 2021, 51 (11)：后插12-后插14.

［17］黄洋, 陈红京. 博物馆陈列展览设计十讲［M］. 上海：上海交通大学出版社, 2019.

［18］金慧. 郑州博物馆纸质文物保存保护调查研究［D］. 郑州：郑州大学, 2015：29-40.

［19］景立. 浅析博物馆陈列展览的形式设计是如何服务于内容策划的［J］. 文物鉴定与鉴赏, 2020 (23)：103-105.

［20］康宁. 论博物馆陈列艺术的中国特色［J］. 装饰, 2005 (5)：91-92.

［21］李光耀. 关于博物馆陈列展览的思考［J］. 参花 (上), 2020 (09)：65-67.

［22］李星丽, 王践. 场景化与数字化：广西民族博物馆陈列艺术探析［J］. 四川戏剧, 2020 (4)：61-63.

［23］刘建华. 计算机技术在考古学与文物保护中的应用［J］. 中原文物, 2004 (5)：75-80.

［24］刘捷. 博物馆文物藏品数字图像的版权保护［D］. 兰州：兰州理工大学, 2019：15-47.

［25］刘艳萍. 优化文物藏品档案管理对博物馆工作的重要性［J］. 文物鉴定与鉴赏, 2021 (15)：139-141.

［26］刘玉珠. 探索文物保护利用数字互联新格局［J］. 人民周刊, 2020 (18)：62-63.

［27］陆建松. 博物馆展览策划·理念与实务：博物馆研究书系［M］. 上海：复旦大学出版社, 2016.

［28］马伯涛, 黄河. 第二届博物馆文物防震技术国际学术研讨会召开［J］. 文物保护与考古科学, 2018, 30 (06)：116.

［29］潘娇. 云南省博物馆展陈文物防震保护研究［D］. 昆明：云南大学, 2017：20-42.

［30］阮晴沛. 略论我国博物馆的陈列与展览［J］. 东南文化, 2009 (2)：87-89.

［31］宋才发. 民族博物馆文物陈列的本质及艺术［J］. 吉首大学学报 (社会科学版), 2010, 31 (2)：57-62.

［32］宋向光. 博物馆陈列的实物性元素及内容结构析［J］. 东南文化, 2016 (2)：111-118.

［33］孙忠敏. 博物馆文物陈列展览内容设计的探讨［J］. 收藏与投资，2021，12（09）：66-68.

［34］王宏钧. 中国博物馆学基础［M］. 上海：上海古籍出版社，2001.

［35］王鸿. 真情的交融：博物馆陈列形式中的情感艺术［J］. 中原文物，2004（4）：86-88.

［36］魏龙，陈刚，冯向前，等. 现代射线技术与文物保护/考古应用研究［J］. 敦煌研究，2018（02）：78-86.

［37］魏巍. 我国博物馆文物藏品利用研究［D］. 济南：山东大学，2015：21-49.

［38］辛力，董凯利，贾俊明，等. 平凉市博物馆高层结构基础隔震设计与分析［J］. 建筑结构，2018，48（04）：21-25+60.

［39］徐刚. 时空的凝聚与再塑：历史类博物馆陈列空间设计探议［J］. 装饰，2007（12）：86-87.

［40］杨溯. 试论博物馆文物陈列［J］. 徐州师范大学学报（哲学社会科学版），2008，34（2）：78-81.

［41］俞天秀，吴健，赵良，等. "数字敦煌"资源库架构设计与实现［J］. 敦煌研究，2020（02）：120-130.

［42］张乐. 博物馆陈列展示柜内设计研究［J］. 南京艺术学院学报（美术与设计版），2015（5）：201-205.

［43］张宇飞，周媛. 博物馆陈列艺术设计的新理念和新体系［J］. 美术大观，2016（4）：130-131.